农村集体土地
产权及其制度创新

Rural Collective Land
Property and Its System Innovative

单胜道 陈 强 尤建新 著

中国建筑工业出版社

图书在版编目（CIP）数据

农村集体土地产权及其制度创新/单胜道，陈强，尤建新著．—北京：中国建筑工业出版社，2005

ISBN 7-112-07273-5

Ⅰ．农… Ⅱ．①单…②陈…③尤… Ⅲ．农村—土地所有制—研究—中国 Ⅳ．F321.1

中国版本图书馆 CIP 数据核字（2005）第 017373 号

农村集体土地产权及其制度创新

Rural Collective Land Property and Its System Innovative

单胜道 陈 强 尤建新 著

*

中国建筑工业出版社出版、发行（北京西郊百万庄）

新 华 书 店 经 销

北京市兴顺印刷厂印刷

*

开本：787×1092 毫米 1/32 印张：10 字数：220 千字
2005 年 4 月第一版 2005 年 4 月第一次印刷
印数：1—2,000 册 定价：**22.00** 元

ISBN 7 – 112 – 07273 – 5
TU·6500 （13227）

本社网址：http：//www.china-abp.com.cn

网上书店：http：//www.china-building.com.cn

本书科学界定了农村集体土地产权制度及其相关概念，详细分析了农村土地产权制度和效率的关系，全面探讨了农村集体土地所有权、使用权和他项权利，深入研究了我国农村集体土地产权制度的创新模式。

本书全面论述了我国现行的农村集体土地产权制度存在的所有权主体虚位、权属意识淡薄、规模细碎、流转缓慢、承包权不稳定、土地他项权利被忽视、收益分配关系紊乱、与现代市场难以有效对接及土地产权制度改革配套措施不健全等问题，并认为这些问题可以通过进一步明确所有权主体、强化使用权、稳定承包权、确保收益权和处置权、完善他项权利、拓展国家管理权，规划权及发展权、构建现代农场制度以及做好土地产权制度的配套建设来解决。在深入考察了我国现行的农村集体土地产权制度之后，提出了适合我国国情的农村集体土地产权制度创新模式，其模式应该是一套以农村集体土地所有权为基础、使用权为核心、他项权利为补充、国家管理者权利为限制的新型的土地产权制度。

本书理念新颖，理论联系实际，对农村经济、土地管理、产权制度等专业的研究者和相关专业的大专院校师生以及广大基层干部有重要的参考价值。

＊　　　＊　　　＊

责任编辑：王　跃　张　晶
责任设计：崔兰萍
责任校对：王雪竹　赵明霞

■ 前　　言

　　1949 年以来，我国有关专家一直在探索农村集体土地制度，特别是 1985 年以后，我国对农村集体土地产权制度的研究日益重视，并取得了一系列研究成果。农村集体土地产权是指以农村集体土地所有权为基础、以农村集体土地使用权为核心、以农村集体土地他项权利为补充的一切关于农村集体土地财产的权利的总和，是由各种权利组成的土地权利束，它包括农村集体土地所有权、使用权、收益权、处分权、承包经营权、规划权、发展权及各种他项权利等。农村集体土地产权制度是指构建农村集体土地产权结构和产权关系的制度安排，它反映了农村集体土地经济关系，是以所有权为基础、使用权为核心、他项权利为补充的权利与义务相对应的产权形态，是合理配置农村集体土地产权的法律规定，是可以提高土地产权效益的内在机制，它的各项权能是可以分解的。

　　我国农村土地集体所有制的建立，是对农村土地私有制的伟大胜利，家庭承包制是农村土地使用制度的重大变革。农村土地集体所有制符合我国农村生产力水平比较低的实际情况，符合悠久的文化传统，是有效率的。但是，改革并不是到此为止，还必须不断地加以规范、完善和发展。以所有权为中心的产权制度强调的是所有者的利益，但是所有权的绝对性极大地限制了非所有者对资源的利

4

用，不符合社会公益，不适应社会的发展，因此，必须通过产权制度的调整，建立一个体现社会成员对效率和公平的追求并为社会所认可的利益机制，兼顾所有者和非所有者两方面的利益。

农村土地所有制与效率之间的关系，具有一定的规律性。当农村土地所有制适合生产力性质时，农村土地所有制对农村土地效率起着促进作用；反之，农村土地所有制对农村土地效率起着阻碍作用。在充分认识到农村土地所有制对效率的影响同时，也要看到，农村土地所有制不是影响效率的惟一因素。在保证农村土地利用符合社会利益的前提下，要保障农户的土地利用权利，以充分提高微观效率，也是农村土地所有制改革和完善的重要内容。在现阶段，从提高效率的角度看，农村土地所有制创新的主体应以农户为主。政府应该把能代表最大多数农民利益的制度创新加以提炼、升华，要更多地从宏观效率与微观效率协调统一的角度进行宏观管理制度的创新。

农村集体土地使用权是指土地使用者依法对农民集体所有的土地享有的占有、使用和收益的权利，它是由农村集体土地所有权派生的一种具有物权性质的权利，它具有主体特定性、产权无偿性、权能限制性等法律特征，其种类按标准不同，可分为农地使用权和建设用地使用权，集体土地的自物权使用与他物权使用。通过研究，我们认为，农村集体土地的流转应具备村级班子有效运作、农民有放弃经营土地的意愿、发展效益农业潜力大等三个条件；农村集体土地流转需要舆论、政策、服务等三大环境；农村集体土地流转应建立土地储备、开发运作、多元投入、政策激励等四方面的机制；农村集体土地流转应遵循自愿、有偿性、效率、公平公开公正、登记、统一规划、所有权属和用途不变、有期限等原则；农村集体土地流转可通过转让、作价入股、"四荒"拍卖、竞价承包、反租倒包等形式实现；农村集体土地流转极大地推进了农业产业结构调整，促进了土地规模经营和外向农业发展，推动了村级集体经济的壮大和二、三产业的发展。

农村集体土地使用权出让可以采取协议的方式订立，也可以采取竞争的招标、拍卖方式订立，具体的方式应由村民或集体经济组织成员会议决定。农村集体土地使用权转让是农村集体土地使用权出让的必然结果。集体土地使用权入股、合营必须遵守有关法律、法规，依法办理。农村集体土地使用权可以依法出租、抵押。集体土地使用权受国家法律的保护，任何单位和个人不得侵犯，但任何权利都是与一定的义务相对应的，土地使用权人在行使权利时，也必须履行一定的义务，必须遵守国家有关法律的规定。在特殊情况下，农村集体土地使用权可依法收回，收回方式有无偿收回、补偿收回和强制收回。农村集体土地建设用地使用权的权利是依法确定、依法审批的。农村集体土地建设用地使用权流转方式有转让、出租、入股、置换、抵押等。要进一步完善法律，规范农村集体土地建设用地使用权流转。

家庭承包制，虽然没有改变土地的所有权性质，但在土地的使用权方面却发生了实质性的变化。农户通过承包方式获得了独立经营集体公有土地的权力。家庭承包制的推行，推动了农村经济的飞跃发展，也解放了农村劳动力，但家庭承包制仍有一定的局限性，需要在实践中不断地完善和发展。土地承包经营权具体包括使用承包地的权利生产经营自主权、产品处置权、收益权和土地承包经营权的流转权。将土地承包经营权完全转化为物权性质的农地使用权，不仅符合市场经济条件下农村经济体制和农业经营模式发展需要，也是完善农村土地制度的重要步骤。严格的土地用途管制是建立使用权制度的必要保障。农村土地使用权利物权化的一个重要制度条件，是建立健全土地产权登记制度。土地承包经营权流转具有流转客体单一性、流转范围封闭性、债权流转方式等法律特征。在土地承包经营权流转中，应认真调查研究，做深做透思想工作；实行分类指导，促使土地有序流转；尊重群众意愿，合理确定流转方式；强化服务指导，严格规范流转程序；加强组织领导，积极营造流转环境。

一般认为，农村集体土地产权是以所有权为基础、使用权为核心，往往忽视了他项权利。我们认为，土地他项权利是农村集体土地产权的重要组成部分。在我国，土地他项权利是泛指土地所有权和土地使用权以外的各种土地权利，也就是说，凡是不属于土地所有权和土地使用权，而在土地法上需要加以确认和保护的土地权利，都可以列入土地他项权利。因此，可以说，土地他项权利是一个开放的概念，随着我国土地法制的完善和土地利用实践的发展，土地所有权和土地使用权以外的土地权利将会逐渐增加，土地他项权利所涵盖的具体权利也会越来越多。根据我国的实际，农村集体土地他项权利主要有抵押权、租赁权、地役权、借用权、空中权和地下权等。我国农村集体土地他项权利制度极不完善，今后要加大研究，进一步构建和完善集体土地他项权利制度。

目前，我国农村集体土地产权制度改革已取得了可喜的成绩，但仍存在所有权主体虚位、权属意识淡薄、规模细碎、流转缓慢、承包权不稳定、土地他项权利被忽视、收益分配关系紊乱、与现代市场难以有效对接及土地产权制度改革配套措施不健全等问题。针对这些问题，我们认为，可以通过进一步明确农村集体土地所有权主体、强化农村集体土地使用权、稳定农村集体土地承包权、确保收益权和处置权、完善土地他项权利、拓展国家管理权和规划权及发展权等，构建现代农场制度以及做好土地产权制度的配套建设来解决。农村集体土地产权制度创新应遵循合法原则、三个"有利于"原则、稳定规范原则、成本效益原则、宏观管理控制原则和实事求是原则。农村集体土地产权制度改革的关键，一要注重土地效率，二要处理好"所有"和"使用"的关系，三要界定和明确边界，四要建立完善的激励约束机制。基于效率与公平兼顾的原则，现阶段的耕地使用制度改革应当是：平均分配、无偿占有、定期调整、滚动使用。其他农地使用制度应当是：有偿使用，租金分配到户。通过对农村集体土地产权制度存在的问题及其对策的全面分析，对农村集体土地产权制度的创新难点、创新方向、创新原则、创新关键的深入探讨，我们认为，创新后的我国农村集体土地产权制度的基本模式应该是一套以农村集体土地所有权为基础、土地使用权为核心、土地他项权利为补充、国家管理者权利为限制的新型的土地产权制度。

　　本书是在课题研究基础上整理完成，我们将全书的概要为前言，以利于读者对本书有全面的了解。欢迎各位专家、读者提出宝贵意见，推动我们进一步的研究和实践，提高成果水平。

目　　录 ∎

第1章　导　　言 ∎

1.1　问题的提出及研究的意义和目的

　　对我国农村土地产权制度创新研究，自中华人民共和国建国以来就在不断探索[1]。1950 年我国颁布了《土地改革法》和《城市郊区土地改革条例》，使广大农民取得了土地所有权。1952 年，在全国土地改革基本完成以后，开始了全国性的互助合作社运动，后来创办初级农业合作社。这实际上是一种类似于合伙的联合经营关系，即，农民以土地入股，集体耕种，收益分红，但土地所有权仍然属于原所有人（合作社还不是土地所有权主体）。20 世纪50 年代初期，随着土地改革运动的基本完成，农村土地除依法属于国家所有以外，均属农民私人所有。以后，随着农村集体化运动的兴起，经过初期农业合作社（1953 年开始）、高级农业合作社（1956 年开始）和人民公社（1958年开始）几个阶段，农村的土地私有制迅速转变为集体所有制。在人民公社化的初期，曾出现"一平二调"的"共产风"，即打破集体组织之间的所有权界限，在全社乃至全县范围内任意调用土地等生产资料，造成土地所有权关系的极大混乱。直到 1962 年中共中央发布《农村人民公社工作条例修正草案》，才使"三级所有，队为基础"的土地权属关系确定下来。

1979年以后的农村经济体制改革，给我国农村的土地所有权制度带来了重大的变化。首先，在绝大多数地区，废除了过去的"政社合一"的人民公社体制，代之以单纯政权组织的乡（镇）和单纯社区自治组织的村（村以下分组）。其次，由原来的集体所有、集体共同使用的体制转变为集体所有、农户承包经营的体制。实行土地承包经营制以后，土地所有权没有改变，但土地使用权转到农民手中，过去的集体经营变成了现在的农户私人经营。这一变化导致了在广大农村地区原有集体经济组织的解体。于是，过去的"政社合一"即兼有行政单位和经济组织双重性质的人民公社就变成了单纯的行政单位——乡，而过去的生产大队变成了农民的社区自治组织——村，而原来的生产队则变成了村的组织成分——村民小组。这种情况在《土地管理法》第10条中得到了体现。20世纪70年代末以来，通过推行农村土地承包经营制，集体土地使用权逐渐与所有权分离，形成一种相对稳定的财产权，这是一个非常重要的制度性变革。1993年颁布的《农业法》明确承认了土地承包经营权的法律地位，其中第13条规定了承包经营者的生产经营决策权、产品处分权和收益权、转包权、转让权、期满时的优先承包权以及其继承人的继承承包权。从总的趋势看，在今后的一个时期中，农村集体土地产权制度将会沿着"土地承包经营权物权化"和"强化土地使用权"的方向发展。

特别是自1985年以来，我国对农村集体土地产权制度的研究日益重视，并取得了一系列研究成果。对集体土地所有权制度的改革有集体土地国有化、集体土地私有化、坚持集体所有等主张，各主张的提出都有一定的依据，但都具有一定的局限性。本书将全面分析我国农村集体土地的所有权、使用权和各种他项权力的科学内涵和特征，探讨农村集体土地产权出让、转让、出租、抵押等流转行为及其限制。分析农村集体土地使用权的种类、行使及土地承包经营权的法律制度。重点分析农村集体土地产权制度与效率的关系，研究农村集体土地产权制度的创新模式，并通过浙江省诸暨市农村实地调研，全面研究分析我国农村集体土地产权制度存在所有权主体虚位、权属意识淡薄、土地规模细碎、流转缓慢、农户承包权不稳定、他项权利被忽视、配套措施不健全等主要问题，以及这些问题严重阻碍农业和农村生产力发展的内在原因。最终针对这些问题，摸索出一套适合我国国情的新型农村集体土地产权制度。

1.2 研究的思路与方法

本书研究按以下思路进行：

（1）查阅文献。通过各种可能的手段查阅国内外有关研究成果，掌握最近国内外研究动态。

（2）进行调查研究。到政府部门和农村蹲点调查研究，搜集实证的材料、数据。

（3）理论分析与研究。通过对国内外已有研究成果的考察和比较分析，研究我国现行农村集体土地产权制度存在的缺陷，结合我国农村集体土地的实际，构建新型的并适合我国农村的集体土地产权制度体系。

（4）实证研究。利用本研究取得的初步成果，试点应用于农村，分析其适应性并进行合理修正。

（5）综合研究。对理论和实证研究的结论进行系统、全面、综合的分析，进一步完善我国农村集体土地产权制度体系。

采取的研究方法、技术路线：

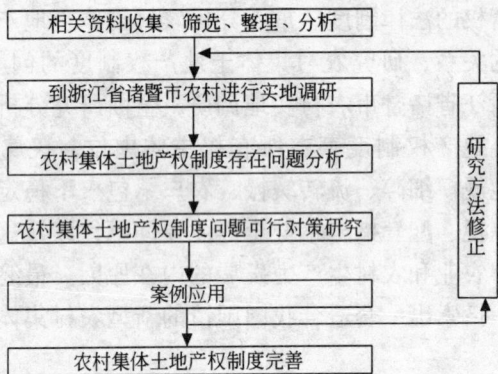

```
┌────────────────────────────────┐
│  相关资料收集、筛选、整理、分析  │
└────────────────────────────────┘
              │
              ▼
┌────────────────────────────────┐        ┌──────┐
│  到浙江省诸暨市农村进行实地调研  │        │ 研  │
└────────────────────────────────┘        │ 究  │
              │                            │ 方  │
              ▼                            │ 法  │
┌────────────────────────────────┐        │ 修  │
│  农村集体土地产权制度存在问题分析│        │ 正  │
└────────────────────────────────┘        └──────┘
              │
              ▼
┌────────────────────────────────┐
│ 农村集体土地产权制度问题可行对策研究│
└────────────────────────────────┘
              │
              ▼
┌────────────────────────────────┐
│           案例应用             │
└────────────────────────────────┘
              │
              ▼
┌────────────────────────────────┐
│    农村集体土地产权制度完善    │
└────────────────────────────────┘
```

1.3　研究的主要内容

随着我国土地使用制度改革的不断深入，国有土地产权制度已日益完善，但集体土地尤其是农村集体土地仍然存在产权不清、承包权不稳定、他项权利被忽视、土地规模细碎、收益分配关系紊乱、农户利益缺乏保障、流转不规范等严重问题。尽管修改后的土地管理法对集体土地的产权有了进一步的规定，但仍无法完全理顺农村集体土地产权问题。

集体土地产权制度是指构建集体土地产权结构和产权关系的制度安排。集体土地产权是一组权利束。在我国现行集体土地产权制度中，土地所有权和土地使用权构成土地产权制度的主要内容。集体土地产权制度是一种以所有权为基础、使用权为核心的产权形态。本书研究从理论上对集体土地产权制度的内涵与特征、集体土地所有权、使用权、他项权利的概念进行科学界定；结合实践，探讨集体土地使用权出让、转让、入股、合营、出租、抵押和集体土地建设用地使用权及其流转；分析集体土地各项他项权利；从法律角度研究了集体土地承包经营权；探讨了农村集体土地产权制度改革与效率的关系。重点研究当前我国农村集体土地产权制度建设中存在的主要问题，集体土地产权制度创新原则、创新关键、改革思路和具体措施及制度创新模式。难点问题是我国集体土地产权制度存在的问题及其相应对策，集体土地产权制度创新模式研究。

参考文献

[1] 黎赔肆．西部开发：农地产权制度创新原则．经济地理，2002（5）．356-358

■ 第2章 农村集体土地产权制度内涵

　　研究农村集体土地产权制度，首先就要了解什么叫制度，什么叫产权，什么叫土地产权制度，什么叫农村集体土地产权制度。在本章中，笔者就制度、产权、土地产权制度、农村集体土地产权制度的概念进行科学界定，并深入分析农村集体土地产权制度的性质。

2.1　土地产权制度概念

2.1.1　制度概念

　　制度在我们的生活中经常见到，人们对制度的一般理解就是规章制度，是一些条条框框，规范、制约着人们的行为。当制度作为研究对象进入经济学家的视野时，制度的内涵被大大扩展，如凡勃伦把制度理解为思想习惯；康芒斯认为制度是由买卖的交易、管理的交易、限制的交易等构成的集合；舒尔兹认为制度是管束人们行为的一系列规范；霍奇逊则对上述多种定义进行了综合，认为制度是通过传统、习惯或法律约束而力图形成固定的、规范的行为模式的一种社会组织[1]。在马克思和恩格斯的著作中非常广泛地使用"制度"这一概念，如"社会制度"、"政治制度"、"法律制度"等。从他们所使用的"制度"概念的场合看，制度是指人与人之间结成的社会关系的总和[2]。在一定历史阶段，人与人之间结成的社会关系是复杂多样的，包括经济关系、政治关系、文化关系、宗教关系、国家关系等，与此相应地就有经济制度、政治制度、文化制度、宗教制度、国家制度等。这些社会关系，有的上升为国家意志，形成法律、政策等，有的则没有上升为国家意志。有效的制度安排，鼓励和促进着社会的资源开发、资本积累和技术创新。无效的制度安排，则直接阻碍着资源开发、资本积累和技术创新，因此，制度决定着一种经济的激励结构、决策结构、信息结构及其运行方式，从而决定着经济变化的走向，是增长、停滞还是衰退[3]。

2.1.2 产权概念

自 20 世纪 80 年代中期，我国理论界主要是经济学界，就开始关注"产权"问题，并进行了讨论[4]。但由于各自的研究目的和研究方法不同，对产权内涵的理解也存在许多差异，各自赋予产权的含义以及强调的重点极为不同，不可能给产权做出一个统一的全面而精确的定义，人们总是从某一角度根据特定的研究需要和特殊的理解来定义产权。因此，准确地定义产权概念，总是要在"产权"之前加上一系列特殊的条件，不同界定条件下作出的产权定义是难以直接统一的，如资源和环境的产权指所有和使用资源的权利[5]，但从众多学者关于产权的定义中，归纳起来，以下五点含义是共同的：（1）产权是一种权利，并且是一种排他性的权利；（2）产权作为关于财产的权利属于上层建筑范畴，属于权利范畴；（3）产权是规定人们相互行为关系的一种规则，并且是社会基础性的规则；（4）产权是包括各种财产权利在内的权利束；（5）产权作为财产权利，有别于所有权的范畴[6]，其存在的根本意义和制度前提是市场经济。

2.1.3 土地产权制度概念

土地产权制度是土地制度的核心，是人与土地关系的基础[7]。根据马克思使用"制度"概念的内涵，再综合各家所述，可以得出，"土地产权制度"这一概念包括以下两个方面的内容：（1）土地产权制度是在一定社会条件下，人们在占有和利用土地过程中所形成的人与人之间的社会关系的总称；（2）以土地为媒介结成人与人之间的关系，有的上升为国家意志，形成有关土地的法律和政策。因此，土地产权制度既包括经济关系，也包括法权关系，前者属于经济基础，后者属于上层建筑。

2.2 农村集体土地产权制度内涵

农村集体土地产权制度反映了农村集体土地经济关系。由于农村集体土地不同于城市土地，也不同于农村国有土地，因而农村集体土地产权制度也具有自身特性。笔者认为，农村集体土地产权是指以农村集体土地所有权为基础、以农村集体土地使用权为核心、以农村集体土地他项权利为补充的一切关于农村集体土地财产的权利的总和，是由各种权利组成的土地权利束，它包括农村集体土地所有权、使用权、收益权、处分权、承包经营权、规划权、发展权等。

农村集体土地产权制度是指构建农村集体土地产权结构和产权关系的制度安排。作为一种制度安排，其内涵可包括以下内容：（1）产权结构，包括各种权利的职能及配置；（2）国家对土地产权制度安排的认可和法律支持；

（3）产权关系，通过土地财产权利可反映人与人之间的财产关系；（4）国家对农村集体土地产权的管理与调控。

在我国现行农村集体土地产权制度中，土地所有权和土地使用权是构成农村土地产权制度的主要内容，农村集体土地产权问题和产权制度建设也是与土地所有权和土地使用权紧密联系在一起的。

农村集体土地所有权是农村集体土地产权制度的基础，是指劳动群众集体经济组织在法律规定范围内占有、使用、收益、处分自己所有的土地的权利[8]。农村集体土地所有权具有以下法律特征：（1）在主体方面，农村集体土地所有权没有一个全国范围的统一主体，集体所有的土地只属于各该级劳动群众集体所有。（2）在客体方面，农村集体土地所有权客体范围包括：农村和城市郊区的土地（法定属于国家的除外）；集体所有的耕地；集体所有的森林、山岭、草原、荒地、滩涂等所占用的土地；集体所有的建筑物、水库、农田水利设施和教育、科学、文化、卫生、体育设施所占用的土地；集体所有的农林牧渔场以及工业企业使用的土地；农民使用的宅基地、自留山、自留地。（3）在内容方面，集体经济组织一般都直接对自己的土地行使占有、使用、收益和处分的权利。

农村集体土地使用权是指对农村集体土地占有、使用并获取收益的权利。在我国目前主要表现为农村土地的承包经营权，它也是一组权利束，包括在一定年期内使用、收益和有限处分的权利。但土地使用权的获得并不是无偿的，它需通过与土地所有者签定合同，履行职责，完成针对土地所规定的义务[9]。《土地管理法》第十四条第一款规定：农民集体所有的土地由本集体经济组织的成员承包经营，从事种植业、林业、畜牧业、渔业生产。土地承包经营期限为 30 年。发包方和承包方应当订立承包合同，约定双方的权利和义务。承包经营土地的农民有保护和按照承包合同约定的用途合理利用土地的义务。农民的土地承包经营权受法律保护。《土地管理法》第十五条第一款规定：农民集体所有的土地，可以由本集体经济组织以外的单位或者个人承包经营，从事种植业、林业、畜牧业、渔业生产。发包方和承包方应当订立合同，约定双方的权利和义务。土地承包经营的期限由承包合同约定。承包经营土地的单位和个人，有保护和按照承包合同约定的用途合理利用土地的义务。

土地处分权和土地收益权是土地所有权和土地使用权（土地使用权包含部分处分权）的分权利，其中土地处分权又包括出租权、抵押权、转让权等。

发展权、管理权、规划权等权利是国家对土地管理、调控、规划的权利，它们也是农村集体土地产权制度的内容。

综上所述，土地所有权和土地使用权其实都是一组权利束，它们都是与土地所有者和土地使用者相关的权利，至于国家管理权、规划权、发展权等则是游离于土地所有权、土地使用权的规定及限制，因此可以把它们分别界定为土地所有者权利束、土地使用者权利束和国家管理者权利束。当然，现行的农村集体土地产权制度忽视了各种土地他项权利。

2.3 农村集体土地产权制度的性质

（1）以所有权为基础、使用权为核心的产权形态笔者认为，农村集体土地产权制度是一种以土地所有权为基础、土地使用权为核心、土地他项权利为补充的产权形态。土地所有权和土地使用权都是集体土地产权制度的重要组成内容，土地他项权利是集体土地产权制度不可缺少的补充内容。其中土地所有权不仅包括占有权，还包括使用、收益和处分的权利；土地使用权隶属土地所有权，它是指在一定年期内土地使用权人拥有使用、收益和有限处分集体土地的权利；土地他项权利是泛指土地所有权和土地使用权以外的各种土地权利，包括抵押权、租赁权、地役权、借用权、空中权和地下权等。

（2）土地权利与义务的对应性

农村集体土地权利与义务具有对应性。不同的产权权能类型，对应着不同的权利和义务，在落实和保障有关产权主体权利的同时，各产权主体也应承担相应的义务，这样有利于保证农村集体土地产权制度的正常运转[10]。

（3）合理配置集体土地产权的法律规定

农村集体土地产权制度是在市场经济条件下合理配置农村集体土地产权的法律规定，它是在我国土地制度的法律框架内，坚持农村土地的集体所有制。作为规定具有限制和约束人们占有、使用土地等行为的能力，如《土地管理法》第八条第二款明确规定，宅基地和自留地、自留山，属农民集体所有。

（4）可以提高土地产权效益的内在机制

市场经济是有交易的经济，交易的本质是产权的交易，而且在现实生活中交易是需要交易费用的。任何一种产权制度，在市场产权配置过程中都应该有利于最大限度地降低交易费用，增加收益，提高交易效益[11]。因此，合理的农村集体土地产权制度，不仅可以大大加速集体土地的流转，推进集体土地的合理配置，而且可以降低集体土地流转所需要的交易费用，同时，还可以消除因集体土地产权模糊而带来的不合理的外部效应，使土地外部效应达到最优值。

（5）各项权能可以分解的一组权利束

土地产权是一组权利束，它可以分解为所有权、使用权、收益权、转让权、租赁权等多种权利，相应的产权主体可以相同，也可以不同，如在实行农村土地集体所有制条件下，土地所有权、土地使用权等就有不同的产权主体，也就是说，农村集体土地产权是农村集体土地多种权利的组合，而且各种权利也可以进一步分解。

2.4 本章小结

（1）农村集体土地产权是指以农村集体土地所有权为基础，以农村集体土地使用权为核心、以农村集体土地他项权利为补充的一切关于农村集体土地财产的权利的总和，是由各种权利组成的土地权利束，它包括农村集体土地所有权、使用权、收益权、处分权、承包经营权、规划权、发展权等。

（2）农村集体土地产权制度是指构建农村集体土地产权结构和产权关系的制度安排，它反映了农村集体土地经济关系。在我国现行的农村集体土地产权制度中，土地所有权和土地使用权构成农村土地产权制度的主要内容。农村集体土地产权问题和产权制度建设是与土地所有权和土地使用权紧密联系在一起的。

（3）农村集体土地产权制度是以所有权为基础、使用权为核心、他项权利为补充的权利与义务相对应的产权形态，是合理配置农村集体土地产权的法律规定，是可以提高土地产权效益的内在机制，它的各项权能是可以分解的。

参考文献

[1] 王瑞璞，张湛彬．中国国有企业制度创新．北京：中国经济出版社，2002.2

[2] 马克思，恩格斯．马克思恩格斯选集（第1卷）．北京：人民出版社，1972.18

[3] 刘君德，汪宇明．制度与创新——中国城市制度的发展与改革新论．南京：东南大学出版社，2000.12

[4] 纪坡民．产权与法．北京：生活·读书·新知三联书店，2001.8

[5] 张帆．环境与自然资源经济学．上海：上海人民出版社，1998.167

[6] 谢世荣．产权理论与国有企业制度创新．北京：中共中央党校出版社，1998.35-37

[7] 农业部农村经济研究中心．中国农村研究报告（1990～1998）．北京：中国财政经济出版社，1999.403

[8] 皮纯协．新土地管理法理论与适用．北京：中国法制出版社，1999.28-29

[9] 张玉伟．中华人民共和国最新土地管理法规适用手册．北京：中国建材工业出版社，1998.28-33

[10] 卞耀武，李元．中华人民共和国土地管理法释义．北京：法律出版社，1998.74-81

[11] 张帆．环境与自然资源经济学．上海：上海人民出版社，1998.157-160.

■ 第3章 农村土地产权制度
改革主张和实践评价

评价土地产权制度改革主张和实践的首要标准是生产力标准，具体地说是土地效率标准。本章根据土地产权制度评价标准，讨论了农村土地所有制改革的各种主张，评析了农村土地所有权的各种观点，并对我国农村土地所有制改革作了试验分析和实践评价。

3.1 农村土地产权制度评价标准

评价土地产权制度的首要标准是生产力标准，因为人们在致力发展生产力时，也发展着一定的相互关系，这些关系的性质必然随着生产力的发展而改变。生产力是人们改造自然界的能力，具体到土地的改造和利用方面，就是土地利用效率。在马克思的著作中，效率或生产效率是指在生产过程中生产资料、劳动力等生产要素的性能和使用状态。

有效率的农村土地制度是指根据农业生产和再生产的客观要求，建立合理的经济制度，使农村土地资源在生产过程中得到最有效的利用，在社会范围内得到最有效的配置。有效率的农村土地制度应具备如下几个特征：（1）能够保证农村土地的可持续利用；（2）能够保证有限的农村土地资源和劳动力、资本按照物质技术关系的客观要求，进行合理组织，获得农产品的最大产出；（3）能够保证有限的农村土地资源在农业产业之间、单位和个人之间进行合理配置，不仅使农村土地具有最大产出，而且与社会需求结构相协调；（4）责权利相统一，既激励农村土地有效、合理利用，又约束和惩罚破坏、浪费农村土地的行为；（5）农村土地及其产出的分配符合公平原则。

3.2　农村土地所有制改革的主张

近20年来，学术界和政策指导部门在讨论农村土地制度改革的过程中，对改什么、怎么改等问题，还有很大分歧。这些主张主要有以下两种。

第一种主张认为，我国已经建立了农村土地集体所有制，又实行了家庭承包制，因而农村土地所有制不需要再改革了，探讨农村土地所有制改革问题已没有现实意义。第二种主张认为，进一步改革和完善农村土地所有制是完全必要的。但是，对农村土地所有制的改革内容仍然有很大的分歧，其中，最为普遍的一种观点认为，我国1949年以后的土地所有制，是重"所有"而轻"利用"，因此必须在完善土地所有制中加以纠正。这种观点认为，传统的农村土地所有制过分强调了国家与集体土地所有权的绝对性，不承认土地所有权以外的土地他项权利，任何人利用土地从事营利活动都被认为是对国家或集体土地所有权的侵犯。

笔者比较赞同第二种主张。因为当生产关系同生产力之间的矛盾激化时，农村土地所有制问题首先要解决的是一种性质的所有制代替另一种性质的所有制。但是，一种新的农村土地所有制建立以后，并不意味着农村土地所有制所有问题都解决了，还要寻求恰当的使用制度，进行科学的、具体的制度设计，以适应新的、不断变化的生产力发展水平。我国农村土地集体所有制的建立，是农村土地私有制的伟大胜利，家庭承包制是农村土地使用制度的重大变革。但是，改革并不是到此为止，还必须不断地加以规范、完善和发展。以所有权为中心的产权制度强调的是所有者的利益。随着人类社会的发展，一方面是人类需求的不断扩大，另一方面是社会物质资源的相对稀缺，没有被法律赋予所有权的资源十分稀少，人们已经不能通过发现无主物，特别是无主的土地，来实现生产和生活的需要。因此，越来越多的人必须通过利用他人的资源来实现自身的需要。但是，所有权的绝对性极大地限制了非所有者对资源的利用，不符合社会公益，不适应社会的发展，因此，必须通过产权制度的调整，建立一个体现社会成员对效率和公平的追求并为社会所认可的利益机制，兼顾所有者和非所有者两方面的利益。

3.3　农村土地所有权观点评析

自 1985 年以来，我国对农村土地所有权制度改革的讨论日趋活跃，提出了一系列改革的见解。归纳起来不外乎三个类型：土地国有化、土地私有化和坚持集体所有权[1]。

3.3.1　农村土地国有化论

（1）农村土地国有化论的主要理由

1）在人民公社解体以后，农民集体作为一个经济组织事实上已经不存在了，也没有产生一个新的集体经济组织取代人民公社，因此找不到谁代表集体利益来真正关心土地，并成为土地所有权的体现者。

2）现有的土地产权关系模糊，导致贪污、挪用、乱花、滥占集体财产，导致土地承包关系不稳定，农民投资在土地上的有效肥力不断地被侵占，因而宁可撂荒，也不愿意转包给他人。

3）家庭承包制否定了集体劳动，人民公社的垮台使其基础即生产队的土地所有权不复存在，因此作为集体所有权的两个支撑点事实上都不存在。

4）集体所有制强化了条块分割，阻滞了土地产权的流通，削弱了家庭经营的决策权。

（2）农村土地国有化论评析

农村土地国有化的观点考虑到了我国农地资源稀缺的特点，试图实现在全国范围内有效地开发和保护土地资源，进行国土整治，实现在更大范围内流动，从而提高土地利用的宏观效率，但是，国有化论者的论据和方案是有问题的。

首先，集体所有权名存实亡的论断是不符合实际情况的。高级农业生产合作社成立时，农地集体所有权是明确的，即属于高级社范围内所有。人民公社化运动虽然出现了平调、乡镇范围调整、人民公社内部核算单位调整等因素，使农地集体所有制出现了复杂化，但从总体上看，农地绝大部分是由集体组织占有、控制。改革以前，95%以上的农地归生产队所有，生产队或大队对土地的利用不能超过其所管辖的范围，这些都是农地集体所有制的表现。

改革以后，集体组织虽然没有或很少直接参与农地的开发和利用，但是农地集体所有权仍然表现在四个方面：第一，农地经营权在集体成员之间进行平均分配；第二，集体组织定期对农地承包权进行调整；第三，集体组织有权对农地承包提取必要的承包费，其他组织没有这种权利；第四，集体组织仍然为成员的生产提供某些产前、产中和产后服务。

其次，农地国有化无法消除农村腐败现象，更不可能减轻农民负担。农地国有化后，农村基层政权不能没有，农村土地管理机构也是不能没有的。只要腐败的真正原因没有消除，社会监督机制不健全，农地国有化也无法消除农村的腐败问题。另一方面，农地国有化不仅不能减轻农民的负担，还可能进一步增加农民的负担。目前增加农民负担的不仅是村集体组织增加的提留或承包费，更重要的是来自于从中央到地方政府的各种收费、达标、现金和义务工的摊派以及各种罚款。

再次，农地集体所有制不等同于集体劳动。从历史上看，人民公社是在合作化运动的基础上发展起来的，但是合作化运动并不必然要过渡到人民公社。在中国，高级社独立存在了相当长的时期。在革命根据地就试办了一些相当于高级社的农业生产合作社，在1956年以前也试办了不少高级社。因此从历史上看，农地集体所有制是先于人民公社的。从理论和现实上看，集体劳动可以在农地私有权的基础上进行，如20世纪50年代我国的初级社、民国时期的农业合作社、许多发展中国家的农业生产合作社等，也可以在公有农地的基础上进行，如20世纪50年代中国大陆的高级社。因此，把农地集体所有制等同于集体劳动，是错误的。

最后，农地国有化难以推动农地在更大范围内流动。实行规模经营，一方面，要以农村劳动力比较稳定地转移到非农产业为前提，在现有的城乡劳动制度、户籍制度条件下，农地大规模地流动，广泛地推行规模经营，是不现实的，由于政府对农户是否稳定地获得非农就业岗位的信息不完全，试图通过农地国有化，用行政办法推行规模经营，就会造成该收回的承包地而没收回，该承包土地的农户承包不到土地。因此，用行政办法推行规模经营的结果，必然使更多的农户失去生存保障。另一方面，农地跨地区流动还受农村社会、文化传统等方面的制约。由于农村还存在的宗族、血缘的社会关系，以及各地区之间文化传统的差异，农村还存在着一定的排外倾向。即使农地国有化了，农户跨地区承包土地面临的制约因素还很多，也很难在短时期内解决。

3.3.2 农村土地私有化

与农村土地国有化的观点相反，另有一部分学者则主张农地私有化。关于我国农地私有化的观点早在1985年就已出现，1987～1989年之间呼声日益高涨，20世纪90年代以来，有的学者在讨论产权理论过程中，采取迂回的办法表达了对农地私有化的观点。

（1）主张农村土地私有化的理由

1）只有土地所有权主体明确，才有可能提高土地经营的长期效率，充分发挥市场对土地资源的调节作用。因此应该让农民把土地所有权购买下来，然后再合股经营。

2）只有明确的产权才能稳定农民对长期收益的预期。农村第一步改革激发了农民增加劳动投入的积极性，而第二步改革应激发农民增加资金投入的积极性。只有农地私有制（或永佃制）才能调动农民的这种积极性。

3）农村土地私有制有利于农村土地流转。

（2）农村土地私有化论评析

农村土地私有化论虽然考虑到产权明晰对调动农民积极性、提高微观效率的重要作用，但其论点存在三个问题。

首先，农地私有制度不是明晰产权的惟一形式。明确产权关系并非只有私有产权一种形式，公有制也是明晰产权关系的一种形式。私有制在逻辑上有助于农地所有权的交易，但是农地私有权交易也并非农地市场的全部内容，因为明晰的农地使用权同样可以促进农地市场的形成。事实上，不仅社会主义国家存在多种所有制形式，资本主义国家的土地也是国有、社团（集体）所有和私人所有并存[2-3]。

其次，私有制不一定能提高农地利用效率。不能否认产权对提高农地利用效率的重要作用，但绝不是惟一的决定因素。所谓调动农民积极性，就是要激励农民增加劳动力、资金的投入。但是，农民投入积极性来自于他所能获得的产出。在市场经济条件下，影响产出的因素至少还有两个：一是竞争秩序。现阶段，农户缺乏组织，不仅农产品流通渠道不畅，而且农户在市场竞争中处于不利地位；二是绝对利益。现阶段，由于农产品的价格低，农资价格比较高，农业生产的收益低，农民收入的增加越来越依赖非农产业的收入。在这种情况下，要调动农民对土地投入的积极性，决不是实行私有制就可以实现。

第三，农地私有制有可能阻碍农地流转。在农村，农地不仅作为获取收入的生产资料，还承担着社会保障功能。土地还是农户作为集体成员的重要纽带，在经济发达地区也是农户参与集体收入分配的重要依据之一。发达地区率先实行了土地转让，但土地转让和劳动力转移并不同步。不同地区尽管土地在农户生产经营中的地位、作用与功能以及农民对土地的态度存在很大差别，但农民不愿意放弃土地承包权这一点却是一致的。但无论如何，农地公有制毕竟为农户承包土地规模的调整提供了可能。私有制则顺应了农户不愿放弃土地的心理，进一步阻碍农地的流转。

3.3.3 实行土地的国家、集体、个人三元所有权制

国营农、林、牧、渔场的土地为国家所有，原来集体的耕地、林果园地、公用的其他场地为集体所有，宅基地、农户长期经营的口粮田、自留地、自留山等为个人所有。

3.3.4 实行土地双轨所有制

双轨所有制也称复合所有制，法律上规定土地最终为国有，经营形式上又允许私人占有和继承。

3.3.5 明晰集体产权的主张

"集体产权"或"集体所有制"的概念来自前苏联，是一个没有得到严格界定的概念。但"集体所有制"最基本的特征是每一个集体成员平均共同占有集体资产。主要有两种形式：一种是按人占有；另一种是按份占有。集体经济的实质是集体成员无差别地共同占有生产资料。但它存在的另一个问题是"集体产权"这种特征，使得集体与作为集体主人的农民在权益关系上往往很模糊，以致于在许多经济法规与政策中，集体是个静态与动态相联系的不

确定的概念。所以要想真正保障农村集体土地产权的稳定，首先就要明晰和确定土地所有者的权利和义务，保证所有者能充分行使有关土地的权利。在确认了集体土地产权主体后，还应当在法律上明确界定土地所有者的权利和义务。集体土地所有者除可对土地进行发包以外，还有权通过经营、出租、入股、抵押等形式实现其所有权。在两权分离、农户作为土地经营主体的体制下，集体所有者还要加强对承包土地的管理和监督。另外，为保证集体能充分行使有关土地的权利，还要抓好相关配套制度和政策的建设。诸如农地转用制度、耕地保护制度、集体土地征用制度、农地有偿使用制度等。

坚持农地集体所有权制度不仅符合我国的生产力水平，也符合我国悠久的文化传统。我国农村的集体所有制不是经典作家所阐述的那样"社会所有制"，也不是列宁所讲的那样生产资料归全民所有的合作社，与前苏联主要生产资料归国有的集体农庄也不同。我国的农业合作社和集体所有制是在传统的劳动互助组织基础上建立起来的。

农地集体所有制符合我国农村生产力水平比较低的实际情况，符合悠久的文化传统，是有效率的。首先，土地集体所有制为土地利用符合社会利益和社会要求，提供了制度基础。集体组织对个人的土地利用行为可以进行更直接的监督，可以避免土地私有制条件下所有者为个人利益而掠夺性地利用有限的土地资源，避免所有权垄断造成所有权与社会需要之间的对立；其次，农村的基础设施建设，包括道路、水利、用电、电讯、农田基本建设和公共福利事业等，主要依靠集体组织自己的力量，土地集体所有制使集体组织可以更容易地进行土地用途结构的调整；

再次，农村土地主要属于村民小组集体所有，而村民小组的成员大都具有家族或宗族血缘关系，有利于彼此之间在农业生产中互相帮助、互相合作、互相监督、互相促进；最后，土地集体所有制为更合理地配置生产要素创造了条件。随着农村非农产业的发展，每个家庭的农业劳动力会经常性地发生变动。同时，每个家庭的人口也会发生变动。为充分利用土地资源和劳动力资源，客观上要求对每个农户占有的土地数量进行定期调整和经常性的微调。何时调整、调整多少，只有集体组织最清楚，这样，就有利于克服私有制下土地流转的困难。

3.3.6 划分所有权边界，建立多层次的农村土地公有权制度

我国农地所有权边界经历了从清晰到不清晰的过程。20世纪50年代初级社转变为高级社时，农地所有权边界是明确的，高级社经营的土地就是集体所有权的范围。实行人民公社体制后，一是生产队和生产大队的范围几经调整，基本核算单位也多次变动，土地所有权变动比较复杂；二是人民团体、事业单位办农场，兴建基本建设项目无偿占用了大量的土地，而有的农场，建设项目后来又荒废了；三是国家、公社、大队和生产队都兴办了林、果、茶、蚕等农场，也兴办了不少农田水利设施，有的荒废以后所有权不明确。

在人民公社时期，农地所有权关系不清晰，对土地利用效率的影响不大，因为在计划经济体制下，农地及其产出都不成为商品，农民也没有农地经营权，耕作面积、耕作时间、种植密度、肥料施用量、种植品种和收获物分配等等，都由上级部门统一计划。但在社会主义市场经济条

件下，农地使用权、农地生产物都成为商品，而成为商品的前提就是要明确所有权。因此，明确界定农地所有权，就成为提高农地利用效率的前提。农地的范围广泛，各种农地又具有不同特点。界定农地所有权，必须从不同农地特点出发。

（1）耕地所有权

耕地是农地中最重要的组成部分，耕地所有权的界定自然也是农地所有权制度建设最重要的环节。根据我国的实际情况和提高效率的要求，耕地所有权应归生产队，其理由有三个方面：首先，这是符合合作化以后农地所有权制度的传统。人民公社建立初期，土地所有权有过较大的变动，但自从1961年起就基本上归生产队所有。土地所有权是土地所有制最重要的经济关系之一，应当保持稳定，不应经常变动，何况保护财产主体的合法权益也是保证社会主义市场经济健康发展的重要保证；其次，耕地归生产队所有更易于为农民所接受。生产队的范围比较小，与初级社时的规模大体相当，由十几、二十几个农户组成，一般不承担社区福利和社区保障方面的职能，在有集体收入条件下可以对农户进行收入分配，因此与农户个体利益的关系比较接近；再次，耕地归生产队所有，是由耕地本身的特点决定的。人地矛盾最尖锐的是耕地与人口之间的矛盾。合理分配每个农户承包耕地的地块面积、分布和质量是农民最为关心的问题之一。对这些土地的信息，生产队这一级集体最为清楚。生产队的范围小，对土地质量变化的监测比较容易。

（2）非耕地的农地所有权

非耕地的农村土地资源大体上可分为农业用地和非农

业用地两部分，由于过去对这两部分土地的权属界定不重视，其土地所有权关系也比较复杂。因此，对这部分土地所有权要本着稳定土地权属关系，有利于提高土地利用效率的原则进行界定。

对原来已分配给农民的林地、草地、荒山，人民公社时期已固定给集体使用的滩涂、水域，应属于农民集体所有。原来没有分给农民或没有固定给集体使用的林地、草场、荒山、水域、滩涂，以及国有企事业单位、基础设施及其周围已征用的土地，其所有权归国家所有。

3.4　农村土地所有制改革试验及其评价

20世纪80年代后期以来，随着理论界和政策研究部门对农地制度的反思和讨论，一些地方开始进行农地制度的改革试验。就农地所有制而言，比较典型的是"两田制"、集体农场和"统种分管"。

3.4.1　两田制

"两田制"起源于山东平度县的高戈庄。其基本做法是将包干到户的承包地分为两部分：一部分是按家庭人口数量平均分配的"口粮田"，另一部分是"责任田"。在山东平度，以人均口粮350公斤左右为标准（包括种子和饲料），以产定地，一般人均"口粮田"0.5～1.0亩左右。这部分地只负担农业税，其他收入归农户，带有福利保障性质。另一部分地是"责任田"，除了负担农业税外，还要分担集体的提留或租金、完成定购任务等。"责任田"的分配办法，各地不尽相同。主要有两种方式：一是不改变农户原来承包的土地经营状况，只是在利益上作出划分，即在承包面积上划分出"口粮田"和"责任田"，并定期（一般规定 5 年）地根据人口增减进行调整，增人则增加"口粮田"份额，相应地减少集体提留和定购任务；反之，则增加"责任田"的份额，并相应地提高集体提留和定购任务。这种办法称之为"动账不动地"。二是把"责任田"按劳动力承包或招标承包。一些地区在"两田制"的基础上发展为"三田制"，即将耕地分为"口粮田"、"责任田"和"商品田"。"商品田"以较高的承包金招标承包。

"两田制"产生后，全国各地迅速地模仿试验。据1990 年抽样调查统计，全国实行"两田制"的村 119.2 万个，耕地 55010 万亩，占全国耕地总面积的 38.2%。据1994 年的资料，实行"两田制"的耕地面积增到 63000 万亩，占耕地总面积的 47.8%。其中，"责任田"的面积，1990 年达 36443 万亩，1994 达 435000 万亩。"两田制"曾一时成为"中国农村土地制度创新的主要热点。"

"两田制"产生有其特定的条件，如平度县高戈庄的人均耕地多，达 3.68 亩，劳均耕地 10.07 亩，户均耕地18.47 亩；集体经济的基础也比较好。实行"两田制"的直接动机就是解决在分户承包条件下，村集体的两台联合收割机用不上的问题。实行"两田制"后，人均"口粮田"还有 1 亩。能具备这样条件的地区，在我国是不多的。但是，"两田制"却以极快的速度在全国各地推行，其原因不是像它的倡导者所说的那样，既克服了分户承包造成的土地细碎分割、小规模经营的弊端，又兼顾了社区内公民的公平问题。我国人地矛盾十分突出，1995 年农村每个劳动力平均占有耕地仅 0.29 公顷。"两田制"把劳均很少的耕地再分割出 2/3 的"责任田"，对没有能力投标"责任田"的农户来说，则只能耕种规模小得多的"口粮田"。实际上，在许多地区，实行"两田制"后也没有集中"责任田"，"责任田"仍然按人或按劳平均承包，这个比例 1990 年达 94%，1994 年占 93%。土地细碎分割和农户小规模经营问题依然如故。"两田制"迅速推广的真正原因在于，它为乡（镇）政府和村委会从土地上分割更多的利益提供了制度条件。根据调查，1988 年平度县"责任田"的承包费每亩 53 ~ 71 元，再加上农业税，每亩 57 ~ 75 元，占农民耕种"责任田"纯收入的 32% ~ 42%。如此高的承包费与封建社会的地租量相比，有过之而无不及。在 94% 的地区，"两田制"不改变农民原来承包的土地面积，而只是增加了承包费，根据典型调查，"在人均耕地不足 0.067 公顷的地方，'责任田'的承包金已高到种责任田几乎无利可图的地步。"这样的制度，当然不可能是农民自愿，只能靠行政手段强制加以推行。据农业部 1997 年对全国 23 个省区统计，采取行政手段推进"两田制"的地区占 83.5%。又据辽宁省统计，在全省实行"两田制"的 9194 个村，采取行政手段强制推行的占 60.1%。但是，不少地区仍然借口农民自愿、村集体提留太少等理由，继续实行"两田制"。据农业部 1998 年上半年统计，"两田制"的面积仍占耕地总面积的 30%。

3.4.2 集体农场

20 世纪 80 年代后期以来，理论界和政策研究部门在反思家庭承包制的同时，对规模经营问题也进行激烈的讨论。在这种背景下，一些地方重新出现了统一经营的集体农场。比较早实行集体农场试验的是北京市顺义县。1986

年秋，顺义县在责任田范围内进行了规模经营的试验。全县组建了 78 个集体农场，每场面积 300～3000 亩不等，每个劳动力平均种植 20～25 亩。1987 年全面推开，组建了613 个集体农场和 594 个农业作业队，1988 年经过合并和集中，组建成 193 个集体农场，1996 年经过改组和调整，重新组建成 497 个集体农场。几经调整、重组，到 1996 年有 324 个集体农场，经营土地 37.7 万亩，占全县粮田面积的 62.8%，劳均经营 145 亩。集体农场在江苏、浙江、广东等沿海省市也得到较多的发展，并有加速发展的态势。

农业车间制也是集体农场的一种形式。其基本做法是：乡镇企业内建立一个从事农业生产的机构，将该厂职工或社区的土地集中起来经营，并对经营者定产量、费用和利润等指标，劳动者享受乡镇企业工人的工资或平均工资待遇。类似的机制还有"反承包"，"倒租赁"，即集体组织以向原承包者提供平价口粮为条件把土地重新收回集体，由集体统一经营。

为什么在家庭承包制刚推行三年就重新出现集体统一经营呢？提倡者大多强调，这是实行规模经营的形式，有利于提高劳动生产率，实行机械化耕作。这是事实。问题是用什么样的指标来衡量农业经营的效率，笔者认为，在人地关系紧张、资本稀缺的低收入国家，土地生产率和资本利润率是衡量农业生产效率的首要指标。集体农场对提高土地生产率和资本利润率是有欠缺的。据对江苏吴县的调查，集体农场的单产每亩 750 公斤，种田大户单产每亩740 公斤，而集体农场的成本每亩 480 元，种田大户每亩420 元，集体农场的成本比种田大户高 14%。另外，20 世纪 80 年代后期以来，理论部门和政策研究部门曾一度片面强调规模经营，并有意无意地把规模经营等同于集体经营。除了这种理论误导外，其中很重要的原因是集体组织希望控制更多的农地资源。

3.4.3 统种分管

1985 年以后，农村土地制度的另一个改革试验是"统种分管"，即政府部门统一作规划布局，农户负责生产经营。到 1990 年，全国"统种分管"的面积达 606.93 万公顷，占全部耕地面积的 6.3%。20 世纪 90 年代以来，"统种分管"的面积有所减少，1992 年为 393.73 万公顷，1994 年为 270.73 万公顷。

"统种分管"作为政府部门指导农业生产的一种方法，如果建立在科学的市场预测基础上，并以农户自愿为前提，无疑具有积极作用。不少地方也是按这样的原则来推行"统种分管"的。但是，也有不少地方违背了这样的原则，采取行政强制的办法推行"统种分管"，通过层层下达计划指标，强迫农民种这种那，并以下达的计划指标作为征收农业税、农业特产税和"三提五统"费的依据，"统种分管"以后，有关部门在收购农产品时又采取压级压价的办法。其结果是，农民按计划指标种植，则无利可图，基本赔本；不按计划种植，又要被罚款，还照样在缴纳农业税、农业特产税和"三提五统"费等。更有甚者，政府部门要举办某个工厂之前就强制农民种植相关的农产品，而最后工厂没有按计划办起来，农民种植的农产品也无人收购，20 世纪 80 年代以来，不少地方强制"统种分管"麻、烟叶、甘蔗和生姜等经济作物，而又没有按事前的许诺收购，给农民造成巨大损失。有的地方甚至发生农民把农产品堆在县政府门口，以示抗议。

强制推行"统种分管"又与"双层经营体制"理解的偏差有关。"统分结合，双层经营"是我国农村经济体制改革的基本思路，1983 年中央 1 号文件《当前农村经济政策的若干问题》，第一次把家庭承包制明确地概括为集体统一经营与家庭分散经营相结合的双层经营体制，并认为这种"统分结合"的原则，可以"使集体优越性和个人积极性同时得到发挥"。那么，"集体统一经营"包括哪些内容呢？有的认为，"统分结合，双层经营"的提法"只停留在政策意向上，国家没有把它制度化和法律化"；有的认为，家庭承包制只是实行"两权分离"，集体组织对耕地有一部分经营权，农户也有一部分经营权，"两种经营权综合、交错在一起，使集体经营的优越性和农户经营的积极性统一起来"；还有的认为，家庭自主经营的"组织化程度太低"，必须强化"统"的功能，"对关系国计民生的粮、油、棉等大宗农作物生产，采取行政推动的办法，对其生产过程进行统一组织"。

笔者认为，这几种观点都值得商榷。首先，中央对"集体统一经营"的内容已经作了明确的界定。1984 年 1号文件《关于一九八四年农村工作的通知》中指出："地区性合作经济组织应当把工作重点转移到组织为农户服务的工作上来。首先要做好水利设施和农业机械，组织植保、防疫，推广科学技术，兴办农田水利基本建设以及其他产前产后服务"。1991 年中共中央在《关于进一步加强农业和农村工作的决定》中指出："要在稳定承包经营的基础上，逐步充实集体统一经营内容。一家一户办不了、办不好、办起来不合算的事，乡村集体经济组织要根据群众要求努力去办"。可见，中央对"集体统一经营"的规定是前后一贯的。"集体统一经营"就是指集体经济组织要做好生产服务，加强承包合同管理，其角色是提供服务，接受服务的是农户。因此，集体经济组织是土地所有者，当它把经营权分离出去以后就没有土地经营权，也就没有权力决定种植什么、如何种植的问题。到1998年10月，党的十五届三中全会通过的《关于农业和农村工作若干重大问题的决定》则更明确地指出："要切实保障农户的土地承包权、生产自主权和经营收益权，使之成为独立的市场主体"，"要赋予农民长期而有保障的土地使用权"。

其次，"两权分离"并不等于集体保留一部分经营权。"两权分离"的历史源远流长，奴隶社会的高利贷资本、封建社会的土地租佃制、资本主义社会的股份公司都是"两权分离"，但都不存在两个主体分享经营权的情况。因为产权具有排他性，一块土地的使用权要么属于所有者，要么属于非所有者。社会主义集体土地的使用权也不例外。实际上，从责权利相结合的角度看，同一块耕地的经营权由集体组织和农户分享的体制，是不科学的。因为集体组织对同一块耕地拥有经营权，而不承担经济责任，农户没有经营决策权却要承担全部盈亏责任，权利与责任相脱节。

3.5 农村土地所有制改革实践的启示

（1）人地矛盾是土地所有制变革的最大的约束条件

在北美、欧洲等发达国家，相对于农村人口来说耕地比较丰富。我国的情况则不同，大部分人口在农村，土地是他们的基本生存资料。失去了土地就失去了生活根基。

因此，中国共产党领导的土地所有制变革，虽然经历了多次的争论、多次反复，但最终都选择了平均分配土地（所有权或使用权）的方式。只有这样，才能保证每个农村居民具有基本的生活来源。这是农民推翻旧中国不合理的土地所有制的动力，也是保证新中国社会稳定的基础。离开公平原则来改变土地所有制是很危险的。

（2）效率是衡量土地所有制形式是否合理的主要标准

效率具有多种标准，在人地矛盾十分尖锐、资本稀缺的条件下，土地生产率和资本生产率是农业生产率的首要标准。实践证明，土地生产率和资本生产率与公平是一致的。在根据地，中国共产党也多次试验农业生产合作社（集体农庄），但最终选择了"分户经营、变工互助"的体制。新中国成立后，经过了二十几年的集体生产，最后农民仍然选择了分户经营的体制，并显示出前所未有的活力。这说明，离开效率标准，任何所有制变革都将失败。

（3）农地所有制变革要尊重农民的自主权，尊重农民的首创精神。

农民祖祖辈辈与土地打交道，是农业生产的主体，最清楚什么样的体制最能调动他们的积极性，最适合农业生产的客观规律。因此土地所有制变革要坚持自愿原则。当然，自愿不等于自流。政府部门要善于总结农民在实践中表现出来的创造性，加以升华、提炼，并用于指导农村工作。

3.6 本章小结

（1）有效率的农村土地制度应具备的特征：①能够保

证农村土地的可持续利用；②能够保证有限的农村土地资源和劳动力、资本按照物质技术关系的客观要求，进行合理组织，获得农产品的最大产出；③能够保证有限的农村土地资源在农业产业之间、单位和个人之间进行合理配置，不仅使农村土地具有最大产出，而且与社会需求结构相协调；④责权利相统一，既激励农村土地有效、合理利用，又约束和惩罚破坏、浪费农村土地的行为；⑤农村土地及其产出的分配符合公平原则。

（2）我国农村土地集体所有制的建立，是对农村土地私有制的伟大胜利，家庭承包制是农村土地使用制度的重大变革。但是，改革并不是到此为止，还必须不断地加以规范、完善和发展。以所有权为中心的产权制度强调的是所有者的利益。越来越多的人必须通过利用他人的资源来实现自身的需要。但是所有权的绝对性极大地限制了非所有者对资源的利用，不符合社会公益，不适应社会的发展。因此，必须通过产权制度的调整，建立一个体现社会成员对效率和公平的追求并为社会所认可的利益机制，兼顾所有者和非所有者两方面的利益。

（3）农地集体所有制符合我国农村生产力水平比较低的实际情况，符合悠久的文化传统，是有效率的。首先，土地集体所有制为土地利用符合社会利益和社会要求，提供了制度基础。其次，农村的基础设施建设，包括道路、水利、用电、电讯、农田基本建设和公共福利事业等，主要依靠集体组织自己的力量，土地集体所有制使集体组织可以更容易地进行土地用途结构的调整。再次，农村土地主要属于村民小组集体所有，而村民小组的成员大都具有家族或宗族血缘关系，有利于彼此之间在农业生产中互相帮助、互相合作、互相监督、互相促进。最后，土地集体所有制为更合理地配置生产要素创造了条件。

（4）在农村土地所有制改革实践中，我们不难得出如下结论：①人地矛盾是土地所有制变革的最大的约束条件；②效率是衡量土地所有制形式是否合理的主要标准；③农地所有制变革要尊重农民的自主权，尊重农民的首创精神。

参考文献

［1］蒋占峰．农村经济市场化与农地产权制度创新．农村经济，2002（8）．10-12

［2］毕宝德，柴强，李铃．土地经济学（第三版）．北京：中国人民大学出版社，2000.307-317

［3］王景新．中国农村土地制度的世纪变革．北京：中国经济出版社，2001.321-426

第4章　农村集体土地所有权 ■

　　土地所有权属于财产所有权的范畴，具有所有权的一般属性，是全部土地问题的核心，它往往包括两层涵义：一是土地所有权法律制度，二是土地所有权权利[1]。农村集体土地所有权是集体土地产权制度的基础，是指劳动群众集体经济组织在法律规定范围内占有、使用、收益、处分自己所有的土地的权利。本章就集体所有权的概念进行科学的诠释，研究了农村集体土地所有权的形成、主体、客体和内容，分析了农村集体土地所有权的确定，并探讨了确保农村集体土地所有权主体合法权益的措施。

4.1　集体所有权的概念

　　我国的集体所有权是一种新型的共同所有权（共有）形态[2]。《民法通则》第七十四条规定："劳动群众集体组织的财产属于劳动群众集体所有。"劳动群众集体所有权的主体是由劳动群众组成的集体组织，这种组织具有独立的法律人格，它代表全体成员享有和行使对集体财产的所有权；该组织成员不以个人身份享有和行使对集体所有权，并且不在集体财产中享受任何特定份额。因此，集体所有既不是个人所有权基础上的共有，也不是股份制基础上的法人所有；劳动群众集体组织既不同于传统民法上的合伙，也不同于现代商法上的公司。

我国实行土地的社会主义公有制，即全民所有制和劳动群众集体所有制[3]。我国的农村集体经济组织和前苏联的集体农庄，都是社会主义群众集体所有制经济的典型形式。不能否认，我国的集体所有制度曾受到前苏联的影响。二者之间也存在着一些共同点，如主要生产资料和劳动产品名义上为全体成员所有，但所有权由集体组织享有和行使，在过去的长时期中实行集体生产，按劳分配。但是，二者之间也存在着一些差别。其中一个重要差别就是，前苏联的集体农庄不享有土地所有权，其土地属于国有，农庄只有永久使用权，而我国农村的集体组织则一向享有属于自己的土地所有权，也就是说，在我国，集体土地所有权在与国家土地所有权的关系上，处于独立、平等的地位。总的来说，我国的集体所有权是一种具有本国特色的制度，对这一概念的理解应当紧密结合其自身的历史和我国的国情。

4.2 农村集体土地所有权的形成

新中国成立以来，我国农村土地所有制的变革基本上可分为两个阶段。

第一阶段，废除封建的土地所有制，建立土地的农民私有制。

（1）根据《土地改革法》（1950年6月28日），进行土地改革，建立农民土地私有制。

（2）从农民土地私有制过渡。土改后，党中央引导农民走农业合作化道路，从农业劳动互助组到土地集体经营、土地参加分红的初级农业合作社。

第二阶段，建立土地集体所有制。

（1）成立高级农业生产合作社。土地集体所有、集体经营，不允许土地自由买卖和出租。

（2）人民公社化初期（1958年至1962年）。所有土地公有化，可以由公社，甚至全县任意调配。

（3）进一步稳定农村土地集体所有制。1962年9月颁布《农村人民公社工作条例修正草案》（又称《六十条》）规定"生产队范围内的土地，都归生产队所有"。

（4）建立土地集体所有、个体农民使用为主的制度。1979年以来实行土地联产承包责任制。《中华人民共和国土地管理法》、《中华人民共和国土地管理法实施条例》等对此作了规定。法律一方面保持了农村土地的集体所有，另一方面规定集体所有的土地，全民所有制单位、集体所有制单位使用的国有土地，可以由集体或者个人承包经营，从事农、林、牧、渔业生产。承包经营土地的集体或者个人，有保护和按照合同规定的用途合理利用土地的义务。土地的承包经营权受法律保护。

4.3　农村集体土地所有权的主体

农村集体土地所有权是农村集体所有权的一种。根据我国现行立法的规定，集体土地的所有权主体一般是村集体组织，但在照顾既成事实的情况下可以是乡（镇）集体组织或村内不同的集体组织。其具体的法律依据是：

第一，《民法通则》第七十四条的规定："集体所有的土地依照法律属于村农民集体所有，由村农业生产合作社等农业集体经济组织或者村民委员会经营、管理。已经属于乡（镇）农民集体经济组织所有的，可以属于乡（镇）农民集体所有。"

第二，《农业法》第十一条规定："集体所有的土地依照法律属于村农民集体所有，由村农业集体经济组织或者村民委员会经营、管理。已经属于乡（镇）农民集体经济组织所有的，可以属于乡（镇）农民集体所有。"

第三，《土地管理法》第十条规定"已经分别属于村内两个以上农村集体经济组织的农民集体所有的，由村内各该农村集体经济组织或者村民小组经营、管理；已经属于乡（镇）农民集体所有的，由乡（镇）农村集体经济组织经营、管理。"

以上规定的基本精神是，在存在集体经济组织的情况下，以该组织为农民集体土地所有权主体；在不存在集体经济组织的情况下，以村民委员会或者村民小组为集体土地所有权主体。村民委员会和村民小组的性质，属于社区居民自治组织，需要指出的是，在有些地方，存在着村党支部取代村民委员会行使集体土地所有权的现象。这是不合法的，应当予以纠正。

所谓乡（镇）集体经济组织，应当是从事生产经营活动，其产权和收益归属于全乡（镇）农民，并且全体集体成员能够通过一定民主管理程序行使社员权的组织，如果名为集体经济组织，实际上并不从事生产经营活动，或者虽然从事生产经营活动，但其产权、管理权和收益权（特别是收益权）事实上为乡（镇）政府或者少数乡（镇）干部所把持，那么，应当认定该集体经济组织已经名存实亡。在这种情况下，就应当将土地确定为村集体组织所有。

在原乡（镇）集体土地被确认为村或者村以上的集体组织所有的情况下，以下两个问题应按不同办法处理：

（1）原有的乡（镇）企业的产权可以维持不变，但其占用的土地，所有权属于村或者村民小组，使用权属于该企业；

（2）属全乡（镇）农民共同受益的道路、水利设施、学校、医院和其他公共设施，可以确定为全乡（镇）的各村共同所有，委托乡（镇）政府代为管理。

在农民集体土地所有权确权过程中，常常发生乡（镇）、村、组不同集体组织之间的权属争议。在这种情况下，集体土地所有权主体的确定，可采用如下标准：

第一，在乡（镇）与村之间，农地和农民住宅用地原则上应确定为村（或村内的组）所有，乡镇企业的建设用地，如果乡（镇）政府已经向村支付了相当于（或者高于）国家征地补偿标准的补偿费或采取适当的安置措施，原则上应确定为乡（镇）集体所有。

第二，在村与村内小组之间，根据《土地管理法》第十条的立法精神，土地所有权归属应以确权以前所有权行使的事实状态为准，这种事实状态主要指：①实行土地承包经营的，以土地发包人为所有权主体，即以村为发包人的土地确定为该村集体所有，以村内小组为发包人的土地确定为该小组集体所有；②实行土地集体生产经营的，以实际生产经营单位为所有权主体，即，以村集体为单位生产经营的土地确定为该村集体所有，以村内小组为单位生产经营的土地确定为该小组所有。

4.4 农村集体土地所有权的客体和内容

4.4.1 农村集体土地所有权的客体

集体土地主要包括两类：一是农地，二是建设用地。《农业法》第二条第四款规定，农地包括耕地和其他用于种植业、林业、畜牧业和渔业生产的土地。其中不仅包括直接用于农业生产的土地，而且包括为农业生产服务的配套设施用地，如水库、水渠、抽水机站、谷仓、晒谷场等所使用的土地。农民家庭经营的农产品加工（如磨面、榨油）设施用地，视作农地。

建设用地指已用于非农业目的的土地，主要包括：宅基地，即农民住宅用地；乡（镇）村企业用地；乡（镇）村公益事业用地，例如，中小学、卫生所、幼儿园、敬老院用地；乡（镇）村公共设施用地，例如道路、桥梁、码头用地。

集体土地还包括属于集体所有的"四荒"土地（荒山、荒沟、荒丘、荒滩）。

4.4.2 农村集体土地所有权的内容

集体土地所有权人可以行使对土地的占有、使用、收益和处分权利。但是，其使用权、处分权受到如下限制：①集体土地的使用，必须服从国家的农业政策、耕地保护政策等；②集体土地所有权的占有、使用和收益权能可以土地使用权的形式有偿或无偿地授予私人或者企业，但以本集体的成员和本集体兴办的企业为限；③集体可以让渡土地所有权，但只能通过土地征用程序让渡给国家；④集体可以放弃其土地所有权，在这种情况下，土地所有权自动转归国家所有。

4.5 农村集体土地所有权的确定

农村集体土地所有权根据宪法、法律、法规和规章的规定予以确定。

《中华人民共和国宪法》第十条第二款规定："农村和城市郊区的土地，除由法律规定属于国家所有的以外，属于集体所有；宅基地和自留地、自留山，也属于集体所有。"

《中华人民共和国土地管理法》第八条作了同样的规定。第十条作了更具体的规定，按规定，集体所有的土地依照法律属于村农民集体所有的，由村集体经济组织或者村民委员会经营、管理；已经属于乡（镇）农民集体经济组织所有的，由乡（镇）农村集体经济组织经营、管理；村农民集体所有的土地已经分别属于村内两个以上农业集体经济组织所有的，由村内各该农村集体经济组织或者村民小组经营、管理。农民集体所有的土地，由县级人民政府登记造册，核发证书，确认所有权。

原国家土地管理局《确定土地所有权和使用权的若干规定》第十九条至第二十五条对集体土地所有权的确定作了如下规定：

"第十九条 土地改革时分给农民并颁发了土地所有证的土地，属于农民集体所有；实施《六十条》时确定为集体所有的土地，属农民集体所有。依照第二章规定属于国家所有的除外。

第二十条 村农民集体所有的土地，按目前该村农民集体实际使用的本集体土地所有权界线确定所有权。

根据《六十条》确定的农民集体土地所有权，由于下列原因发生变更的，按变更后的现状确定集体土地所有权：

（一）由于村、队、社、场合并成分割等管理体制的变化引起土地所有权变更的；

（二）由于土地开发、国家征地、集体兴办企事业或者自然灾害等原因进行过土地调整的；

（三）由于农田基本建设和行政区划变动等原因重新划定土地所有权界线的。行政区划变动未涉及土地权属变更的，原土地权属不变。

第二十一条 农民集体连续使用其他农民集体所有的土地已满二十年的，应视为现使用者所有；连续使用不满二十年，或者虽满二十年但在二十年满之前所有者曾向现使用者或有关部门提出归还的，由县级以上人民政府根据具体情况确定土地所有权。

第二十二条 乡（镇）或村在集体所有的土地上修建并管理的道路、水利设施用地，分别属于乡（镇）或村农民集体所有。

第二十三条 乡（镇）或村办企事业单位使用的集体土地，《六十条》公布以前使用的，分别属于该乡（镇）或村农民集体所有；《六十条》公布时起至一九八二年国务院《村镇建房用地管理条例》发布时止使用的，有下列情况之一的，分别属于该乡（镇）或村农民集体所有：

①签订过用地协议的（不含租借）；

②经县、乡（公社）、村（大队）批准或同意，并进行了适当的土地调整或者经过一定补偿的；

③通过购买房屋取得的；

④原集体企事业单位体制批准变更的。

一九八二年国务院《村镇建房用地管理条例》发布时起至一九八七年《土地管理法》开始实施时止，乡（镇）、村办企事业单位违反规定使用的集体土地按照有关规定清查处理后，乡（镇）、村集体单位继续使用的，可确定为该乡（镇）或村集体所有。

乡（镇）、村办企事业单位采用上述以外的方式占用的集体土地，或虽采用上述方式，但目前土地利用不合理的，如荒废、闲置等，应将其全部或部分土地退还原村或乡（镇）农民集体，或按有关规定进行处理。一九八七年《土地管理法》实施后违法占用的土地，须依法处理后再确定所有权。

第二十四条　乡（镇）企业使用本乡（镇）、村集体所有的土地，依照有关规定进行补偿和安置的，土地所有权转为乡（镇）农民集体所有，经依法批准的乡（镇）、村公共设施、公益事业使用的农民集体土地，属于乡（镇）、村农民集体所有。

第二十五条　农民集体经依法批准以土地使用权作为联营条件与其他单位或个人举办联营企业的，或者农民集体经依法批准以集体所有的土地的使用权作价入股，举办外商投资企业和内联乡镇企业的，集体土地所有权不变。"

4.6　确保农村集体土地所有权主体合法权益的措施

4.6.1　引进市场竞争机制，实行集体土地有偿使用制度

当国家因公共利益需要而征用农地时，国家对集体土

地享有优先购买权。但应实行土地价格的市场性标准，改革现行的征购标准，使目前的隐形耕地流转明晰化，实现公平合理的交易价格，以替代现行法律不等价的征地补偿方法，当国家因其他经济建设需要征购耕地时，也应服从农民集体土地所有权对土地出让的计划与管理，集体可以采取拍卖、协议、招标的方法进行出让土地使用权，充分实现集体土地所有者对土地的处置权与收益权。所以农民集体土地使用制度的改革必须尽快制定新的土地征用政策与法规，重新明确界定国家与集体两者的权利与义务，改变国家统包统揽的局面，实现经济补偿市场化，全面引进竞争机制。

4.6.2 明确农村集体土地所有权的归属及行使机制

对集体土地所有权代表是乡、村还是组，法律规定与理论界存在有较大的分歧，对农村土地所有权如何行使，其权力机构、管理机构以及权力监督机构等问题也未作出明确规定。这是导致我国农民土地所有权归属不清的重要原因。对于农村集体土地由谁来作为代表问题，按乡、村、组的实际占有为界线，确定农民集体土地所有权的代表，应区分农业用地和非农业用地，对农业用地，其土地所有权的代表应一律定为村级集体经济组织，因为乡（镇）级集体经济组织占有农田的情况是罕见的且乡（镇）的范围太大，政府不宜作为农地所有权代表，而村小组仅仅是集体经济组织的成员，不是一级集体组织，也不宜作为农民集体土地所有权的代表，而村一级组织是目前我国农村最基础的组织。因此，在法律上把村级集体经济组织作为农业用地的所有权代表是可行和合理的。对于非农业用地所有权的代表可确定为乡村两级集体经济组织，具体应根据实际占有的界线来确定。

农地所有权的明确化为农地非农化提供了基础。实际代表集体的是村里的村民委员会，这是否会导致制度上腐败的滋长，在国家与集体之间公平增长的时候，集体内部的公平却失落，从而导致耕地的进一步流失。这问题其实也归根结底为农民集体土地所有权如何行使，其权力机构、管理机构及监督如何运行的问题，笔者认为：

（1）关于权力机构的确定。农村集体所有权的主体不是单个的农民集体成员，而是通过一定组织的全体农民集体成员，我国农村集体所有权在实质上是一定范围内的全体农民集体享有的所有权，它是全体农民集体按照集体的共同意志，实际支配集体的所有财产，因此，农村集体所有权的主体必须体现全体集体成员的共同意志和利益。村农民集体成员大会或代表大会将是形成全体成员共同意志的最好形式，农民集体成员大会作为农民集体成员行使农民集体所有权的权力机构，不仅会得到农民的大力支持与拥护，而且在实践中也是行得通的，目前，随着农民主体意识的提高，在许多地方，对一些重大问题的决定，都由全体村民讨论决定，因此，建议我国法律中明确规定农民集体成员大会作为农民集体行使农民集体所有权的权力机构，并规范其性质、职权、组成以及召集会议与议事规则等问题，从而使农民集体成员行使权利有法可依。

（2）关于农村集体所有权的管理机构与组织。由于农民集体成员大会作为农村集体所有权的权力机构，它并非是一个常设机构，不可能直接进行具体业务管理和经济管理。因此需要一个常设机构来从事业务管理和执行权力机构作出的决策，目前法律规定由村农业生产合作社和农业经济组织或村民委员会经营管理，但是法律的这一规定已不适应我国经济发展的形势，存在很多缺陷与弊端，一是农业生产合作社早已名存实亡或已不存在；二是村民委员会从组织上是一个村民自治组织，但它实际上已具有政府职能，它除了发展本村的生产、经济、协调民间纠纷外，更多的是协助政府完成职责，村民委员会很难集中精力行使管理土地资产这一农民最为重要的财产的管理工作，因此建议在农村设立集体资产管理委员会，由该委员会作为农地所有权行使的管理机构，其成员可由村民选举产生，也可由村生产小队的负责人组成，该组织是一个经济组织，不具有行政属性，它也不同于从事某一方面具体经营活动的农业集体经济组织，而是集经营与管理于一体，又侧重于管理职能的综合体，其对内管理农地，对外有权参与农地的非农化等活动。我国的土地管理法应对这一组织的性质、组成、职责、管理制度等方面作出规定。

（3）农村集体所有权行使的监督可以由村民委员会来承担。对于村集体资产管理委员会是否执行村农民集体大会所作出的决策，以及其对农地是否做到尽职管理，发挥监督职能，由于它不再承担农村集体所有权的经营管理，就有精力集中搞好政府交办的行政职责，同时它又可以履行对村集体资产管理委员会的监督职责，发挥其自治组织在农村集体所有权中的作用。

（4）农户与集体经济组织的关系是基于土地承包之上，即农户在土地承包经营权的基础上拥有实际的土地使用权。但在耕地流失之中，农民绝大多数是被动的，农户实际被排斥在农地的保护之外，说明目前土地承包经营权有其局限性，从现实中的农村土地承包经营关系上看，土地承包经营权实际上仍然具有明显的债权性质。在深化农村经济体制改革的客观条件下，继续维持土地承包经营权的债权性质，对于维护农民生产积极性、农地的市场性流转及农用土地制度的稳定都起了阻碍作用。这导致给行政或准行政手段配置土地资源留下了太多的余地。在市场经济条件下农村经济体制改革和农业经营模式的发展，要求土地承包经营转化为物权性质的农地使用权。所以，对农用土地的使用权利必然是一种物权，才能为农民发挥其生产经营积极性提供制度上的保障。目前实行承包期延长30年，以及"增人不增地，减人不减地"的政策也为土地承包经营权物权化提供了政策依据。农地使用权物权化的确立必须体现为农地使用权的设立，不再由集体通过"分配"这一准行政方式进行，而是通过基于市场原则的合同方式进行。农地使用权人的经营权是充分的，不受他人非法干涉，农地使用权人有权自由转让其权利，在行使其权利不仅可以对抗第三人，也可以对抗土地所有权人。

4.7　本章小结

　　新中国成立以来，我国农村土地所有制的变革，基本上可分为建立土地农民私有制和建立土地集体所有制两个阶段。农村集体土地所有权是农村集体所有权的一种，其主体一般是村集体组织，但在照顾既成事实的情况下可以是乡（镇）集体组织或村内不同的集体组织；其客体包括农地、建设用地和属于集体所有的"四荒"土地（荒山、荒沟、荒丘、荒滩）。集体土地的所有权人可以行使对土地的占有、使用、收益和处分权利。农村集体土地所有权根据宪法、法律、法规和规章的规定予以确定。确保农村集体土地所有权主体合法权益的措施有：引进市场竞争机制，实行集体土地有偿使用制度；明确农村集体土地所有权的归属及行使机制。

参考文献

［1］刘光远，王志彬．新编土地法教程．北京：北京大学出版社，1999. 82-83

［2］温世扬．物权法要论．武汉：武汉大学出版社，1997. 102

［3］全国人大法工委研究室．中华人民共和国土地管理法条文释解．北京：人民法院出版社，1998. 12-13

第5章 农村集体土地 ■
所有制与效率原则

　　农村土地所有制虽不是影响土地效率的惟一因素，但起着一定的基础性作用。在本章中，讨论了农村集体土地所有制度选择与效率的关系，分析了所有制对效率的影响规律，指出农村土地所有制的微观效率和宏观效率的辩证统一关系，研究了农村土地所有制改革中的主体与效率，以及效率和公平的关系。

5.1 农村集体土地所有制度
选择与效率的关系

　　根据历史唯物主义原理，一定形式的土地所有制是生产力发展到一定阶段的产物，同时一定形式的土地所有制度又必须能够促进生产力发展才能够长期存在。这种关系表现在农村集体土地所有制度和效率之间的关系上也如此，符合生产力发展水平的农村集体土地所有制度会极大地提高土地利用效率，不符合生产力水平的农村集体土地所有制度将会降低土地利用效率。

　　在20世纪50～60年代，多数经济学家已承认土地所有制与生产效率之间具有确定性。许多国家和国际援助机构在技术和经济援助中都特别强调农地所有制改革。在现代社会中，至少存在着五种农地所有制：原始土地公有制，如撒哈拉以南的某些非洲地区；封建土地所有制，如亚非拉一些发展中国家；国家土地所有制，几乎在所有国家中都存在；个体农民的小土地所有制，如韩国等；集体所有制，阿尔及利亚、坦桑尼亚、马达加斯加等发展中国家都建立了农地集体所有制。在 20 世纪 50～60 年代，许多发展中国家先后提出了土地改革目标并通过了立法，但不同国家或地区的土地所有制改革效果却有很大的差异。如韩国、日本等的土地所有制改革很成功，促进了生产力的发展，而墨西哥、秘鲁、玻利维亚和伊拉克等国的土地改革，不仅没有提高农业生产效率，有的甚至导致农业生产效率下降和总产量减少。因为，农业生产总是在一定的农地所有制下进行的，农地所有制是农业生产赖以运行和发展的社会形式。从历史的发展看，特定的农地所有制总是同特定的农业生产力相适应而形成特定的农业生产方式，并由此获得相应的农地生产效率。在原始社会，只有依靠集体的力量，才能有效地与野兽搏斗，增加采集量和狩猎量，这种以采集和狩猎为特征的农业生产力只能和原始的土地公有制相对应。在奴隶社会，农地主要归奴隶主占有，也出现了国家所有制。野蛮的奴隶制与落后的生产工具相结合，其生产率是很低的。但与原始公有制相比，农地的奴隶主占有制已经极大地提高了生产率。到了封建社会，农地所有制的形式有国家所有制、地主土地私有制和自耕农土地小私有制。除了自耕农外，农民租佃生产。与奴隶主占有制相比，农民有了自己相对独立的生产经营权，并占有和支配自己的一部分劳动产品，调动了农民的生产积极性，农地的生产率有了明显的提高。在许多发展中国家，到了第二次世界大战后，土地改革任务是废除土地的封建地主所有制。这种土地所有制改革对生产率的促进作用，除了通过改善农业生产者在生产中的经济关系并调动农业生产者的积极性外，还有两个方面的因素促进了农业生产率的提高，一方面，这种农地所有制改革，使佃农从地主手中得到一份土地所有权，免除了地租，增加了资本积累。另一方面，有利于刺激生产者对土地的投资。可见，从不同社会形态来看，农地所有制与效率之间的关系是确定的。

5.2　农村集体所有制对效率影响的规律

农村土地所有制与效率之间的关系，具有一定的规律性。依据生产关系要适合生产力性质的规律，对农地所有制影响效率的规律性，可以作这样的判断：作为生产关系基础的农地所有制总是在两个方面，从两个不同的方向，制约着农地效率。当农地所有制适合生产力性质时，农地所有制对农地效率起着促进作用；反之，农地所有制对农地效率起着阻碍作用。因为农地所有制本质上是一种经济利益关系，不同的所有制反映了人们在农地上的不同地位，形成利益上的差别，从而影响人们在农业生产中的行为，影响人们在农业生产中投入的性质、数量和质量，影响农业生产的经营管理水平。关于这一点，不仅符合马克思的历史唯物主义原理，即使西方的一些经济学家也是承认的。当代西方经济学家早见雄次郎和弗农·拉坦对农地所有制与效率关系的认识，更接近于马克思主义观点。他们认为，对许多发展中国家来说，现在进行土地所有制改革的条件要比 20 世纪 50~60 年代更好，对生产率的促进作用更大，因为现在的农业技术革命和农业劳动力增长比过去更快。

但是，在充分地认识到农地所有制对效率的影响的同时，也要看到，农地所有制不是影响效率的惟一因素。虽然农地所有制起着一定的基础性作用，但它只是诸多因素中的一种。其他因素诸如气候、水资源、种苗、耕作制度和农艺技术、农地的生产组织形式、社会经济条件等等，都发挥着重要作用，对此，不少经济学家已经作了深入的研究。例如，托达罗认为，农业发展必须具备三个必要条件：土地所有制改革，政府在信贷、农业生产资料、技术、教育和农业基础设施等方面的政策支持，改善生活水平、提供平等的经济机会和改进农村环境等目标的综合发展。冈纳·缪尔达尔认为，发展中国家必须进行三方面的改革：土地所有制改革、教育改革和权力关系的改革。比较研究中似乎还发现了这样的一种变化趋势：生产力水平越低，农地所有制形式对效率的影响越大；反之，生产力水平越高，社会越发达，农地所有制以外的因素对效率的影响越大，特别是农业技术和社会化服务体系等，都可以在一定程度上降低特定的农地所有制对效率的不利影响，从而掩盖了束缚生产力发展的农地所有制的负面作用。同时，也要看到，在第二次世界大战以后，许多发展中国家通过土地改革而建立起来的自耕农制度，也有其局限性，获得土地所有权的个体农民往往缺乏必要的资金、技术和销售渠道等，因而需要建立与新的土地所有制相适应的生产服务体系。可见，否定农地所有制对效率的影响是错误的，同样地，把农地所有制看成决定效率高低的惟一因素，也是不正确的。

5.3　微观效率和宏观效率的辩证统一

　　微观效率与宏观效率有统一的方面，也有矛盾的方面。这种对立统一关系也表现在农地所有制上。在早期，农地产权的特点是强调微观效率，在土地产权上表现为强调个人所有权的绝对性。也就是说，土地所有者为了自己的利益，完全可以根据自己意志任意处分、利用土地。例如，1888 年，德国公布的《民法典》规定，所有权为一种"恣意"地使用、收益及处分物的权利。"土地所有人的权利，扩至于地表之上空及底部。"根据这些规定，个人所有权的绝对性表现在：一是不可侵犯性，即土地个人所有权具有排他的、唯我独尊的性质；二是自由性，即土地所有人对自己所有的土地可以任凭自己意志自由使用、收益和处分；三是优越性或强制性，即土地所有权因透过契约关系而与土地利用权形成对立时，所有权人处于绝对优越地位。这种突出微观效率的土地产权制度，使封建土地所有权制度遭受了彻底的荡涤，为资本主义自由竞争的市场经济的发展铺平了道路。另一方面，过分强调微观效率又导致损害了社会效率，为顾个人生计利益而不惜毁损社会生存进化及不惜破坏社会公益现象不断发生。

　　19 世纪末 20 世纪初步入了资本主义的垄断时期。由于自由资本主义的发展，工商业和近现代科学技术的发展，对土地的需求日益扩大。但是，传统的土地产权制度过于强调所有权的绝对性，虽然有利于提高微观效率，但个人所有权的垄断性却往往无法顾及社会整体利益。微观效率与宏观效率、所有者利益与社会公共利益之间的矛盾不断激化。在这种背景下，强调土地利用要符合宏观效率的思潮逐步兴起。在产权制度上表现为强调土地所有权的行使要顾及社会利益。

土地的社会所有权强调土地个人所有权不得滥用，要突出社会整体利益。但是，在二战期间，德国纳粹和日本军阀却假借"社会公益"之名，完全抹杀个人利益。这使人们认识到也不能过分强调社会公益，而走向否定个人利益的另一个极端。

第二次世界大战结束后，发达资本主义国家经济获得很大发展，土地所有权问题也发生了急剧变化，形成所谓的现代土地问题。这些问题的实质，是个人利益强化与社会利益客观要求之间的矛盾，是微观效率与宏观效率的矛盾，要求在微观效率提高的基础上兼顾宏观效率。这种矛盾难于通过19世纪末以来的权利行使的公共福利原则加以调和，更不能通过18、19世纪土地所有权的绝对性制度加以解决。只有把两者有机结合起来，以"个人和社会相协调"的土地所有权制度代替绝对的个人土地所有权制度或单纯的社会土地所有权制度，才能适应。这种调和的原则，是个人行使土地所有权要照顾社会利益，但同时也只有让个人享有行使土地所有权的适度自由，社会整体利益才能增进。因此，有学者认为，这种个人和社会协调的所有权思想，将是21世纪土地所有权思想发展的主流。

前面分析的土地所有权思想和制度演变过程，主要是欧陆国家的发展轨迹。发展中国家特别是社会主义国家并不完全是这样。前苏联在十月革命前，土地所有制还处于农村公社解体过程，是农村公社制度和封建土地所有制的结合，个人土地所有权制度并没有达到充分发展。中国在1949年以前，土地所有权制度长期处于村社残余和封建专制传统的影响下，国民的人格萎缩，人的权利、尊严、价值湮没在封建专制主义的汪洋大海之中。1949年新中国成立后，我国先实行土地个人所有，后又进行合作化运动。使个人权利和社会利益在民主的基础上得到平衡发展。但是，20世纪50年代末开始的人民公社化运动，加上"文化大革命"运动，片面强调国家利益和社会利益，否定个人利益和权利。因此，我国的土地所有制的发展与欧陆各国的土地产权制度演变的路径是不同的。但是，由于我国人地矛盾特别突出，因此，个人权利和社会利益之间合理地平衡，在充分调动个人积极性的基础上兼顾社会利益和长远利益的思想仍是我国土地产权制度改革的基本方向。我国农村土地集体所有制，为提高土地利用的宏观效率创造了制度条件。家庭承包制又为发挥个人积极性，提高微观效率奠定了制度基础。农村土地所有制改革应当在规范、完善集体所有和个人使用这一制度上做文章。但是，长期以来我国过分强调社会整体利益，片面强调宏观效率的倾向，农户个人利益容易受到侵犯。因此，在保证农地利用符合社会利益的前提下，要保障农户的土地利用权利，以充分提高微观效率，也是农地所有制改革和完善的重要内容。

5.4 农村土地所有制改革的主体与效率

在现阶段，政府或其代表人作为主体采取构造主义方式进行农地制度创新，所设计的改革方案往往不利于提高微观效率。因为政府或其代理人进行农地制度创新存在着两个方面的局限性：一是政府或个别专家很难获取农地制度创新的全部信息，因此难于设计出适合各地情况的具体制度安排。二是基层组织特别是乡镇、村与农户之间在根本利益一致前提下还存在着某些利益上的矛盾。因此，以政府或其代表人作为主体进行农地制度创新，其结果往往脱离了农民群众的客观需要，不利于提高微观效率。合作化运动、人民公社化运动和近几年的"两田制"、集体农场、"统种分管"等农地制度变迁都是典型的构造主义创新方式。相反，农民作为农地制度创新的主体，具有明显的优势。一是家庭承包制承认了农民的经济主体地位，农民是农地制度创新的首要得益者，因而只要有利于提高微观效率，农民就具有创新的动力。二是农民是农业生产的主体，最清楚什么样的制度安排能够适应农业生产的特点。因此，从提高效率的角度看，农地所有制创新的主体应以农户为主。

当然，这并不意味着政府或其代理人在农地所有制方面无所作为。农民作为农地所有制主体也有局限性，一是农民的制度创新往往是从个体利益出发而进行的；二是农民作为一个群体，内部各阶层之间由于自然条件、生产力水平的差异，存在着利益上的矛盾，因此某些农民的制度创新并不一定符合最大多数农民的利益；三是农民自发的制度创新，往往比较粗糙，不实际，不规范。这些局限性，要求政府把能代表最大多数农民利益的制度创新加以提炼、升华，通过典型示范的方式加以宣传、推广，并纳入法制化的轨道。同时，政府要更多地从宏观效率与微观效率协调统一的角度进行宏观管理制度的创新。

5.5 农村土地所有制改革中的效率和公平的关系

效率与公平的关系是经济学永恒的难题。但是，现代西方经济学和国内的少数学者有脱离公平而论效率的倾向，把公平作为既定前提来研究效率问题，或者把公平问题推给社会学，认为经济学可以不研究公平问题。这是一种错误的倾向。

对公平的判断，不同的阶级，甚至不同的人都会有不同的标准。公平问题的实质是社会财富的分配问题，具体又可分为生产条件分配的公平和生产成果分配的公平这两个层次，这两个层次的公平与效率的关系是不同的。就生产成果分配的公平与效率的关系来说，有统一的方面，也有对立的方面。统一的方面表现在：生产成果的公平分配使每个人都得到大体相同的生活水平，有利于每个人共同发展，有利于社会稳定，为提高效率创造了外部条件。矛盾的方面表现在：生产成果的公平使个人收入与劳动支出相脱离，不利于激励劳动者劳动能力的最大限度发挥。但是，生产条件分配的公平与效率的关系则有所不同。对农地这一主要生产资料，公平与效率是可以统一的。因为农地分配的公平可以使每个农业生产者具有平等的生产条件，使每个生产者的劳动力充分地发挥作用。农地公平分配的一个必然结果是每个农户经营的规模都比较小，但是小规模经营往往有利于提高土地生产率。正由于农地分配的公平有利于充分发挥农业劳动力的作用，为农业生产者提供平等的机会，因此有的学者把以公平为目标的农地所有制改革看成是"重新配置经济机会",并认为这种农地公平分配的改革是提高了"社会效率"。

农地分配的公平与生产成果的分配紧密地联系在一起。由于农地是农业生产最基本的生产资料,农地分配的公平使每个生产者具有平等的"经济机会",因而生产成果的分配也是相对公平的。

总之,农地所有制改革所带来的农地公平分配,既有利于提高土地生产率,也有利于实现收入分配的平等。

5.6 本章小结

(1)一定形式的土地所有制是生产力发展到一定阶段的产物,同时一定形式的土地所有制度又必须能够促进生产力发展才能够长期存在。这种关系表现在农村集体土地所有制度和效率之间的关系上也如此,符合生产力发展水平的农村集体土地所有制度会极大地提高土地利用效率,不符合生产力水平的农村集体土地所有制度将会降低土地利用效率。在充分地认识到农地所有制对效率的影响的同时,也要看到,农地所有制不是影响效率的惟一因素。虽然农地所有制起着一定的基础性作用,但它只是诸多因素中的一种。

(2)微观效率与宏观效率有统一的方面,也有矛盾的方面。这种对立统一关系也表现在农地所有制上。由于我国人地矛盾特别突出,因此,个人权利和社会利益之间合理地平衡,在充分调动个人积极性的基础上兼顾社会利益和长远利益的思想仍是我国土地产权制度改革的基本方向。在保证农地利用符合社会利益的前提下,要保障农户的土地利用权利，以充分提高微观效率，也是农地所有制改革和完善的重要内容。

（3）在现阶段，政府或其代表人作为主体采取构造主义方式进行农地制度创新，所设计的改革方案往往不利于提高微观效率。从提高效率的角度看，农地所有制创新的主体应以农户为主。政府把能代表最大多数农民利益的制度创新加以提炼、升华，通过典型示范的方式加以宣传、推广，并纳入法制化的轨道。同时，政府要更多地从宏观效率与微观效率协调统一的角度进行宏观管理制度的创新。

■ 第6章　农村集体土地使用权及其流转

农村集体土地产权制度是一种以土地所有权为基础、土地使用权为核心、土地他项权利为补充的产权形态。可见，土地使用权和土地所有权都是集体土地产权制度的重要内容。在本章中，分析了农村集体土地使用权的概念及法律特征，探讨了农村集体土地使用权的种类、内容，研究了农村集体土地使用权流转的条件、环境、机制、原则、形式和作用。

6.1　农村集体土地使用权的概念

农村集体土地使用权是指土地使用者依照法律规定或合同约定，对农民集体所有的土地享有的占有、使用和收益的权利[1]。农村集体土地使用权是一种用益物权和一种限制物权。这是农村集体土地使用权的两个基本法律属性[2]。

6.1.1　用益物权

农村集体土地使用权是农村集体土地所有权派生的一种用益物权。它是所有权人以外的民事主体享有的对农村集体土地的占有、使用和收益的权利。在法律规定的范围内，农村集体土地使用权可以转让、出租、抵押和用于投资。

6.1.2　限制物权

农村集体土地使用权是一种限制物权。这种限制性主要表现在以下几个方面：一是主体范围的限制。农村集体土地所有权的团体性、社区性，加上国家对农村土地的保护政策，决定了农村集体土地使用权的主体范围主要为农村集体组织的成员。这种主体资格的限制性，在一定程度上决定了农村集体土地使用权流转的限制性；二是权能的限制。不同种类的农村集体土地使用权在设置目的上的差异，法律对它们的使用权能和处分权能有不同的限制。例如，农民出卖、出租住房后再申请宅基地时，不予批准；三是权利和义务的限制。为了合理分配土地收益，促进土地有效利用和抑制土地兼并，法律要求土地使用权人对国家、集体承担一定的义务。

为维护农村土地关系和地产交易的正常秩序，保护农民和集体组织的合法权益，保证国家的土地政策和农业政策的贯彻实施，法律授权国家土地管理机关对集体土地使用权实行登记、管理和监督执法。《土地管理法》第十一条第一款就明确规定："农民集体所有的土地，由县级人民政府登记造册，核发证书，确认所有权。"

6.2　农村集体土地使用权的法律特征

农村集体土地使用权是由农村集体土地所有权派生的一种具有物权性质的权利，具有以下几个法律特征：

6.2.1　主体特定性

由农村集体土地所有权的性质所决定，农村集体土地使用权的主体主要是农村的集体组织和农业集体经济组织的内部成员。农村集体土地使用权的取得，在多数情况下，是以农业集体经济组织内部成员为必要条件的，这就决定了农村集体土地使用权主体的范围是特定的，一般情况下只有农业集体经济组织的内部成员和乡村的集体性质的组织，才能取得农村集体土地的使用权。

6.2.2 产权无偿性

虽然我国的土地使用制度改革，使城市国有土地由无偿使用变为有偿使用，并已大大地缩小了划拨方式适用的范围。但对于主要位于农村集体土地的使用，目前我国有关法律尚未明确规定实行有偿使用。农村集体土地使用权的取得，一般不必支付地租性质的费用。因此，可以说农村集体土地使用权的取得是无偿的。符合法定条件者，经过申请，获得有批准权的人民政府批准即可取得建设用地使用权。

6.2.3 权能限制性

首先，农村集体土地使用权的实际范围直接受到集体组织的利用行为的制约。农村集体土地的利用，可以由农村集体实施，也可以由个人或者集体以外具有独立民事主体资格的组织（如乡镇企业、学校、医院）实施。其次，农村集体土地使用权的行使，必须遵守有关法律规定。由于农村集体土地主要是农业用地，建设用地的增加就会直接或间接地导致农业用地减少。为了保护土地资源，稳定农业生产的发展，我国《土地管理法》对集体土地的使用作出了更加严格的规定，如"农村村民一户只能拥有一处宅基地，其宅基地的面积不得超过省、自治区、直辖市规定的标准"。"农村村民出卖、出租住房后，再申请宅基地的不予批准"。同时，还规定"农民集体所有的土地的使用权不得出让、转让或者出租用于非农业建设"。

6.3 农村集体土地使用权的种类

6.3.1 农地使用权和建设用地使用权

农村集体土地使用权可分为两大类：一是农地使用权，二是建设用地使用权。《土地管理法》第二条第三款规定："任何单位和个人不得侵占、买卖，或者以其他形式非法转让土地。土地使用权可以依法转让。"第四条第二款规定："国家编制土地利用总体规划，规定土地用途，将土地分为农用地、建设用地和未利用地，严格限制农用地转为建设用地，控制建设用地总量，对耕地实行特殊保护。"该条第三款规定："前款所称农用地是指直接用于农业生产的土地，包括耕地、林地、草地、农田水利用地、养殖水面等。"保护耕地是制定农地使用权有关规则时贯彻的一项基本立法政策。党中央、国务院于 1997 年 4 月15 日发布了《中共中央、国务院关于进一步加强土地管理切实保护耕地的通知》，要求加强农村集体土地的管理等。第四条第三款还规定："建设用地是指建造建筑物、构筑物的土地，包括城乡住宅和公共设施用地、工矿用地、交通水利设施用地、旅游用地、军事设施用地等；未利用地是指农用地和建设用地以外的土地。"对这几种用地的使用权也有不同的规定。

6.3.2 集体土地的自物权使用与他物权使用

自物权使用是指所有权人的使用，他物权使用是指非所有权人的使用。由于农村集体土地所有权的团体性，集体组织可以直接实施土地利用行为，因此，农村集体土使用权的实际范围直接受到集体组织的利用行为的制约，这与国有土地不同，国有土地的利用只能通过具体的单位或个人实施，所以凡是已被实际利用的土地，都属于他物权使用。而集体土地的利用，可以由集体实施，也可以由个人或者集体以外具有独立民事主体资格的组织（如乡镇企业、学校、医院）实施。

6.4　农村集体土地使用权的内容

农村集体土地使用权的占有、使用、收益权能，基本上与国有土地使用权相同。不过，一般说来，农村集体土地使用权的存续，与使用权人的持续占有、使用的事实状态有着密切的联系。尤其是农地，如果使用权人弃耕撂荒，有可能导致使用权丧失。此外，对于农地和建设用地使用人的收益权，一般没有限制。但是，对宅基地使用权则有明确限制，即宅基地只能用于满足村民的个人居住需要，不允许用作营利目的。《土地管理法》第六十二条第四款规定："农村村民出卖、出租住房后，再申请宅基地的，不予批准。"

6.5　农村集体土地使用权的流转

土地家庭承包制的推行，实现了农村集体土地所有权和经营权分离，而农户所拥有的经营权又是由承包权和使用权组成的，在发生土地流转的过程中，承包权和使用权会再次分离。所谓"稳定"是稳定农户业已拥有的土地承包权；所谓"流转"是土地使用权可以自由流转。二者并不矛盾，"流转"是以充分尊重农民的土地承包权为前提的。只有在充分尊重农户承包权的基础上，才能使农户对土地家庭承包制建立起稳定的预期，当农户愿意放弃土地使用权及各种条件成熟时，就应及时启动农村集体土地使用权流转和集中。

6.5.1 土地流转条件

实施土地经营权流转应具备以下三个条件：一是村级班子战斗力强、群众基础好；二是农业劳动力已多数向二、三产业转移，农民有放弃经营土地的意愿[3]；三是土地利用率和经济效益不高，发展效益农业有较大的潜力。对符合这些条件的镇、村要积极引导，认真制定流转方案，加快流转步伐。对尚未具备一定条件的，做到不下行政命令、不搞一刀切、不下硬指标。做到尊重农民意愿和尊重客观经济规律两者并重。

6.5.2 土地流转环境

（1）舆论环境。开展有针对性的宣传发动工作，大张旗鼓地宣传土地流转的意义，让基层干部和农民兄弟明白，现代农业、效益农业都要求一定的规模，土地流转是现阶段农村中的又一次专业分工，是提高农业生产力，增加效益的有效途径。针对部分群众怕流转会丧失土地的误解，讲明所有权、承包权、经营权三权分离的准确涵义，打消其顾虑。同时通过一些土地流转成功典型事例来说明土地流转的好处；（2）政策环境。为了加快土地流转步伐，推进产业结构调整，加大农业招商力度，政府要及时出台鼓励土地流转的若干政策意见及配套措施；（3）服务环境。一是简化审批手续。有的养殖项目用地需要报批，土管部门要立即批复，有特殊情况的，可先建后补办手续，创办企业要注册，工商、税务等部门尽快给予审批登记注册；二是帮助搞好规划。凡外地客商要求帮助搞规划，有关部门要及时做好服务；三是提供合同保障。对已达成协议、完成流转的项目，在规范化、合法化方面及时做好指导工作，帮助审查协议合同的有效性，并进行公证；四是搞好信息技术服务。开通信息网站，利用"农技110"和实用技术培训，帮助转入土地的经营大户解决产销方面的困难。

6.5.3 土地流转机制

一是，建立土地储备机制。在稳定承包关系，坚持"自愿、依法、有偿"原则的基础上，把农民自愿放弃承包经营权的土地集中起来，建立土地储备库，用于招商开发；二是，搞好开发运行机制。主要是实行市场化、公司化运作；三是，培育多元投入机制。包括：①股份合作制。以农业龙头企业、农民投入为主体，政府适当扶持，农技人员和村级集体经济组织入股经营的形式。②租赁经营。如农户可季节性跨村租赁土地，种植农作物。③引进外资。通过土地流转，引进外资投资效益农业；四是，建立政策激励机制。包括加大财政扶持和信贷力度，对发展效益农业，按规模大小给予物质和精神奖励。

6.5.4 使用权流转的原则

搞好土地使用权流转工作，事关农村经济的发展大局，事关农民的切身利益，事关农村的社会稳定[4]。使用权流转的基本原则是指贯穿于整个使用权流转活动中的总的指导思想和根本准则，它包含两层含义：第一，流转的基本原则贯穿于整个使用权流转过程中，对整个流转过程具有指导意义，是使用权流转制度的出发点和根本依据；

第二，流转本身具有规范作用，任何农民、集体经济组织和政府在进行土地使用权流转活动中，都必须以流转的基本原则为根本依据。土地使用权流转应遵循以下几项原则：（1）自愿原则。农村集体土地使用权流转成功的关键在于尊重群众的意愿。只有坚持自愿原则，保障农民依照自己的意志转让土地使用权，按经济规律办事，流转才能推行开来[5-6]；（2）有偿性原则。使用权流转要遵循有偿性原则，因为农民获得的农地承包经营权不仅是一种经营行为，而且带有福利和社会保障性质；（3）效率原则。在社会主义市场经济条件下，农村集体土地使用权的流转必须以市场为契机，充分体现效率原则，市场会通过价格信号，按竞争原则自发地调节土地使用权从低效率使用者流向高效率使用者；（4）公平、公开、公正原则。公平原则要求参与土地使用权流转的主体应本着公平的观念从事流转活动，正确行使权利和履行义务。"公开、公正"主要指土地使用权流转在程序上要公开、公正；（5）登记原则。原国家土地管理局于1989年制定的《土地登记规则》中明确规定，土地的取得、变更或转让，未经登记均为无效；（6）统一规划原则。坚持提高效益，服从统一规划的原则。切忌盲目经营，无序流转；（7）所有权属和用途不变原则。坚持土地所有权属和土地用途不变的原则。切忌以流转名义改变土地权属关系和用途，乡镇人民政府及农业承包合同管理部门应严格把关签证；（8）有期限原则。坚持先内后外，土地流转不得逾越土地承包期限的原则。切忌违反政策，无时限流转。

6.5.5　使用权流转的形式[7-9]

土地使用权流转有转包、转让、互换、入股、租赁

（包括反租倒包）等形式。农户自发流转构成了土地使用权流转主体。农户自发流转主要采取转包、转让和互换等形式[10]。

（1）转包

使用权转包是指原承包者将拥有的使用权以不超过剩余年限的期限出包给新承包人经济行为。转包是新承包人向原承包人履行义务，原承包人再向发包人履行义务，由新承包人、原承包人共同承担风险。也就是新承包人不与土地所有者直接发生经济关系，只与现在的出包者即原承包人发生经济关系，双方可根据当时的经济、技术和社会条件签订新的契约，以确定双方的权利和义务，转包期限在原承包者使用权的剩余期限内可以灵活机动。

（2）转让

转让就是权利主体的变更[2]。农村集体土地使用权转让是指承包者将未到期的使用权一次性转让给新承包者的经济行为。这就是说，使用权的转让只能是承包期内剩余期限的转让。转让行为一旦完成，原土地承包人与土地所有权主体间形成的权利、义务关系也随之转移。即新承包人要承担原承包契约的义务，同时享有原承包契约的相应权利。这种流转形式由于涉及土地所有权主体，必须得到土地所有者的许可并接受其监督。

（3）作价入股

农村集体土地作为出资，共同举办联营企业，是农村以土地吸收资金（以及技术、管理等）的一条重要途径。《土地管理法》第六十条规定，农村集体组织可以依法以土地使用权入股、联营等形式共同举办企业。农村集体土地使用权作价入股是指土地承包者或拥有土地永久性支配权的合作经济组织将其拥有的土地使用权以折股形式与其他生产要素综合的经济行为。农民把承包的土地使用权入股，农民就成了股东，这样，不管农民种不种田，不管土地增值有多大，都可以凭股权得到土地收益的分配，为土地的集中连片流转解决了后顾之忧，同时，有利于对土地的企业化管理和市场化经营。农民自愿入股，建立农业股份合作公司是实现土地资源动态优化配置的一种主要形式，有利于土地的规模经营。农民以其占有的股份投资于股份合作制企业、农场和股份合作社，凭其所拥有的股权参与权益的分配，并共同承担风险。

（4）"四荒"拍卖

"四荒"指荒山、荒坡、荒滩、荒沟等以往未能充分利用的土地。"四荒"拍卖，即"四荒"的所有权不变，拍卖其使用权，谁购买，谁治理，谁受益。在拍卖方式上，引入了市场机制和竞争机制。各地做法主要有以下三种：一是竞标拍卖，二是招标拍卖，三是协商拍卖。目前购荒形式主要有四种：一是独户购买，综合开发。这是"四荒"拍卖的主要形式。独户购买，农户可以根据家庭劳动力、资金情况等确定购买面积；二是联合购买，联合治理。由区域内大户带头，形成以劳入股、股份合作购荒模式。这种形式弥补了独户购买的资金、技术、劳力方面的不足，形成了规模效应；三是集体投资，统一治理，分户购买。这是针对单家独户难以治理的"四荒"地，集体先组织劳力统一初步治理，然后卖给农户进行开发治理；四是机关团体、企事业单位购买，这主要针对一些"四荒"面积大，治理难度高，所需资金、劳力、技术投入多的地方。

（5）竞价承包

竞价承包是指在农户愿意放弃承包权或经营权的基础上，坚持土地的集体所有，集体以行政手段直接统一调整地块，重新发包，承包期长短不一。竞价承包是一种市场行为，把土地经营权纳入市场轨道，把土地推向市场，把竞争机制引入农田，对生产关系作了重要调整，重塑了农业生产中集体与农户的关系，明确了了双方的责、权、利，使之更符合生产力发展的要求。

（6）反租倒包

反租倒包是指农户在保留土地承包权的前提下，由乡、村集体经济组织把农民承包的土地反租过来，集体将集中后的土地出租给种田大户或其他经营单位，形成规模经营。

6.5.6　土地流转作用[6]

农村集体土地使用权的流转极大地推进了农业和农村经济结构的调整，促进了效益农业的发展。（1）优化了农业种植业结构。有效地促进了农业增效和农民增收；（2）促进了土地规模经营。土地流转不仅有效地解决了农村集体土地地块零碎的问题，还吸引了大量的社会资金投资农业，提高了产业层次和土地产出效益；（3）推进了外向农业发展。农村集体土地承包经营权的流转，为发展外向型农业创造了条件，一大批外商看中效益农业，纷纷投资，开发农业生产项目；（4）促进了村级集体经济的壮大和农民收入的提高。农村集体土地流转既壮大了村级集体经济又增加了农民收入，一举两得；（5）促进了二、三产业的发展。土地流转机制的建立，改变了部分农户"亦商亦农，亦工亦农"的状况，解除了土地对农民的束缚，促进了农村劳动力向非农产业转移，培育了一大批花卉贩销大户、果蔬贩销大户、加工生产大户。从而拓展了农民就业和增收的新途径，加快了城镇化建设的进程。

6.6　本章小结

农村集体土地使用权是指土地使用者依法对农民集体所有的土地享有的占有、使用和收益的权利。它是由农村集体土地所有权派生的一种具有物权性质的权利，它具有主体特定性、产权无偿性、权能限制性等法律特征。农村集体土地使用权的种类，按标准不同，可分为农地使用权和建设用地使用权，集体土地的自物权使用与他物权使用，农村集体土地的流转应具备村级班子有效运作、农民有放弃经营土地的意愿、发展效益农业潜力大等三个条件。农村集体土地流转需要舆论、政策、服务等三大环境。土地流转应建立土地储备、开发运作、多元投入、政策激励等四方面的机制。土地流转应遵循自愿、有偿性、效率、公平公开公正、登记、统一规划、所有权属和用途不变、有期限等原则。土地流转可通过转让、作价入股、"四荒"拍卖、竞价承包、反租倒包等形式实现。农村集体土地使用权流转极大地推进了农业产业结构调整，促进了土地规模经营和外向农业发展，推动了村级集体经济的壮大和二、三产业的发展。

参考文献

[1] 张玉伟. 中华人民共和国最新土地管理法规适用手册. 北京：中国建材工业出版社，1998.28-33

[2] 王卫国. 中国土地权利研究. 北京: 中国政法大学出版社, 1997. 180-197

[3] 林琼慧, 徐晓敏. 温州农村土地使用权流转机制研究, 2002 (10). 42-43

[4] 陈雯桢. 稳妥推进农村土地经营权流转. 农村经济, 2002 (1). 21-22

[5] 黄兴霞. 正确引导农村土地使用权流转. 农村经济, 2002 (5). 27-28

[6] 刘启明. 关于辽宁省农村土地使用权流转情况的调查报告. 农业经济, 2002 (1). 9-12

[7] 易顺琼. 积极推进农村土地流转的认识与思考——以郫县为例. 农村经济, 2002 (1). 30-31

[8] 向荣, 贾生华. 浙江省农村土地流转的实证分析. 农村经济, 2002 (7). 28-31

[9] 蒋国彬, 廖一权. 珙县农村土地流转现状、问题及建议. 农村经济, 2002 (7). 32-33

[10] 张红宇, 刘玫, 王晖. 农村土地使用制度变迁: 阶段性、多样性与政策调整 (二). 农业经济问题, 2002 (3). 17-23

第7章 农村集体土地使用权出让、转让、入股、合营、出租、抵押及行使、限制与收回

农村集体土地使用权是指土地使用者依照法律规定或合同约定，对农民集体所有的土地享有的占有、使用和收益的权利。在本章中，将讨论农村集体土地使用权出让、转让、入股、合营、出租及抵押，并探讨农村集体土地使用权行使、限制和收回。

7.1 农村集体土地使用权出让

7.1.1 农村集体土地使用权出让的概念

农村集体土地使用权出让是指村民委员会或其他农业集体经济组织就集体所有的土地使用权在一定期限内提供给土地使用人使用，土地使用人交付土地出让金或者土地使用费的行为。

农村集体土地使用权出让是合理开发、利用农村集体所有的土地资源的法律形式。长期以来，我国农村集体所有制组织的土地是不能有偿让与他人使用的，除农村建房所需的宅基地由集体组织无偿提供外，其他人不能享有农民集体所有土地的使用权。这样，一方面使一些个人和单位无偿地占用农民集体所有的土地，造成土地资源的浪

费；另一方面作为集体所有制组织所有的重要资产的土地却失去了财产性，不能为集体组织创造资产增值。自农村实行承包经营制以来，农民可以承包经营集体的土地。《土地管理法》第十四条规定："农民集体所有的土地由本集体经济组织的成员承包经营，从事种植业、林业、畜牧业、渔业生产。土地承包经营期限为30年。发包方和承包方应当订立承包合同，约定双方的权利和义务。承包经营土地的农民有保护和按照合同约定的用途合理利用土地的义务。农民的土地承包经营权受法律保护。"这进一步明确了农民的土地承包经营权。但在1988年之前，在农民取得土地的承包经营权后，在法律上仍禁止转让土地使用权，土地使用权仍不能作为一种商品流通，1988年12月修正后的《土地管理法》第二条第四款规定："国有土地和集体所有的土地使用权可以依法转让。土地使用权转让的具体办法，由国务院另行规定。"从此，土地使用权转让有了法律依据。但国务院至今仅规定国有土地使用权出让转让的办法，而对农民土地使用权的出让和转让办法尚未作出具体规定。但现行的《土地管理法》第十五条规定，农村集体所有的土地，可以由本集体经济组织以外的单位或者个人承包经营的，从事种植业、林业、畜牧业、渔业生产。发包方和承包方应当订立承包合同，约定双方的权利与义务。土地承包经营的期限由合同约定。

《土地管理法》第十五条第二款规定，农民集体所有的土地由本集体经济组织以外的单位或者个人承包经营的，必须经村民会议2/3以上成员或者2/3以上村民代表的同意，并报乡（镇）人民政府批准。这就对我国农村集体使用权的出让有一个原则的规定，从近几年看，各地在农村土地使用权的出让和转让作了许多尝试，有的采取出租的方式，有的采取买卖的方式，也有的采取承包的方式。

7.1.2 农村集体土地使用权出让的特征

（1）使用权的出让方为村民委员会或其他农业集体组织，土地使用人须为从事农、林、牧、副业生产和经营的组织和个人。

农村集体土地使用权出让所出让的只能是集体组织所有的农地的使用权，权利主体为集体所有制组织，因此，出让方只能是村民委员会或者其他集体经济组织，而不能是其他单位和个人。依农民土地使用权出让合同出让土地使用权不能改变土地的用途，土地使用人只能是从事农地开发、利用和经营的组织和个人。

（2）依合同出让使用权的土地须为农民基本用地以外的土地。对于为维持农民基本生活需要的土地，如自留山、自留地、口粮田等土地不能为农村土地使用权出让的标的物，并且为加强对农村土地的管理，国家对农村土地使用权的出让应实行批准制度，只有经过批准出让使用权的土地才可出让其使用权。

7.1.3 农村集体土地使用权出让双方当事人的义务

（1）出让方的义务

出让方的义务主要是依合同的约定，向土地使用人提供出让的土地使用权：

①出让方应按合同约定的时间将出让使用权的土地交付使用人占用；②出让方应当担保出让使用权的土地符合合同约定的条件和用途，担保出让的土地使用权不能由任何人提出权利要求；③出让方应当保证出让期限合法。

出让方违反义务，不能按约定提供土地使用权时，土地使用人有权解除合同，追回已交付的出让金或使用费，并请求赔偿损失。出让方提供的土地使用权不符合合同约定的状况或土地使用权被第三人追索的，出让方应负瑕疵担保责任，使用人有权请求降低出让金或使用费的标准，或解除合同并请求赔偿。

出让方于土地使用权出让合同期满后得收回土地使用权重新出让，但再出让时原土地使用人有优先受让的权利，出让方有义务在同等条件下将土地使用权出让给原土地使用人。

（2）使用人的义务

①按照合同的约定及时交付土地使用权出让金或使用费；②按照合同约定的用途开发、利用、经营土地和保护土地资源；③负担农业税、特产税及农副产品订购任务等；④在土地使用权出让期限届满时，返还占有的土地。

7.2　农村集体土地使用权转让

7.2.1　农村集体土地使用权转让的概念

农村集体土地使用权转让是农村集体土地使用权出让的必然结果。因为土地使用人依出让合同而取得的农村集体土地使用权是土地使用人的一项独立的财产，土地使用人应有权对其土地使用权予以处分。农村集体土地使用权转让也是合理利用农民集体所有的土地的有效手段。如果不允许土地使用权转让，在土地使用人无能力开发、利用、经营土地时，就会使土地得不到合理的充分利用，也就得不到合理的保护，造成农地资源的浪费，这样不利于发挥土地资源的效益，农村集体土地使用权转让也是农村集体土地市场形成的重要条件。不承认农村集体土地使用权转让合同或者仅承认农村集体土地使用权的出让而不承认农村集体土地使用权的转让，就是不承认农村土地的商品属性，农村土地也就不能通过土地市场得到合理的配置。

农村集体土地使用权转让合同是指依照土地使用权出让合同取得土地使用权的土地使用权人将土地使用权再转让于他人的合同。农村集体土地使用权转让合同与农村集体土地使用权转让有联系而又不同。农村集体土地使用权转让包括出售、交换、赠予和继承。其中，土地使用权的出售、交换、赠予是采取合同的形式，相应地土地使用权转让合同也就包括买卖合同、互易合同、赠予合同。而土地使用权依继承方式转让的，则不是通过转让合同实现的。因此，农村集体土地使用权转让合同不涉及农村集体土地使用权继承问题。

7.2.2 农村集体土地使用权转让合同的效力

农村集体土地使用权转让合同由转让人即依土地使用权出让合同取得土地使用权的权利人与受让人之间按照平等、自愿、有偿原则协商订立，但因农村集体土地使用权转让合同不仅转让土地使用权人依出让合同所享有的权利，同时也须转移其依出让合同所负担的义务，所以农村集体土地使用权转让合同，必须经土地使用权出让合同的出让方同意。转让使用权的协议自出让人同意后方能生效。

农村集体土地使用权转让合同所转让的土地使用权只能以转让人享有的权利内容为限度，当事人不得予以扩张。农村集体土地使用权人须在取得土地使用权后对土地进行一定的投资经营后才得转让。农村集体土地使用权转让合同所转让的土地使用权的期限不得超过转让人实际享有的土地使用权期限。农村集体土地使用权转让合同的转让人应按照合同的约定将土地使用权提供给受让人，并应就其让与的土地使用权承担瑕疵担保责任。农村集体土地使用权转让合同的受让人应按照合同的约定向转让人支付转让费，并承担转让人依土地使用权出让合同所负担的各项义务。

7.3 农村集体土地使用权入股、合营

7.3.1 农村集体土地使用权入股、合营的概念

农村集体土地使用权入股、合营，是指农村集体土地所有者或者使用者依法以其土地使用权价入股，或者作为投入、合作、联营的条件，与其他单位、个人共同举办乡（镇）、村企业或者其他经营性组织的行为。

同城镇国有土地使用权一样，在一定条件下，国家也允许农村集体组织或者集体土地使用者以其土地使用权作为投入的条件，与提供资金等其他生产要素的单位、个人共同举办联营企业或者其他经营性经济组织、合资、合作从事生产经营活动。由于我国农村相对落后，集体组织缺乏必要的建设资金和技术等，以其土地使用权作为入股、合营的条件，是发展乡（镇）、村企业的客观要求。随着市场经济的发展和土地使用制度的改革，利用集体土地兴办的乡（镇）、村企业在全国发展十分迅速，在农村经济发展中正在起着越来越大的作用。

7.3.2　集体土地使用权入股、合营应当遵循的要求

（1）必须遵守有关法律、法规。目前，我国对农村集体土地使用权入股、合营尚没有专门的法律规定，已有的规定也不完善。这些法规包括《土地管理法》、《民法通则》和有关设立企业的法规（包括《公司法》在内）、有关乡（镇）村土地管理的规定等。

（2）联营的主体应合法。对提供集体土地使用权的合营者，《土地管理法》只规定了农村集体经济组织可以成为合营者。至于集体土地的使用者、特别是乡（镇）村企业，能否将其土地使用权入股、合营，法律并没有作出明确的规定。但从《土地管理法》等法律规定的精神看，集体农用地的使用者不得将其农用地使用权用于非农业建设；符合土地利用总体规划并依法取得非农业建设用地的乡（镇）、村企业，可以依法将其土使用权作为联营条件。作为提供资金等条件的另一方合营者，法律没有作出限制性规定。

（3）对地价进行评估，签订联营协议。联营的双方或者多方应当就联营的条件、期限、经营管理权限、利润分成、财产处置、违约责任等有关事项，签订书面联营协议（合同），以明确各自在联营中的权利和义务关系。在联营协议中必须明确规定土地使用权的有关事项，包括土地使用权权属、土地面积、土地位置和四至范围、土地价格、土地用途、使用土地的条件等。

（4）用地必须经过批准。根据《土地管理法》第六十条规定，农村集体经济组织使用乡（镇）土地利用总体规划确定的建设用地兴办企业或者与其他单位、个人以土地使用权入股、联营等形式共同举办企业的，应当持有关批

准文件，向县级以上地方人民政府土地行政主管部门提出申请，按照省级政府规定的批准权限，由县级以上地方人民政府批准；其中涉及占用农用地的，依照本法规定向省级人民政府办理审批手续。从这一规定看出，以集体土地使用权入股、联营等形式与其他单位、个人共同举办的企业用地，必须报经有批准权限的人民政府批准；未经批准的，不得使用土地。

（5）对原土地使用者予以补偿。根据《土地管理法》第四十七条规定，农村集体经济组织兴办联营企业使用农民集体所有的土地的，应当对被用地单位给予补偿，并妥善安置农民的生产和生活，具体补偿办法和标准，由省、自治区、直辖市参照国家建设征用土地的补偿、安置规定制定。

（6）办理登记手续。以土地使用权作为投资条件成立联营企业，土地使用权的主体等内容发生了变化。因此，有关联营当事人应当持联营协议、批准文件等材料，向县级以上地方人民政府地政部门办理集体土地使用权变更手续。

7.4　农村集体土地使用权出租

7.4.1　集体农业用地土地使用权出租的概念和特征

集体农业用地土地使用权出租是指农村集体农业用地土地使用权人作为出租人，将取得的集体农业用地土地使用权提供给承租人使用，并收取租金的行为。其特征是：

（1）集体农业用地使用权出租的客体是集体土地使用权。根据有关法律规定和国有土地使用权有偿出让的规定，结合农村集体土地使用权出租的具体实践，可以出租的集体农业用地应具有独立财产意义上的土地使用权，即有偿取得的土地使用权。因此，集体农业用地土地使用权出租的类型主要有：承包取得的土地使用权、转让取得的土地使用权、其他依法有偿取得的土地使用权。排除了自留地、自留山以及口粮地土地使用权的出租。

（2）集体农业用地土地使用权的出租人是集体农业用地土地使用权人，集体农业用地土地使用权通过出让方式从集体土地所有权中分离出来成为一项独立的财产权利。以出让方式取得农业用地土地使用权的土地使用者为土地使用权人。土地使用权人凭借享有的土地使用权，依法享有对土地的占有、使用、收益和处分的权利。为此，可依法将部分土地的占有、使用和收益出租给承租人以实现对土地依法经营，获取一定的经济效益。

（3）集体农业用地土地使用权出租是对土地的租赁经营。集体农业用地土地使用权租赁以取得租金为标志，是以土地产权的有偿让渡为特征的活动。这种经济活动包括两个层次：一是，土地使用者通过出租土地使用权而取得地租收益；二是，土地使用者通过承租土地使用权，将土地作为生产要素或生产对象直接进行开发，形成土地的租赁经营。

7.4.2　集体土地使用权出租的立法概况

目前，我国法律还没有对集体土地使用权的出租问题加以规范和确认，但是法律、法规也没有禁止集体土地使用权的出租。1988 年修改的《土地管理法》第二条规定："国有土地和集体所有的土地使用权可以依法转让。土地使用权转让的具体办法由国务院另行规定。"该规定从法律上确认了集体土地使用权和国有土地使用权具有同等的法律地位。为集体土地使用权的流转提供了法律依据。尽管国务院尚未实施法律赋予的权力，对集体土地使用权流转有关问题依法规范，但近十几年来农村集体土地使用权的流转在实践中已作广泛的尝试。

1998年修订的《土地管理法》也坚持了集体土地使用权可以依法转让、出租的原则性规定。第六十二、六十三条规定："农村村民出卖、出租住房后，再申请宅基地的不予批准。""农民集体所有土地的使用权不得出让、转让或者出租用于非农业建设，但是符合土地总体利用规划并依法取得建设用地的企业，因破产、兼并等情况致使土地使用权转移的除外。"这些规定，提出了集体土地使用权出租的限定条件，但并未禁止出租。

中发〔1997〕11号文件中指出：集体所有的各种荒地不得以拍卖、租赁使用权等方式进行非农业建设。

从以上法律、政策规定可以说明三个问题，其一，集体土地农业用地的出租在法律上没有禁止；其二，集体土地使用权不得出租用于非农业建设，用于非农业建设的集体土地使用权因出租附着物发生土地使用权出租的，应依法具备一定的条件；其三，集体所有的荒山不得以租赁使用权方式进行非农业建设。

7.4.3 集体非农业建设用地使用权出租应具备的条件

根据修订的《土地管理法》第六十二条规定，集体非农业建设用地使用权出租应具备以下条件：

（1）宅基地使用权出租后，再申请宅基地的，不予批准

根据《土地管理法》第六十二条规定，村民因出租住

房而出租宅基地使用权的，不受法律限制，但出租人因此而再申请宅基用地的不予批准。

（2）依法取得的企业建设用地使用权出租的条件

根据《土地管理法》第六十三条规定，依法取得的企业建设用地使用权可以出租，但要依法严格审查，并符合以下条件：①已经是依法批准的建设用地；②符合土地利用总体规划；③企业破产或兼并；④依法转移。

由上所述，集体土地建设用地使用权的出租，必须是随地上建筑物、其他附着物的出租而出租，如擅自将集体土地使用权出租用于非农业建设属违法行为，对此根据《土地管理法》第七十六、八十一条规定应采取以下处罚方式：①对违反土地总体利用规划擅自将农用地改为建设用地的，限期拆除在非法占用的土地上新建的建筑物和其他设施，恢复土地原状；②对符合土地总体利用规划的，没收在非法占用的土地上新建建筑物和其他设施，可以并处罚款；③擅自将农民集体所有土地使用权出租用于非农业建设的，责令限期改正，没收非法所得，并处罚款。

7.5 农村集体土地使用权抵押

7.5.1 农村集体土地使用权抵押的概念

集体土地使用权抵押是指农村集体土地使用者作为抵押人，以其合法的土地使用权，以不转移占有的方式向作为抵押权人的债权人提供债务担保的活动。当债务人到期不履行债务时，抵押权人依法将抵押的集体土地使用权折价或拍卖，以其所得价款实现抵押权。在此意义上集体土地使用权抵押和国有土地使用权抵押的基本含义是相同的，但有以下几点不同之处：

（1）集体土地使用权抵押人是集体土地使用权人或承包人。

（2）集体企业非农业建设用地抵押只能是随同地上建筑物的抵押而抵押。

（3）集体土地使用权抵押在拍卖抵押物实现抵押时，存在转移土地所有权，发生土地被征用的可能性。

7.5.2 集体土地使用权抵押立法概况

关于集体土地使用权抵押，目前主要有《担保法》、原国家土地管理局1995年发布的《农村集体土地使用权抵押登记的若干规定》和1997年《关于土地使用权抵押登记有关问题的通知》，以上有关法律、规章对集体土地使用权作了以下几方面的规定：

（1）集体土地使用权抵押客体的法律规定

1）依法承包经发包方同意抵押的四荒地的使用权。

2）随同乡（镇）、村企业的厂房等建筑物抵押的土地使用权。

3）依法不得抵押的集体土地使用权有：耕地、宅基地、自留山、自留地等集体土地使用权；单独要求抵押的乡（镇）、村企业的集体土地使用权；所有权、使用权不明或有争议的集体土地使用权；依法被查封、扣押、监管的集体土地使用权。

（2）集体土地使用权抵押登记应提交的有效证件

1）承包权取得集体荒地的土地使用权合同书和集体土地所有者同意抵押的批准文书。

2）抵押乡（镇）、村企业的厂房等建筑物抵押的土地使用权。

3）抵押合同书、抵押登记申请书。

4）抵押人、抵押权人身份证明。

（3）集体土地使用权抵押的登记部门是县级地政部门

7.5.3　集体土地使用权抵押的程序

（1）集体土地使用权抵押合同的订立

集体土地使用权抵押时，当事人应当签订书面抵押合同，以明确双方的权利义务。签订抵押合同时，根据《农村集体土地使用权抵押登记的若干规定》，要特别注意以下事项：

1）乡村企业集体土地使用权抵押时，要在合同载明实现抵押权时，是否同意按法律规定的土地征用标准补偿后转为国有土地以及征地费是否作为清偿债务资金等内容。

2）集体土地抵押合同中应载明抵押当事人委托评估机构对抵押土地使用权的评估价格和地政部门对此的确认情况。

3）集体土地抵押合同中应载明集体土地所有者对该抵押的认可情况。

（2）集体土地使用权的抵押登记

《农村集体土地使用权抵押登记的若干规定》中规定，抵押登记应当以土地使用权登记为前提，集体荒地土地使用权和乡村企业集体土地使用权抵押时，必须依法向县级地政部门申办抵押登记，抵押合同自批准登记之日起生效。未经地政部门办理土地抵押登记的，土地抵押权不受法律保护，土地使用权也不能作为抵押财产进行处置。以上规定说明使用权登记是抵押登记的前提，抵押登记是抵押合同生效的必经程序。抵押登记的具体程序：

1）申请。抵押人和抵押权人在土地使用权抵押合同签订之日起 15 天内，持下列文件向地政部门申请登记：集体土地所有者同意抵押的证明；抵押登记申请书；抵押合同；抵押当事人身份证明；土地权属证明；地政部门认为应提交的其他文件。

2）审核登记。经审核，符合条件的，地政部门办理抵押登记，填写抵押土地登记卡，在土地使用证变更记事栏内记录抵押情况，记录是否在实现抵押权时征为国有，以及实现抵押时，抵押人、抵押权人及集体土地所有者的权利义务内容。

3）核发抵押证明书即《土地他项权利证》。对抵押合同发生变更的抵押人和抵押权人应当重新签订合同，并在 15 天内持有关文件向地政部门申请办理抵押变更登记。自抵押合同解除或终止合同之日起 15 天内，持有关文件向地政部门申请办理抵押注销登记。

7.5.4 集体土地抵押权实现后集体土地使用权的处分

集体土地使用权抵押，在抵押权人行使抵押权，处分抵押的集体土地使用权时，有可能改变土地所有权性质，即由集体所有变为国有。《担保法》第五十五条规定："依照本法规定以承包的荒地的土地使用权抵押的，或者以乡（镇）、村企业的厂房等建筑物占用范围内的土地使用权抵押的，在实现抵押后，未经法定程序不得改变土地集体所有和土地用途。"该规定说明，因处分抵押土地使用权而改变土地集体所有权的，必须依法办理征地和其他手续。《农村集体土地使用权抵押若干规定》第十三条规定，因处分抵押财产转移乡村企业集体土地所有权的，应当由地政部门依法办理征地手续，将抵押土地转为国有，然后再按抵押划拨国有土地使用权的方法进行处置。第十四条规定，处置抵押土地使用权的受让人、抵押人、抵押权人在抵押土地使用权处置后的 30 天内，持有关文件到土地管理部门申请办理土地权属变更登记。

7.6　农村集体土地使用权的行使

集体土地经依法批准使用，并领取《集体土地使用证》后，用地者便依法取得土地使用权。土地使用权受国家法律的保护，任何单位和个人不得侵犯，但任何权利都是与一定的义务相对应的，土地使用权人在行使权利时，也必须履行一定的义务，必须遵守国家有关法律的规定。

（1）用地者必须按照批准的用途使用土地，不准擅自扩大用地面积或改变土地用途；（2）用地者在使用土地期间，不得将土地使用权出让、转让或出租用于非农业建设；（3）用地者在使用土地期间如遇国家建设需要征用土地，有义务服从国家和社会公共利益的需要；（4）土地使用权人在使用土地期间还负有正确处理相邻关系，正确行使土地使用权等义务。

7.7　农村集体土地使用权的限制

《土地管理法》第六十三条规定："农民集体所有的土地的使用权不得出让、转让或者出租用于非农业建设；但是，符合土地利用总体规划并依法取得建设用地的企业，因破产、兼并等情形致使土地使用权依法发生转移的除外。"第六十四条规定："在土地利用总体规划制定前已建的不符合土地利用总体规划确定的用途的建筑物、构筑物，不得重建、扩建。"

依据《中华人民共和国城镇国有土地使用权出让和转让暂行条例》规定："土地使用权出让、转让或者出租等"仅限于市、县城、建制镇、工矿区范围内属于全民所有的土地，而不包括集体所有的土地。因此，土地管理法对此作出明确规定并作为一个基本准则。为了正确理解土地管理法对集体土地使用权的限制，必须明确以下内容：

①集体土地使用权不得出让、转让或出租而非指集体土地所有权。

国家建设征用土地中，集体土地所有权可因征用而发生转移。

②不得出让、转让或出租仅限于非农业建设而不包括农业建设。

建设用地有非农业建设用地与农业建设用地之分。非农业建设用地有企业建设用地、公共设施和公益事业建设用地以及农村居民住宅建设用地等，范围非常广泛。农业建设用地也指农用地，而农用地的使用权依法可以转让，即现行《土地管理法》第十四条规定："农民集体所有的土地可以由本集体经济组织的成员承包经营，从事种植业、林业、畜牧业、渔业生产。"

③已经批准依法取得集体土地使用权的企业，因破产、兼并等情形致使土地使用权发生转移的除外。

企业经合法批准取得土地使用权的，要对被用地的集体组织给予补偿，并妥善安置农民的生产和生活。因此，企业一经取得集体土地使用权，便受到法律的保护，土地使用权本身具有一定的价值并可以成为企业财产的一个组成部分，所以，企业因资不抵债破产或因其他原因依法被其他企业兼并后，原有企业的土地使用权可以依法转移。

④在土地利用总体规划制定前已建的不符合土地利用总体规划确定的用途的建筑物、构筑物，不得改建、扩建。

土地利用总体规划，是各级人民政府为贯彻执行国家的土地利用政策，并根据国民经济和社会发展对土地的需求和地区的自然、社会经济条件而编制的在部门间分配土地资源，合理调整土地利用结构和布局的战略构想和设计方案。不符合土地利用总体规划确定的用途的土地上建造房屋已属违法或不当，土地主管行政部门在未对此作出明确规定或处理前，任何单位或个人不得在原有基础上进行改建、扩建。这对于切实保护土地、提高土地利用率以及统筹安排各业用地等具有重要意义。

7.8　农村集体土地使用权的收回

为了加强对集体土地建设用地的管理，合理利用土地资源，提高土地利用率，《土地管理法》规定，在法定情形出现时，农村集体经济组织可以报经原批准用地的人民政府批准，收回土地使用权，土地使用权被依法收回是集体土地建设用地使用权终止的主要原因之一。集体土地使用权收回是指农民集体经济组织作为土地所有者依法收回本集体土地使用权的行为。

7.8.1　收回条件

《土地管理法》第六十五条规定："有下列情形之一的，农村集体经济组织报经原批准用地的人民政府批准，可以收回土地使用权：

（一）为乡（镇）村公共设施和公益事业建设，需要使用土地的；

（二）不按照批准的用途使用土地的；

（三）因撤销、迁移等原因而停止使用的。

依照前款第（一）项规定收回农民集体所有的土地，对土地使用权人应当给予适当补偿"。

收回土地使用权的情形，主要有以下几种：

（1）为乡（镇）村公共设施和公益事业建设需要使用土地的。为了乡（镇）村公共利益需要收回土地使用权，集体经济组织对土地使用权人由此所受的损失应给予补偿，原土地使用者的地上建筑物需要搬迁的，农村集体经济组织应当负责搬迁。农村集体经济组织不得以收回土地使用权为借口，侵犯土地使用者的合法权益，不得随意收回土地使用权。

（2）不按照人民政府批准的土地用途使用土地的。此种情形是指土地使用者经依法批准使用土地后，又擅自改变土地用途的情况，在这种情况下收回土地使用权的，原土地使用者无权要求赔偿。

（3）因撤销、迁移等原因停止使用土地的。这种情形通常指乡（镇）企业和公益事业单位，因某种原因被撤销或迁移他处，不再需要或无法使用原用地的。这种情况下，集体经济组织可以依法收回土地使用权，重新安排土地的使用。

集体土地建设用地使用权被依法收回后，土地使用者所享有的建设用地使用权即告终止。

在这里，首先应该明确收回土地使用权的行为是一种行政行为，不以原土地使用权人的同意或协商为条件；其次，收回土地使用权必须出现法律规定的事由，主管机关必须严格遵守而不得随意创设新的事由；最后，收回土地使用权必须依法履行程序，即要由原集体土地所有者集体经济组织向原批准用地的人民政府提出要求并由其批准，收回土地使用权属于原批准用地的人民政府的权利。此外，为乡（镇）村公共设施和公益事业建设，需要使用土地而收回农民集体所有的土地，对使用权人应当给予适当补偿，具体补偿办法和标准，由省、自治区、直辖市作出规定。

7.8.2 土地使用权收回方式

（1）无偿收回

土地使用权出让合同年限届满，土地使用者不再要求延期，或虽提出续期要求但未得到批准，土地使用权即告终止。停止使用的集体土地，经批准由集体经济组织无偿收回。此外，土地使用权作为个人财产，可因土地使用者放弃权利等原因，国家或集体收回土地时，不承担法律责任，不予任何经济补偿。无偿收回土地的程序，由土地管理部门报经县、市人民政府批准，收回土地使用证，进行注销登记。

（2）补偿收回

在特殊情况下，根据社会公共利益的需要，国家和集体可以提前收回土地使用权。按土地使用者使用土地实有年限和开发土地的实际情况给予适当的补偿。在补偿前，应当由土地评估机构对土地资产及地上的附着物和构筑物进行科学合理的评估，经土地管理部门确认，再与土地使用者依法充分协商，就补偿数额、支付方式和期限等内容达成协议。就一般而言，经报有批准权的一级人民政府批准，土地管理部门应在收回土地使用权之前，将收回土地使用权的理由、地块坐落、收回日期等，通知土地使用者，并就收回土地所涉及的范围公告。土地使用者按照公告和通知规定的收回日期，交还土地使用证，办理注销登记，领取补偿费用。

（3）强制收回

因土地使用者未按出让合同约定的期限、条件和规定的用途开发、利用、经营土地，则土地管理部门根据法律、法规给予用地者收回土地使用权（实际是没收）的处罚。《土地管理法》第三十七条和《城市房地产管理法》第二十五条都规定，超过出让合同约定的动工开发日期满二年未动工开发的，可以无偿收回土地使用权。划拨土地使用权未经原批准机关的同意，连续二年未使用和不按批准用途使用，由土地管理部门报县级以上人民政府批准强制收回。

7.9 本章小结

（1）农村集体土地使用权出让是指村民委员会或其他农业集体经济组织就集体所有的土地使用权在一定期限内提供给土地使用人使用，土地使用人交付土地出让金或者土地使用费的行为。农村集体土地使用权出让的特征：使用权的出让方为村民委员会或其他农业集体组织，土地使用人须为从事农、林、牧、副业生产和经营的组织和个人；依合同出让使用权的土地须为农民基本用地以外的土地。农村集体土地使用权转让是农村集体土地使用权出让的必然结果。农村集体土地使用权转让合同所转让的土地使用权只能以转让人享有的权利内容为限度，当事人不得予以扩张。农村集体土地使用权入股、合营，是指农村集体土地所有者或使用者依法以其土地使用权作价入股，或作为投入、合作、联营的条件，与其他单位、个人共同举办乡（镇）村企业或其他经营性组织的行为。集体土地使用权入股、合营必须遵守有关法律、法规，依法办理，联营的主体应合法，而且要对地价进行评估，并签订联营协议。农村集体土地使用权出租是指农村集体土地使用权人作为出租人，将取得的集体土地使用权提供给承租人使用，并收取租金的行为。集体土地使用权抵押是指农村集体土地使用者作为抵押人，以其合法的土地使用权，以不转移占有的方式向作为抵押权人的债权人提供债务担保的活动。

（2）集体土地使用权受国家法律的保护，任何单位和个人不得侵犯，但任何权利都是与一定的义务相对应的，土地使用权人在行使权利时，也必须履行一定的义务，必须遵守国家有关法律的规定。在行使集体土地使用权时，也要受到法律限制。集体土地使用权收回是指农民集体经济组织作为土地所有者依法收回本集体土地使用权的行为。收回土地使用权的情形，主要有以下几种：①为乡（镇）村公共设施和公益事业建设需要使用土地的。②不按照人民政府批准的土地用途使用土地的。③因撤销、迁移等原因停止使用土地的。土地使用权收回方式包括无偿收回、补偿收回和强制收回。

■ 第8章 农村集体土地
建设用地使用权

农村集体土地使用权可分为两大类：一是农地使用权，二是建设用地使用权。在本章中，集中讨论农村集体土地建设用地使用权的概念界定、权利确定、行使原则和审批权限。

8.1 农村集体土地建设用地及其使用权的概念

集体土地建设用地是指乡（镇）村建设用地。乡（镇）建设用地是指乡（镇）村集体经济组织和农民个人投资或集资，进行各项非农业建设所使用的土地。它主要包括：乡（镇）村公益事业用地和公共设施用地以及农村居民住宅用地。早在20世纪60年代初期，党和政府就对乡村企业用地和农民建房用地问题作出过规定，但那时乡村的各项建设受经济条件的限制，发展较慢，用地量不大。从全国来看，土地需求与供给的矛盾也不像现在这样突出，因而有关乡、村建设用地的法律规定，也不够全面具体，更不可能形成完善的法律制度。党的十一届三中全会以后，随着中国城乡经济体制改革的不断深入，农村经济迅速发展。农民的生产、生活条件发生了巨大的变化，生活水平有了很大的提高。随之而来的乡、村各项建设，尤其是乡、村企业建设和农民住宅建设飞速发展，土地需要量日益增加。但由于我国法律不健全，对这些新的社会关系没有相应的法律规范来调整，再加上土地管理工作一时跟不上去，实践中乱占、滥用土地的问题十分严重。为了加强乡（镇）村建设用地管理，制止这种乱占、滥用土地的现象，保护和合理利用土地资源，国务院于 1982 年 2 月 13 日颁布了《村镇建房用地管理条例》。1986 年颁布的《中华人民共和国土地管理法》，又专门对乡（镇）村建设用地作出了明确的规定，为乡（镇）村建设用地管理提供了法律依据。1998 年修订的《中华人民共和国土地管理法》所称的建设用地，除包括上述乡（镇）村建设用地，还包括经依法办理了农地转用手续的农用地。

乡（镇）村企业、集体经济组织和农村居民，经依法申请、审批，使用集体进行建设，并领取集体土地使用证，便对其使用的土地享有使用权。集体土地建设用地使用权，是土地使用者依法取得的，对农民集体所有的土地享有的占有、使用和收益的权利。该种使用权客体土地的用途是建设建筑物和构筑物，而非农业生产。

8.2　农村集体土地建设用地使用权的确定

原国家土地管理局《确定土地所有权和使用权的若干规定》第四十三条至五十二条对集体土地建设用地使用权的确定作了如下规定：

第四十三条　乡（镇）、村办企事业单位和个人依法使用农民集体土地进行非农业建设的，可依法确定使用者集体土地建设用地使用权。对多占少用、占而不用的，其闲置部分不予确定使用权，并退还农民集体，另行安排使用。

第四十四条　依照本规定第二十五条规定的农民集体土地，集体土地建设用地使用权确定给联营或股份企业。

第四十五条　一九八二年二月国务院发布《村镇建房用地管理条例》之前农村居民建房占用的宅基地，超过当地政府规定的面积，在《村镇建房用地管理条例》施行后未经拆迁、改建、翻建的，可以暂按现有实际使用面积确定集体土地建设用地使用权。

第四十六条　一九八二年二月《村镇建房用地管理条例》发布时起至一九八七年一月《土地管理法》开始施行时止，农村居民建房占用的宅基地，其面积超过当地政府规定标准的，超过部分按一九八六年三月中共中央、国务院《关于加强土地管理、制止乱占耕地的通知》及地方人民政府的有关规定处理，按处理后实际使用面积确定集体土地建设用地使用权。

第四十七条　符合当地政府分户建房规定而尚未分户的农村居民，其现有宅基地没有超过分户建房用地合计面积标准的，可按现有宅基地面积确定集体土地建设用地使用权。

第四十八条　非农业户口居民（含华侨）原在农村的宅基地，房屋产权没有变化的，可依法确定其集体土地建设用地使用权。房屋拆除后没有批准重建的，土地使用权由集体收回。

第四十九条　接受转让、购买房屋取得的宅基地，与原有宅基地合计面积超过当地政府规定标准，按照有关规定处理后允许继续使用的，可暂确定其集体土地建设用地使用权。继承房屋取得的宅基地，可确定集体土地建设用地使用权。

第五十条 农村专业户宅基地以外的非农业建设用地与宅基地分别确定集体土地建设用地使用权。

第五十一条 按照本规定第四十五条至四十九条的规定确定农村居民宅基地集体土地建设用地使用权时，其面积超过当地政府规定标准的，可在土地登记卡和土地证书内注明超过标准面积的数量。以后分户建房或现有房屋拆迁、改建、翻建或政府依法实施规划重新建设时，按当地政府规定的面积标准重新确定使用权，其超过部分退还集体。

第五十二条 空闲或房屋坍塌、拆除两年以上未恢复使用的宅基地，不确定土地使用权的。已经确定使用权的，由集体报经县级人民政府批准，注销其土地登记，土地由集体收回。

8.3 农村集体土地建设用地使用的原则

使用农民集体所有的土地进行建设，必须遵循下列原则：

（1）必须符合乡（镇）土地利用总体规划。乡（镇）土地利用总体规划是集镇、村庄建设使用土地的主要依据，一切建设用地的使用和批准，都必须符合乡（镇）土地利用总体规划的要求。乡（镇）土地利用总体规划确定为建设用地的，才可以用于建设，确定为农用地的，不得用于建设。

（2）必须经过县级以上人民政府依法批准。根据《土地管理法》的规定，不论乡（镇）企业建设，乡（镇）

村公共设施和公益事业建设，还是农村居民建住宅，都必须经有批准权的人民政府依法批准，否则，将被视为非法占地，按非法占地处理。

（3）乡（镇）村建设占用土地严格控制占用耕地。原则上，集体土地建设用地的规模不得再扩大，如确需扩大规模或占用耕地，必须对农村土地进行调整，采取必要措施相应地增加耕地面积，保证耕地总量不减少。

8.4　农村集体土地建设用地的审批权限

根据《土地管理法》的规定，我国集体土地建设用地的审批权限如下：

（1）农村集体经济组织使用乡（镇）土地利用总体规划确定的建设用地，兴办企业或者与其他单位、个人以土地使用权入股、联营等形式共同举办企业的，应当持有关批准文件向县级以上土地行政管理部门提出申请，由县级以上地方人民政府批准。

（2）乡（镇）村公共设施、公益事业建设，需要使用土地的，经乡（镇）级人民政府审核，向县级以上地方人民政府土地管理部门提出申请，由县级以上地方人民政府批准。

（3）农村村民住宅用地，经乡（镇）人民政府审核，由县级人民政府批准。

上述建设用地涉及到占用农地的，应依照《土地管理法》第四十四条的规定，办理农用地转用审批手续。在土地利用总体规划确定的城市和村庄、集镇建设用地规模范围内，为实施该规划而将农用地转为建设用地的，按土地利用年度计划分批次由原批准土地利用总体规划的机关批准。在已批准的农用地转用范围内，具体建设项目用地可以由市、县人民政府批准。

8.5　农村集体土地建设用地使用权流转

8.5.1　农村集体土地建设用地使用权流转现状

农村集体建设用地使用权流转方式包括转让、出租、入股、互换、抵押等。所涉及的土地性质既包括乡镇村企业建设用地、公益用地，也包括宅基地。建设用地使用权参与流转已呈普遍现象，且十分活跃。但由国家尚未规定相关的法律和政策，目前建设用地流转市场在管理上出现了一定程度的无序局面。

第一，规避法律行为泛滥。由于法律规定集体土地使用权不能直接进入市场，集体土地必须先行征用转为国有后，才能出让，如果征用为国有后再出让，建设用地转让人认为无利可图；如果直接将建设用地使用权转让，又违背法律禁止性规定，所以，实践中建设用地使用权流转行为规避法律现象泛滥，有的相互串通，以出租、联营等为名，行土地使用权转让之实；有的双方私下协议直接转让，不办理任何手续，逃避税费，以致假租真买、名为联营实为租赁、名为买房实为买地等隐形交易、低价流转的现象比较严重，冲击和扰乱了国有土地市场的正常管理。

第二，土地使用权处分和收益分配不合理。实践中乡村企业用地、乡村公益事业用地使用权的处分权相对集中于村组干部手中，以至于一些干部滥用手中的权力，暗箱操作。对转让的收益分配，由于土地所有者、使用者片面地认为谁使用土地，谁就有权对土地进行处置，基本上是谁使用谁处理谁受益，忽视了集体、农民的利益。

第三，集体土地使用权流转的地价管理失控。目前，农民集体土地使用权流转中的地价基本上是流转双方协商确定，有的到土地管理部门办理了登记手续，有的没办理手续。即使是办理了登记手续的，也是由双方先签订了流转协议以后，才到土地管理部门登记。在交易过程中，土地所有者在交易时往往只考虑各种税费成本，没有科学的价格估算标准，土地使用权交易价格、租金价格往往失常，很不规范。

第四，住宅用地秩序混乱。由于法律规定一户只能拥有一处宅基地，没有考虑居民在居住状况发生变化时宅基地应有的变动与调整，因而作为集体建设用地的宅基地转让面临着法律无力调整的窘境。一方面，因政策鼓励农民进城，吸引一部分农民进城买房建房，而其原有宅基地又一时转让不出去，造成"一户多宅"。另一方面，有的农民因继承房产、户口迁移或为牟取暴利骗取批准等现象，也造成了"一户多宅"。

第五，集体建设用地流转的法律程序欠缺。其一，没有必要的审批程序；其二，没有必要的登记程序；其三，没有必要的公示程序。农民对属于自己所有的建设用地转让无法通过外在的客观方式知晓，自然也就无从监督，对有关政府、村组负责人侵占土地转让收益的行为，无法有效地制止和请求法律救济。

8.5.2 集体建设用地使用权流转的法律规范

（1）依法确立集体建设用地使用权流转行为的合法地位

在现行的法律体制下，集体建设用地使用权以封闭运作为特点：一方面，已取得土地使用权的主体只有在出资入股、联营、破产、关闭情况下才能以使用权为资产进行转移。另一方面，其他情况下，任何单位、个人进行建设必须先从国家征地，申请使用国有土地，而不能直接与农村土地权利人取得农业用地和非农用地的使用权。《土地管理法》关于集体建设用地控制的政策是以计划体制下农村土地的静态管理模式为背景制定的，在农村土地市场日益活跃的今天，这一立法政策已显得过于僵化。首先，以集体建设用地流转一律采用征为国有、补偿出让的办法有明显的弊端。其次，没有考虑农村集体建设用地在运作过程中的动态化趋势。

（2）完善集体建设用地使用权流转的法律调整机制

1）完善使用权主体制度。集体建设用地的权属比较复杂。由于历史形成的原因，在城镇规划区内的集体企事业单位的用地，有的过去是按征办理的审批手续，按划拨缴纳的费用，现在仍以集体土地在进行管理；有的则是按农村集体建设用地办理的审批手续，缴纳的费用，以划拨的方式供地，土地权属当然属于集体。另外，在城镇规划区内，国有、集体土地混杂，权属不明，界限不清的现象相当普遍。

2）完善使用权主的收益分配制度。笔者认为，土地收益是土地所有权的经济体现，所以，土地使用权转让收益首先应归属于土地所有权人；其次，按公平原则，在所有权与使用权分离的情况下，土地使用权人或其他民事利害关系人对土地有所投入的，应根据权利与义务相一致及投资与收益合一原则，将土地使用权转让收益按投资比例分配给土地使用者。关于政府应得利益，应区别政府行为的公法与私法关系，政府基于农村经济管理者的身份对土地所作的公益性投入，如基础水利、交通等，即使土升值，也仅体现为公法关系，不能作为取得民事收益的代价，不应享有民事主体的收益分配请求权，只能按公法关系取得土地的税收。

3）完善法律监管措施。第一，国家要尽快制定相关的法律、行政规章，允许集体建设用地使用权依法流转；同时，对农民集体建设用地流转的范围、条件、形式、程序和收益分配等问题，应作出明确的规定。省、市、县各级政府应根据各地的具体情况，制定相应的规范性文件，规范流转行为；第二，制定科学的集体建设用地地价评估体系。确定集体建设用地的地价，应实行国有、集体建设用地同质同价的原则。集体建设用地流转时，应由具备资质的地价评价机构评估地价，或参照相邻的同种用途的国有建设用地确定地价；应建立最低保护价制度，防止集体土地资产流失；第三，界定集体建设用地使用权流转的范围。集体建设用地流转的范围不应以城市规划范围来界定，而应当明确在土地利用总体规划确定的建设用地范围内，只要符合土地利用总体规划（在建成区还需符合城市建设规划），都应当允许流转。

8.6 本章小结

（1）集体土地建设用地是指乡（镇）村建设用地。乡（镇）建设用地是指乡（镇）村集体经济组织和农民个人投资或集资，进行各项非农业建设所使用的土地。集体土地建设用地使用权的权利是依法确定的。在使用农民集体所有的土地进行建设，必须遵循下列原则：①必须符合乡（镇）土地利用总体规划。②必须经过县级以上人民政府依法批准。③乡（镇）村建设占用土地严格控制占用耕地。集体土地建设用地必须依法审批。

（2）农村集体土地建设用地使用权流转方式包括转让、出租、入股、置换、抵押等。但由于国家尚未规定相关的法律和政策，目前建设用地流转市场很不规范，规避法律行为泛滥、土地使用权处分和收益分配不合理、使用权流转中地价管理失控、住宅用地秩序混乱、流转法律程序欠缺等问题在不同程度上存在。在完善法律方面，要规范集体土地建设用地使用权流转，一要依法确立集体土地建设用地使用权流转行为的合法地位，二要完善集体土地建设用地流转行为的合法地位，三要完善集体土地建设用地流转的法律调整机制。

■ 第9章 家庭承包制及其意义和局限性

1985年以来，随着粮食总产量的徘徊，经济学界和研究部门不断地对农村土地制度进行讨论，讨论的焦点集中在家庭承包制上，20多年来，在农村土地制度的讨论中，比较有挑战意义的观点有三类。第一类观点认为，家庭承包制已经过时，主张土地私有化或国有化。第二类观点认为，家庭承包制使有限的土地细碎分割，不利于农业机械的使用，不利于劳动生产率的提高，因此要促进土地集中，全面推行规模经营。第三类观点认为，现有的土地承包期太短，并且随着人口增减而不断调整，导致农民的短期行为，因此主张实行永佃制，刺激农民的长期投资。其中，第二、三类观点在不同程度地影响了政府的决策，并推动了形式不同的农村土地制度改革。

9.1 家庭承包制的推行

1978年12月，中共十一届三中全制定了《中共中央关于加快农业发展若干问题的决定（草案）》和《农村人民公社工作条例（试行草案）》，实事求是地指出了我国农业的落后状况，认真地总结了20多年来我国农业正反两方面的经验教训，要求各地认真纠正农村工作中长期存在的"左"倾错误，切实保护农村中社会主义集体所有制，认真贯彻按劳分配原则，加强劳动管理，建立健全生产责任制。这两个文件的试行，推动了各种形式的农业生产责任制的恢复和发展。当时，各地出现的农业生产责任制主要有包工到组和包产到组。到1979年底，全国一半以上的生产队实行包工到组，1/4的生产队实行包产到组。在包工到组和包产到组的同时，个别地方自发地实行包产到户。

我国农地制度改革是从1979年开始的。自1978年12月召开的中国共产党十一届三中全会以后，以联产计酬等多种责任制形态为土地制度变迁的始点，采用渐进、局部均衡、多样化发展的制度变迁方式，直至确立家庭承包经营的农地基本经营制度[1]。家庭承包制是从农业危机诱发，自下而上开始的，由落后地区向发达地区推进。改革的基本方式是下边探索、上边认可的渐进方式。

家庭承包制的推行，从根本上动摇了人民公社体制存在的基础。1983年10月，中共中央、国务院发出通知，要求各地在农村建立乡政权，有领导、有步骤地实行政社分开，适当建立农村合作经济组织，到1984年底，这项工作基本完成。与此同时，原来由人民公社承担的农村经济工作的管理和服务职能由社区性合作经济组织承担，有的叫农业合作社，有的叫经济联合社，有的叫农工商公司等。政社分设的直接目的，在于使经济组织从以前依附于政权组织的状况中解脱出来，更好地为家庭经营提供服务，1984年1月1日，中共中央在《关于1984年农村工作的通知》中指出："地区性合作经济组织应当把工作重点转移到组织为农户服务的工作上来，首先要做好土地管理和承包合同管理；其次要管好水利设施和农业机械，组织植保、防疫，推广科学技术，兴办农田水利基本建设以及其他产前产后服务。"这样，改革后的农地所有制具有这样的特点：土地所有权归集体所有，集体通过签订合同把土地经营权交给农户，长期承包经营；社区性集体组织成为土地所有者的代表，并承担必要的服务职能。

9.2 家庭承包制的产权意义

家庭承包制，虽然没有改变土地的所有权性质，但在土地的使用权方面却发生了实质性的变化。"无论土地承包权发展得多么接近私产和准私产，它总还保留村庄社区作为最终所有者对付变动的人口对土地分配压力的某些手段"[2]。实行家庭承包制是我国农村最具有实质意义的一次根本性变革，从根本上再造了农业的微观组织结构；从本质上把农村家庭经营引入集体经济体制，使农民家庭由一个单纯的消费单位变成了一个生产经营单位，既是集体所有生产资料的支配者，又是私人所有生产资料的占有者；从根本上确立了农民家庭的独立经济地位和自主经营的权力，明确了农民家庭作为生产经营实体与集体经济的关系；从根本上打破了以队为基础的三级所有体制，形成了以集体经济与家庭经营相结合的农村双层经营体制[3]。农户通过承包方式获得了独立经营集体公有土地的权力。这种权力引起了对财产关系具有重要意义的三个变化。

（1）这种权力使得农户逐渐成为独立的财产主体

农户虽然没有土地所有权，但拥有土地产出的大部分劳动产品的所有权。上缴国家和集体的数量是相对稳定的，农户既是消费单位，又是生产单位，"交够国家的，留足集体的"之后，农户追求更多的劳动产品不仅是为了满足消费，而且也是为了更多的私有生产资料。这样，获得了更多的劳动产品的机会，就是积累更多私有生产资料的机会，而更多的劳动产品也只有在规模不断扩大的私有生产资料中才能更好地实现。重新产生并不断增加属于农户的私有生产资料，成为家庭承包制这种体制的必然结果，也是不断激发农户积极性和创造性的根本动力。家庭对集体土地的分别占有和分散经营，确定通过产品私有而成为私有财产形成的源泉。

（2）农户从集体土地的一个经营层次发展为独立的经济实体

"包干到户"取代"包产到户"以后，分配制度是"交够国家的，留足集体的"，"剩下全部自己的"，既包括生产费用、简单再生产的费用，也包括扩大再生产的积累资金。集体不再对农户分配消费品，经营费用的垫付和生产性固定资产的添置都成为农户的经济职能。从这个意义上说，在农业生产领域内，集体已不再是一个经济核算单位，农户反而成了一个独立的和完整的经济核算单位。尽管集体组织也为农户生产提供产前、产中和产后服务，但这种服务与被服务之间的关系完全是一种商品交换关系，而不是对集体土地经营权的分割。

（3）农户获得了对自己劳动力的支配权

劳动者从计划经济体制的束缚中解放出来，即使得农业劳动更加适应农业生产的自然规律，也为农村分工分业的发展创造了条件。农业生产具有季节性、分散性的特点，农户可以根据农业生产的特点灵活地安排劳动时间和劳动种类，也可以根据比较利益原则选择其他的就业机会。据统计，在农村中，转移到二、三产业的劳动力，由1985年的6713.6万人增加到1995年的9764.6万人。此外，进入城镇就业的农村劳动力估计在2000万人以上。两项加在一起，至少1.1亿农村劳动力转移到非农产业。农村劳动力的转移是农地所有制改革的直接产物。

建立和普遍实行家庭承包制，乃至最终废除人民公社体制，是1979年中国农村改革后的两项主要措施[4-5]。家庭承包制，调动了农民的生产积极性，使农村生产力出现了一个飞跃[6-8]。根据有的学者估计，在1979至1984年农作物产值增长中的42.23%，其中家庭承包制改革带来的增长达19.80个百分点，贡献率为46.89%。如果说20世纪50年代土地改革是土地所有制的第一次革命，是土地所有权的革命，使土地从封建社会的生产关系的束缚中解放出来。那么，家庭承包制改革则是土地所有制的第二次革命，是土地使用权的革命，使土地从计划经济体制的束缚中解放出来。

9.3 家庭承包制的局限性

从总体上看，家庭承包制仍然适应农业生产的自然特点，适应我国农业的技术水平，适应我国农村的社会经济状况，但是，我们也要看到，家庭承包制改革还有不完善的地方，需要进一步改革。

（1）家庭承包制没有涉及农地集体所有权的界定

我国农地所有权经历了很复杂的历史变迁。大部分的农村土地私人所有权在1955年秋以后，在不到一年的时间内转化为农业合作社所有。1958年初许多地方又掀起并社高潮，小社并为大社，这样就把合作社的土地所有权不恰当地进行合并，1958年8月以后，又把合作社土地所有权升级为以乡为单位的人民公社所有，1959年初，在纠正人民公社化错误时，确立了"三级所有，队为基础"的体制。但是，人民公社、生产大队和生产队的土地所有权范围并没有严格界定，并在以后的20年中发生了多次的升级过渡。可见，人民公社遗留下来的土地所有权关系相当混乱。家庭承包制是在人民公社体制内部中产生，新组建的社区性合作经济组织不仅职能不清，多数形同虚设，而且各地的形式也千差万别。还有许多地方没有相应地成立乡、村、村民小组为范围的三级社区性合作经济组织。根据抽样统计调查，全国以村为单位设置的社区性合作经济组织40.1万个，占村总数的58.4%，其中西部仅占31.9%，中部占48.2%；以组为单位设置的社区性合作经济组织139.9万个，占总组数的30.9%，其中东部仅占25.7%，中部仅占5.0%。

现行的《土地管理法》第八条、第十条规定："农村和城市郊区的土地，除由法律规定属于国家所有的以外，属于农民集体所有；宅基地和自留地、自留山，属于农民集体所有。""农民集体所有的土地依法属于村农民集体所有的，由村集体经济组织或者村民委员会经营、管理；已经分别属于村内两个以上农村集体经济组织的农民集体所有的，由村内各该农村集体经济组织或者村民小组经营、管理；已经属于乡（镇）农民集体所有的，由乡（镇）农村集体经济组织经营、管理。"与1986年的《土地管理法》相比较，土地所有者代表增加了"村民小组。"在法律上，土地所有权似乎是明确的，并承袭了"三级所有，队为基础"的格局。但是，把法律条文与现实情况进行比较，仍然存在一个问题，即法律没有对乡镇农民集体、村农民集体和村民小组（村内农民集体经济组）之间的所有权边界进行界定，因此土地所有权关系仍然是模糊的。土地所有权主体不清，集体土地无法得到有效的保护。

（2）土地使用权权能不明确，权属不充分，"两权"关系的内容不明确

美国经济学家罗伊·普鲁斯特曼通过实地调查后，将中国农地使用制度存在的问题归结为七个方面。一是对农民的土地承包权有政策规定，但缺乏法律保障；二是允许按人口变化不断调整土地承包关系，农民承包权实际上无法稳定；三是对非农业占用耕地的经济赔偿太少，因此形成了非农业过量占用耕地的机制；四是集体土地所有者的身份不清，经营出现乡、村两级侵犯组一级土地所有者权益的现象；五是政策上允许土地使用权转让，但由于土地使用权本身缺乏法律保障，因此实际生活中转让很少，造成土地使用权价值难以实现；六是乡、村两级加在土地使用者上的费用太高，农民难以承受；七是乡村没有足够的法制，乡村干部在土地问题上为所欲为。概而言之，土地使用权属不充分，权能不明确。土地使用权属不充分，不仅使减轻农民负担问题长期得不到解决，也使土地使用权流转无法在更大范围内进行。

与土地使用权属不充分、权能不明确相联系的另一个问题是，土地所有权与使用权关系的内容不明确。土地所有权归集体，分户承包，但所有者和承包者的权利义务缺乏具体的规定。一方面，集体作为土地所有者对土地使用

的管理和监督没有明确的程序和形式；另一方面，土地承包者拥有的使用权不仅有哪些内容不明确，而且要尽哪些义务也不明确。

(3)"双层经营"结构在绝大多数地区很不完善

家庭承包制的真实涵义是分户承包经营，集体组织提供产前、产中和产后服务。但是，集体服务的实际发展很不尽人意。造成这种状况的原因是多方面的，一是缺乏适当的服务组织。现有的乡镇农业服务组织，具有浓厚的官办色彩，为农民服务的意识差，因此农民并不十分欢迎；二是一些集体组织在利益的驱动下，热衷于非农产业的投资，经营的项目与农业生产没有直接关系。这种现象推动了乡镇企业的繁荣和发展，但不属于双层经营的范畴；三是不少社区性合作经济组织和乡镇政府、村委会实行"两块牌子，一套人马"的体制。乡镇政府和村委会承担了基层政权组织的社会职能，缺乏人力和物力来为农业服务。

9.4 家庭承包制与 WTO 的挑战

近几年来，农民的增产不增收状况，使我国"土地集体所有，家庭承包经营"的土地政策的局限性日渐暴露，并对农村生产力的发展造成一定的消极影响。面对我国加入 WTO，家庭承包制将面临更大的挑战。

9.4.1 无法承受农业现代化的高成本

家庭联产承包责任制无法承受农业现代化所带来的高成本。20 年的农村改革实践证明，家庭经营是一种比较适宜农村生产的经营方式，而且，小规模的家庭经营与农业现代化并不存在实质性的矛盾，小块土地的所有者和经营者照样可以广泛使用各种现代化生产要素，但是，关键在于化肥、农药及农业机械等现代化生产要素的广泛使用，必然导致农业生产成本的增加，而家庭联产承包责任制条件下的一家一户为单位的家庭经营者是无力承受农业现代化所带来的农业生产的高成本。

9.4.2 造成重复投资和资源浪费

家庭联产承包责任制条件下的农业现代化造成重复投资和资源的严重浪费。虽然家庭联产承包责任制与农业现代化并不存在实质性矛盾，但是在以一家一户为单位的家庭联产承包的土地经营政策下，农业现代化不可避免地要造成重复投资和资源的严重浪费。

9.4.3 不利于规模经营

家庭联产承包责任制条件下耕地的条块分割不利于经营的规模化。在家庭联产承包责任制的土地政策下，由于把土地按人口实行"均包"，土地经营权凝固在千家万户手里，而且一家一户承包的土地小而分散，从而形成普遍的超小型土地经营格局，因此不利于生产的集中和经营的规模化，不利于农业规模经济和规模效益的形成。

9.4.4 不适应WTO

在家庭联产承包责任制的条件下，农民一家一户小规模的分散的生产经营，势单力薄、交易方式落后，不仅进入市场难，而且保护自身利益也难。可以说，以家庭联产承包责任制为主的农村土地政策下的我国农业在加入WTO后，根本无法也没有能力去与欧美的规模化经营的高度现代化农业相抗衡与竞争。也就是说，如果不对我国以家庭联产承包责任制为主的农村土地政策作出及时的调整，作为最弱质行业的我国农业将无力承受加入世界贸易组织后欧美现代化农业所带来的巨大冲击，甚至会导致整个农村经济的崩溃，从而造成难以解决的社会问题。

9.5　家庭承包制与产权制度创新

改革开放以来的实践表明，家庭承包制是解放我国农村生产力的最有效的制度安排。作为一种制度安排，满足农民群众对政治权利和物质利益的要求，其所形成的激励机制与约束机制，以及避免外部性损失，堪称为农业经营最大制度绩效的好形式。只有实行家庭承包制，才有可能把农户塑造成为市场主体，实现权、责、利的高度统一，农民长期被压抑的积极性就会最大限度释放出来，农产品商品生产和商品交换就会迅速扩大；只有实行家庭承包制，农民有了独立支配个人劳动的权利，才有条件利用农业生产时间和劳动时间的差别，发展家庭副业和多种经营，就地或进城务工经商办企业；只有实行家庭承包制，农民才有机会积累属于自己所有的经营性资产，发展自营经济，以及开展各种形式的合作与联合，多种所有制共同发展的局面才会形成，市场经济便因此得到迅速发展。

没有清晰明确的产权制度，市场经济活动的主体之间的各种权利、责任就难以划分清楚，各种任意侵权事件以及权利摩擦冲突必然会频繁地出现，并严重扰乱市场经济的正常运行，降低市场经济配置资源的效率。我国农村土地家庭承包制的普遍实行，为农村土地市场的形成和发育创造极为有利的条件。因为从此之后，土地的权利被划分为所有权以及使用权，即实现"两权分离"。随着土地经营形式的发展和土地转让转包的实行，又逐渐划分出土地承包权、经营权、转让权、转包权和使用权。我国农村土地集体所有权，反映的是农村土地集体所有关系。土地的承包权是作为集体成员的农户的一种权利，反映的是农户向集体承包土地的关系。土地的使用权是实际耕作者的一种权利，反映土地使用关系，明确这一权利是保证土地得到正常使用的条件。土地权利的划分和界定，是土地市场发育的基本条件，因为土地市场的每一项活动，都会表现为权利的交换。土地权利的明确划分和界定，又是其进入市场的前提。

家庭承包的主要内容是农民承包属于集体所有的土地。要稳定家庭承包制，就必须稳定土地承包制。稳定土地承包关系，是农村改革与发展的基本前提。只有土地承包关系稳定了，农民才会有长远预期，愿意增加土地投入，进行农田基本建设，提高土壤肥力；只有土地承包关系稳定了，农民才能解除后顾之忧，放心进厂进城，从事二、三产业，农村的分工分业和结构调整才能顺利进行；只有土地承包关系稳定了，产权明晰、管理规范、符合市场规律的土地流转机制才能真正建立起来。这是因为，只有稳定了土地承包关系，实行家庭承包经营，并切实保障农户的承包经营权、生产自主权和经营收益权，土地使用权的出让才有意义，购买、出租、抵押土地使用权才能有积极性，土地流转才成为可能。只有建立起这种流转机制，那些从事二、三产业的农户才愿意将不便经营或不愿经营的承包地，自愿有偿地转让出去，那些擅长经营农业的大户才敢放心地接包，农业适度规模经营才能发展起来。

《中华人民共和国农村土地承包法》规定：国家支持

和保护土地承包经营权依法自愿、有偿流转。同时规定，土地承包经营权流转的形式包括转让、转包、入股、互换等。我国现行的农地制度有两个核心内容：一是保护了土地的集体所有制，二是赋予农民在承包期内对土地的承包经营权。中央政府的农村土地政策始终致力于如何使农民对土地承包经营权得到更长期有效的保障。这包括 20 世纪 80 年代中期土地承包期 15 年、20 世纪 90 年代后期土地承包期再延长 30 年的政策规定，为的是赋予农户长期而有保障的土地使用权。

但是，只要保留集体所有权，农民对土地权利的物权化就很难操作。既然土地是集体所有，集体经济组织与农户之间就是一种发包方与承包方的关系，也就是一种具有实质债权含义的合同关系。农户的承包权就应向着淡化债权、强化物权的方向演变。允许并鼓励土地使用权的有偿转让，有利于保护和完善农民土地产权，它意味着农民不仅拥有土地的使用权、经营权、收益权和支配权，而且拥有转让权。

9.6　本章小结

家庭承包制是从农业危机诱发，自下而上开始的，由落后地区向发达地区推进。改革的基本方式是下边探索、上边认可的渐进方式。家庭承包制的推行，从根本上动摇了人民公社体制存在的基础。家庭承包制，虽然没有改变土地的所有权性质，但在土地的使用权方面却发生了实质性的变化。农户通过承包方式获得了独立经营集体公有土地的权力。家庭承包制的推行，推动了农村经济的飞跃发展，也解放了农村劳动力。但家庭承包制仍有一定的局限性，需要在实践中不断地完善和发展，尤其在我国加入WTO后，家庭承包制将面临更大的挑战。家庭承包制所引发的土地产权制度的深刻变革，越来越表现为农民对土地权利的物权化，意味着农民不仅拥有土地占有权、支配权、使用权和收益权，同时拥有土地有偿转让权和入股分红权。

参考文献

[1] 张红宇，刘玫，王晖．农村土地使用权制度变迁：阶段性、多样性与政策调整．农业经济问题，2002（2）．12-20

[2] 周其仁．产权与制度变迁——中国改革的经验研究．北京：社会科学文献出版社，2002.25

[3] 费洪平，焦安南，王鹰．21世纪的中国农业和农村经济改革与发展．西安：陕西人民出版社，1999.2

[4] 毛育刚．中国农业演变之探索．北京：社会科学文献出版社，2001.38-42

[5] 陈吉之，韩俊等．人口大国的农业增长．上海：上海远东出版社，1997.13

[6] 汪水波，马力宏．浙江农村城镇化道路探索．杭州：浙江人民出版社，2001.99

[7] 关锐捷．纵论华夏农村经济．北京：中国经济出版社，2000.26-28

[8] 吴象．中国农村改革实录．杭州：浙江人民出版社，2001.179-183

第10章 土地承包经营权 ■
及其演化

制度因素是影响经济发展、社会变迁的关键变量，农业经营体制的改革与创新，从根本上说属于制度安排；家庭承包经营作为农业经营体制第一步改革的核心内容，对改革开放以来我国农村经济运行中发生的一系列变化，无疑具有决定性的深刻影响[1]。

10.1 土地承包经营权的内涵

10.1.1 土地承包经营权的概念

我国现有的土地制度建立已愈半个世纪，期间经历了土地改革、公有化及 20 世纪 70 年代末农村土地承包责任制改革[2]。20 世纪 80 年代，家庭联产承包责任制和统分结合的双层经营体制，使亿万中国农民获得了生产经营自主权，使农、林、牧、渔业生产得到很大发展。所谓土地承包经营，是指本集体经济组织与其成员，为发包、承包农民集体所有的土地，通过签订承包合同约定双方的权利和义务，使承包者在该土地上从事种植业、林业、畜牧业、渔业生产的行为[3]。土地承包经营权就是在统一经营的基础上发展起来的经营权。土地承包经营权是我国《民法通则》和《土地管理法》所设立的一种物权。《民法通则》第八十条规定："公民、集体依法对集体所有的或国家所有的集体使用的土地承包经营权，受法律保护，承包双方的权利和义务，依照法律由承包合同规定。"《土地管理法》第十四条规定："农民集体所有的土地由本集体经济组织的成员承包经营，从事种植业、林业、畜牧业、渔业生产。""承包经营土地的农民有保护和按照承包合同约定的用途合理利用土地的义务。农民的土地承包经营权受法律保护。""在土地承包经营期限内，对个别承包经营者之间承包的土地进行适当调整的，必须经村民会议 2/3 以上成员或者 2/3 以上村民代表的同意，并报乡（镇）人民政府和县级人民政府农业行政主管部门批准。"

土地承包经营权是指农业承包经营者根据承包合同依法取得的，对集体所有或国家所有由集体经济组织长期使用的耕地、林地、草地、滩涂、水面等自然资源所享有的占有、使用和收益的权利。

10.1.2　土地承包经营权的内容

土地承包经营权是承包方依法享有的一项最重要的权利，其内涵是十分丰富的，决不仅仅是田面耕作的权利。根据《农村土地承包法》第十六条第一款的规定，承包方享有的土地承包经营权具体包括以下各项权利：

（1）使用承包地的权利

使用承包地的权利即实际利用承包的权利。承包方有权依法使用承包地，在承包地上进行耕作，从事种植业、林业、畜牧业、渔业等农业生产经营活动。这项权利实际上也隐含着占有承包地的权利，因为承包方不占有土地，就无法进行农业耕作。

（2）生产经营自主权

承包方享有生产经营自主权，就是指承包方有权在承包地上依法自主组织农业生产经营活动，自主决定种植什么作物、种植多少面积，或者安排什么种植、养殖项目，不受其他组织（包括发包方）和个人的干涉。只要承包方的生产经营活动不违反法律规定，其他组织特别是发包方不得随意干涉，更不能违背承包方的意愿，强制承包方从事或者不从事某种生产经营活动。

（3）产品处置权

承包方有权自主处置自己的产品，出售产品的数量、价格、方式等，应当由承包方与购买人自行协商确定，发方不得干涉。在实践中，有些地方为解决农产品卖难问题或者为了获得较好的价格，发包方通过订单、统一销售合同等出售承包方生产的农产品，是帮助农民销售农产品的好办法，但是应当充分尊重承包方的意愿，不得强迫农民加入。需要注意，承包方自主处置产品也应当依法进行，不能违反法律、法规。

（4）收益权

收益权指获得收益的权利。承包地上产生的合法收益，包括出售农产品的收入以及土地承包经营权流转的收益，归承包方所有，其他组织和个人不得侵占、剥夺。此外，承包方在承包地上增加投入、改良土壤等提高土地生产能力的，承包方在承包期内自愿交回承包地或者进行土地承包经营权流转时，有权获得相应的补偿。

（5）土地承包经营权的流转权

《农村土地承包法》第十条规定：国家保护承包方依法、自愿、有偿地进行土地承包经营权流转。第三十二条规定：通过家庭承包取得的土地承包经营权可以依法采取转包、出租、互换、转让、入股等方式，依法、自愿、有偿地进行流转。第三十四条更明确地规定：土地承包经营权流转的主体是承包方，承包方有权依法自主决定土地承包经营权是否流转和流转的形式。第三十六条规定：土地承包经营权流转的收入归承包方所有，任何组织和个人不得擅自截留、扣缴。第四十三条规定：承包方在承包地上投入而提高土地生产能力的，土地承包经营权依法流转时，承包方有权获得相应的补偿。这些规定不仅肯定了土地承包经营权可以依法流转，明确了流转的具体方式，并且对承包方依法流转土地承包经营权进行保护，以充分保护承包方的权益。

10.1.3　农村土地承包经营权特征

农村土地承包权具有如下特征：（1）农村土地承包权的主体为一切农业经营者，包括农村集体经济组织的成员和农村集体经济组织外的成员。只要具有民事权利能力和民事行为能力的公民，依法与农村集体经济组织签订农村承包合同，即可成为农村土地承包权的主体。（2）农村土地承包权的客体仅限于农村集体经济组织所有或者国家所有由集体经济组织长期使用的土地，包括耕地、林地、草地、滩涂、水面及其他适合于农用目的的土地。城市国有土地不能成为农村土地承包权的客体。（3）农村土地承包权是在他人土地上为农业性质的种植、养殖或畜牧的用益物权。从目的上看，农村土地承包权仅限于农业性质的种植、养殖或畜牧；从内容上看，农村土地承包权是对他人土地进行直接的占有、使用及收益。此三项权能他人不得干涉，包括土地所有人亦无权干涉。（4）农村土地承包权是以支付承包费而成立的物权。这就是说，农村土地承包权的原始取得必须是有偿的。农村土地承包权合法取得后，土地所有人免除承包人的承包费，是权利人放弃其权利，不能据此认为承包人无偿取得农村土地承包权。

10.1.4 土地承包经营权的限制

根据我国现行法律的规定，当前农村土地承包权受到两方面的限制，一是使用目的上的限制。农村土地承包经营者承包的农地，只能用于农用目的。如果承包者在承包经营期内，将农地转为非农用目的，将依法发生农村土地承包权提前终止或消灭的法律后果，同时，承包者还可能受到法律的制裁。二是处分权的限制。依照现行法律的规定，承包人可以依法转包（转让承包权）；在承包期内承包人死亡的，承包人的继承人可以依法继承土地承包权。但是，现行法律并未规定承包人对承包地享有其他方式的处分权。因此，目前承包人不得将承包地用于抵押，也不得将自己承包地的承包权赠与他人。

10.1.5 土地承包经营权的意义

土地承包经营权是在土地公有制基础上实行所有权与经营权分离的一种有效的形式，是我国农村土地经营体制的重大改革[4]，在"两权"分离基础上的土地承包经营权使农民有了充分的经营自主权，调动了农民的生产积极性，从而使农村经济得到了更大的发展，为我国农村经济体制改革进一步深化奠定了基础。

10.2 土地承包经营权的取得和确定

10.2.1 土地承包经营权的取得

法律对于取得权的时间有不同的规定。对于物权的取得时间，通常需要依法进行批准或者登记，经批准或者登记后，才能取得物权。但是，对于农村家庭承包取得的土地承包经营权，《农村土地承包法》没有采取这种办法。为了切实保护广大农民的土地权利，根据我国农村社会的实际情况，同时为减轻批准、登记可能给农民带来的负担，《农村土地承包法》第二十二条规定：实行家庭承包的，承包方自承包合同生效时取得土地承包经营权。这就是说，依法签订的承包合同一经成立，立即产生法律效力，承包方即时取得土地承包经营权，不需要办理其他批准、登记手续。同时，该法第二十三条还要求：承包工作结束后，县级以上地方人民政府应当向承包方颁发土地承包经营权证、林权证等证书，确认承包方的土地承包经营权。

10.2.2　土地承包经营权的确认

根据《农村土地承包法》规定，家庭承包签订的承包合同生效之时，承包方就取得了承包地的土地承包经营权。《农村土地承包法》第二十三条规定，在承包工作完成后，县级以上人民政府应当向承包方颁发土地承包经营权证（主要适用于耕地、草地）、林权证（主要适用于林地）等证书，并进行登记造册保存，确认承包方取得的土地承包经营权。因此，在农村集体经济组织或者村民委员会依法进行承包以后，县级以上人民政府应当及时依法完成颁发土地承包经营权证书和有关的登记造册工作。

由人民政府向承包方颁发土地承包经营权证书，是确认承包方的土地承包经营权的行政行为，具有法定性、权威性。土地承包经营权证、林权证等证书，是承包方对其承包的土地拥有土地承包经营权的合法凭证，受国家法律的保护。

10.3 土地承包经营权的继承

家庭承包的继承问题比较复杂，一方面要保护承包方的土地承包经营权，承包收益应当依法继承；另一方面，家庭承包的承包方是集体经济组织内部的农户家庭，家庭承包取得的土地承包经营权一般不发生继承问题，而且，由于土地的集体所有制，严格地说，只有本集体经济组织成员才享有土地承包权。因此，《农村土地承包法》第三十一条区分三种不同的情况，对继承问题作出了规定。

10.3.1 家庭承包的土地承包经营权不发生继承问题

家庭承包是集体经济组织内部的农户进行的承包，以农户为生产经营单位，承包过程强调公平，承包地具有强烈的社会保障功能。通过家庭承包形式取得的土地承包经营权，家庭的某个或者部分成员死亡的，土地承包经营权不发生继承问题。家庭成员全部死亡的，土地承包经营权消灭，由发包方收回承包地。另一方面，从理论上说，农村集体经济组织内部人人有份的家庭承包，是农村集体经济组织成员的一项权利，原承包人死亡的，具有承包资格的继承人才能继承土地承包经营权，如果继承人不是集体经济组织的成员，也就不应当享有土地承包经营权的继承权，否则就会损害集体经济组织其他成员的权益。

10.3.2 承包人应得的收益可以依法继承

在承包期内，承包人死亡的，其依法应当获得的承包收益，按照《继承法》的规定继承。这里的"承包人"应当理解为承包户的家庭成员。具体包括两种情况：一是在承包期内，家庭成员之一死亡的（如户主去世）承包户的土地承包经营权不发生继承问题，承包地由家庭其他成员继续耕种；但该成员依法应得的承包收益属于其遗产，应当按照《继承法》的规定继承。另一种情况是，在承包期内，承包户的家庭成员全部死亡的，该土地上承包关系的承包方消亡，由发包方收回承包地，但最后一个死亡的成员应当获得的承包收益，可以依法继承。

10.3.3 林地的承包人死亡后可以继续承包

考虑到林地具有一定的特殊性，如投资周期长，见效慢等，因此，《农村土地承包法》在许多方面将林地与耕地、草地区别对待，这是符合实际的。按照该法第三十一条第二款的规定，林地的承包人死亡的，其继承人在承包期内可以继续承包。这是主要是指，家庭承包的林地，在家庭成员全部死亡的，最后一个死亡的家庭成员的继承人（可以是本集体经济组织成员，也可以是集体经济组织以外的继承人），在承包期内可以继续承包，直到承包期满。

10.4 土地承包经营权的演化

在我国农村土地制度改革的进程中，蕴含着一个农用土地使用权利从债权性质向物权性质演进的过程，在权利形式上则表现为土地承包经营权向农地使用权演化。目前的农用土地使用权制度，仍然处于一个尚未完备的阶段，从现实中的土地承包经营权的普遍形成过程和具体内容上看，土地承包经营权实际上仍然具有明显的债权性质。在深化农村经济体制改革的客观条件下，继续维持土地承包经营权的债权性质，会产生以下难以克服的局限性：①不利于维护农民的生产经营积极性。土地承包经营权基于承包经营合同而产生，在承包经营合同关系中，发包方实际上（并且也应当）拥有很大的干预生产经营权利，并且这种干预权利与发包人的行政权力往往混为一体，农民承包人的生产经营自主权实际上是很有限的。由于土地承包经营权实质是债权。而债权的效力比物权弱，并且在原则上不能对抗物权，因而产生纠纷的可能性就相对多一些。承包合同纠纷的易发性与生产经营自主权的有限性，势必影响农民生产经营的积极性。②不利于农用土地的市场性流转，在市场经济体制条件下，农业资源（特别是土地资源）的配置应当依市场机制来实现，应当由农民自己决定转让对土地的使用权利。那种利用行政或准行政手段实现土地规模经营和最优配置的做法，忽视了农民的自主权利，从根本上不利于农村生产关系的稳定。转让土地承包经营权须以发包人同意，实际上限制了土地使用权利的自由流转。③不利于农用土地使用制度的稳定。农业生产经营的长期性，要求农用土地使用制度的稳定决定于三个重要因素：一是基本使用制度的长期稳定；二是具体权利义务关系与法律之间具有一致性；三是具体的使用权利具有确定性、排他性、流转性。土地承包经营权的债权性质，则因欠缺上述因素而使农用土地制度处于不稳定的状态。因此，将土地承包经营权完全转化为物权性质的农地使用权，不仅符合市场经济条件下农村经济体制和农业经营模式发展需要，也是完善农村土地制度的重要步骤。

10.4.1 土地承包经营权物权化的现实基础

土地承包经营权物权化，就是使对农用土地的使用权利从土地承包经营合同关系中析出，与"联产"脱钩，成为一个独立的真正物权意义的权利。目前，土地承包经营权物权化的客观条件已经具备。

（1）农村经济体制改革的进一步深化

社会主义市场经济体制的确立和农业持续发展的需要，是土地承包经营权物权化根本原因，而当前我国农村土地承包经营制度的内在变化，则是土地承包经营权物权化的直接动因。联产承包经营制，从一开始就包含了在形式上否定自己的因素。"承包经营"，就其法律上的本来含义，应当是由发包人投资，而由承包人经营；承包土地上的种植物、养殖物和畜牧物等，应当由发包人所有并承担风险，承包人只承担管理之债务上的责任。在改革初期，承包经营所需的土地和其他生产资料基本上都由集体提供，承包人付出的基本上只是劳力，这时的承包经营是名副其实的。但是，随着承包经营制的发展，承包的农民在农业生产中的投资份额越来越大，往往要自行负担种子、化肥、农药和其他生产工具，而集体除了土地外，很少再作其他投入。这种投资角色的转换，成为土地承包经营权转为土地使用权的决定因素。从农业承包责任制实行不久，农民便开始独自拥有承包土地上的种植物、养殖物和畜牧物的所有权，并自行承担风险。这样，农民与集体的承包经营关系愈来愈简化为土地使用（或租用）关系。

（2）土地承包经营权物权化具备了坚实的政策基础

中共中央、国务院在《关于当前农业和农村经济发展的若干政策措施》（1993 年 11 月）中提出，"在原定的耕地承包期到期之后，再延长 30 年不变。开垦荒地、营造林地、治沙改土等从事开发性生产的承包期可以更长"。"提倡在承包期内实行'增人不增地、减人不减地'的办法"。在农业生产承包经营制初期，承包经营合同的期限一般都很短，为 3 年左右。承包期限过短，存有许多弊端。将承包期延长至 30 年以至更长，使我国的土地承包经营权的期限超出一般债法上租赁的最长期限；提倡"增人不增地、减人不减地"，则进一步稳定了农村现存的土地使用权利关系，这些都为土地承包经营权物权化提供了政策保障。

10.4.2 土地承包经营权物权化的意义

（1）意味着农村土地配置机制的根本变革

中华人民共和国成立以来，农村土地制度的历次变革都是以伴随着大规模行政性重新划分土地运动为特征。土地承包经营责任制，并没有从根本上改变这种行政性配置土地的模式，因为集体虽然不是行政机关，但发包实质上是市场机制很少起作用的土地团体内分配，具有准行政分配的性质。集体对土地进行准行政分配的依据，是集体成员的权利均等性，因而土地只能按人分配。土地按人分配的弊端甚多：一是否定了土地流转的经济因素和效益原则；二是集体成员的婚嫁生死导致土地使用权利的产生变更或消灭，引起土地使用状况过多的非经济原因变更；三是经营性的准行政配置土地，容易因公平判断的分歧而引起的集体经济组织的内部矛盾；四是刺激农村人口多生和性别偏好，使农业劳动就业避开了市场规模和市场约束，掩盖了农业劳动力过剩的危机，承包土地成为一种市场经济条件下社会保障功能的消极替代。近几年来，土地承包经营形式出现了多样化的趋势，如承包形式突破了当年人人均包土地的格局，向多形式发展，有均田承包（好坏地人人有份）、三田承包（口粮田按人承包、责任田按劳承包、经济田招标承包）、两田承包（人包口粮田、劳包责任田）和专业承包；承包主体也发生了变化，1982年实行包干到户时，99%以上的经营主体是农民，而现在除了一般农民承包土地以外，还出现了专业大户、家庭农场、农业联合体、土地股份合作社、农业专业队、村办农场、农业车间等承包经营土地。这种承包形式多样化的趋势中，包含了否定集体准行政性配置土地的趋势。当前实践中出现的集体"四荒"拍卖，所产生的土地使用权与土地承包经营权已有本质的差别，其中最重要的一点，就是"四荒"土地使用权是由市场按效益最大化配置的。依现行农业政策的取向，在土地使用权保持30年或更长的情况下，"增人不增地、减人不减地"，实际是在政策上已经否定了集体继续进行准行政性配置土地的必要性。

（2）农村土地制度改革的现实需要

土地使用权是基于土地所有权而设定，在一般情况下，只有先完善土地所有权制度，然后才有条件完善土地使用权制度。但是，我国的现实情况决定了农村土地制度改革必须采取这样一个步骤：必须先建立相对完善的土地使用权制度，在此基础上才有条件完善土地所有权制度，然后才能进一步完善土地使用权制度。法律虽然确立了农村土地的集体所有制，但是集体土地所有权实际上是模糊不清的，并且是在农村土地上存在着国家与集体，集体与农户之间的"双重的产权模糊"。集体土地所有权模糊不清的根本原因是集体主体本身的模糊性。笔者认为，根据我国农村与农业的现实情况，应先强化健全农民的土地使用权，使其物权化，并且为实现这一点，应当简化（不是淡化）集体土地所有权。在市场经济体制已经确立的情况下，大规模的行政性分配土地将会影响农业的发展和社会的稳定造成社会资源的巨大浪费。只有使土地使用权物权化，保持土地使用状况的稳定性，集体土地所有权制度的改革与完善才有稳定的制度基础。

10.4.3　农地使用权制度的确立

土地承包经营权物权化的一个形式上的结果，就是在农村土地用益物权体系中，不再使用"承包经营权"这一带有债权特点的概念。有的学者虽然赞同土地承包经营权物权化，但亦认可继续保留"承包经营权"作为物权概念。但是，为避免与债法上"承包经营"相混淆，在物权法上还是不用这一概念为好。"土地使用权"也不是一个确切的物权法概念，因为农村土地的用途可分为性质迥异的两大类——农业用地和建设用地，建立于其上的土地使用权的内容也有所不同，单一地用"土地使用权"这一概念，在实务上不利于表明这种区别，因此立法上对这两种土地上的土地使用权采用不同的名称。根据物权法理论和我国农村的现实情况，应当分别使用"农地使用权"和"基地使用权"的概念。

"农地使用权"，是对目前集体所有的农用土地直接占有、使用、收益的权利。农地使用权的标的物范围相当于目前土地承包经营权的标的物范围，但在性质上已是真正的用益物权，具有用益物权的全部特质：农地使用权人有权直接控制、使用集体的土地，其使用方式包括具有农业性质的种植、养殖和畜牧等，农地使用权人的范围不再限于本社区成员，而扩及一切农业经营者；农地使用权的设立不再由集体通过"分配"这一准行政方式进行，而是通过基本市场原则的合同方式进行；农地使用权人的经营自主权是充分的，不受他人干涉；农地使用权人在行使维护其权利时，不仅可以对抗第三人，亦可对抗土地所有人。农地使用权的期限要相当长，起码要超过 30 年；农地使用权要采取登记公示的方式等等。

法律上确立农地使用权的概念后，"土地承包经营权"仍将是一个有用的法律概念，只是它将复归为一个纯粹的债法概念。在市场经济条件下，农业承包经营是一个常见的经营模式。在法律关系上，承包经营应由发包人投资并对外享有收益和承担风险，由承包人为发包人利益自主经营并根据经营成果对内分享收益；发包人既可以是土地所有权人，也可以是农地使用权人，承包人可能是从事经营的个人、合伙或法人，这与当前农业承包经营的内涵已有很大的不同。

农地使用权制度的建立，不应是现行土地承包经营关系大规模消灭、农地使用权大规模新设的过程，而应是现存的土地承包经营关系自然而渐进的变更过程。这意味着农地使用权应从既存的土地承包经营权转化而来，在不影响现存的土地承包格局和承包人生产经营的前提下，通过制度变更将土地承包经营权转而确定为农地使用权。

用农地使用权替代土地承包经营权，意味着农民将获得更大程度的自主权。在此情况下，如何保护土地资源将是一个严重的问题。我国土地立法所确定的土地管理模式，单从规定的内容上看是很严格的，但执法上的效果已渐次减弱。我国土地管理效果削弱、土地资源严重浪费的现象与是否建立农地使用权制度并无因果关系，但是如果不改变目前这种状况，物权性质的农地使用制度自然无从建立。

为了维护土地资源，特别是农地资源，在建立健全农地使用权制度的同时，必须建立健全更为严格的土地用途管理制度。严格的土地用途管理是建立农地使用权制度的必要保障。

农村土地使用权利物权化的一个重要制度条件，是建立健全土地产权登记制度。土地产权登记制度，一方面以法定形式明确土地产权的归属，另一方面以法定形式固定土地登记之用途，这将对农地使用权制度产生两方面的意义：农地使用权的设定或转移，非经登记不生效力；农业用地登记之用途的变更，非经登记亦不生效力。

10.5　本章小结

（1）土地承包经营权是指农村承包经营者根据承包合同依法取得的，对集体所有或国家所有由集体经济组织长期使用的耕地、林地、草地、滩涂、水面等自然资源的占有、使用和收益的权利。它是在统一经营的基础上发展起来的经营权，是我国民法通则和土地管理法所设立的一种物权，衍生于土地使用权的一种相对独立的权利，土地承包经营权是在土地公有制基础上实行所有权与经营权分离的一种有效的形式。土地承包经营权具体包括使用承包地的权利、生产经营自主权、产品处置权、收益权和土地承包经营权的流转权。县级以上地方人民政府应当向承包方颁发土地承包经营权证、林权证等证书，确认承包方的土地承包经营权。土地承包经营权可依法继承。

（2）将土地承包经营权完全转化为物权性质的农地使用权，不仅符合市场经济条件下农村经济体制和农业经营模式发展需要，也是完善农村土地制度的重要步骤。严格的土地用途管理是建立农地使用权制度的必要保障。农村土地使用权利物权化的一个重要制度条件，是建立健全土地产权登记制度。

参考文献

[1] 牛若峰. 农业与发展. 杭州：浙江人民出版社，2000. 28

[2] 王秀卫. 浅析农村集体土地权利结构. 农业经济，2000 (9). 37-38

[3] 史敏. 中华人民共和国土地管理法释义. 北京：中国法制出版社，1998. 39-40

[4] 茆书斌，陈景升，王卫东. 土地法教程. 北京：中国大地出版社，1999. 47-48

第11章 土地承包经营权流转 ■┄┄┄┄┄

　　我国农村集体土地实行家庭承包经营制度以来，农地流转日趋活跃，农地市场化是必然的趋势[1]。农村土地流转市场已经开始迅速成长发育，并且在部分地区已经具有了一定的规模[2]。随着农业结构调整和农业产业化经营的推进，农地流转的广度和深度将进一步拓展[3]。因农村集体土地承包经营权流转工作具有情况复杂、涉及面广、流转量大、政策性强的特点[4]，如果处理不当，将会影响农民的劳动积极性，甚至会导致农村社会不稳定。目前，农村土地延包工作已基本完成，随着农业产业化和现代化进程的加快，今后工作的重点之一就是加强土地经营权流转的管理。通过立法规范土地承包经营权流转，使其有序地进行，有利于推动农业产业化经营和农业与农村经济结构调整，也有利于维护农村土地承包关系的长期稳定。在本章，笔者将全面探讨我国农村集体土地承包经营权的流转问题。

11.1　土地承包经营权流转的国家保护

　　长期以来，农村土地承包关系不稳定、农民对农村土地承包政策心存疑虑，其主要原因是，一些地方为了解决人地矛盾，不顾农村集体经济组织成员的利益，通过行政手段，人为地对承包地进行频繁的调整，侵害了承包方的利益，由此造成了农村土地关系的无序和紊乱，这种做法必然影响土地承包关系的稳定，也必然影响农民对土地的预期。同时，就土地承包经营权流转而言，在土地承包经营权流转中，一些本集体经济组织以外的单位和个人参与流转，并依其优势地位，损害承包方的利益，扰乱了土地承包经营权流转的正常秩序，也确是农村土地承包关系不稳定的一个因素。

但需要指出，农村土地实行家庭承包，即承认了集体经济组织成员拥有土地承包经营权。在依法、自愿、有偿的条件下，农村集体经济组织成员对自己的土地承包经营权进行流转，是实现权利的重要方式之一。《农村土地承包法》规定承包经营权可以流转，即法律也就确认了承包地具有两种形态：一种是实物形态，另一种是价值形态。作为实物形态，承包方在承包的地块上可以自主地进行生产经营活动，并获得收益；作为价值形态，承包方也可以不直接在承包地上生产经营，而是在承包期内依法将承包经营权转包、出租、互换、转让、入股，从而获得相应的收益。实践表明，土地承包经营权流转，可以优化农村土地资源的配置、有利于农业结构调整和规模化经营，稳定农民对土地的预期，增加农民的收入。

土地承包经营权可有采取多种方式。根据《农村土地承包法》第三十二条的规定，土地承包经营权流转的具体形式包括转包、出租、互换、转让或者其他形式，"其他形式"主要是指入股等形式。该法第三十九条至第四十二条还分别规定了每一种流转方式的具体内容和要求，对目前土地承包经营权进行规范和引导。各地可以按照符合法律、尊重农民意愿的原则，探索、总结出适合本地实际情况的其他流转方式。

允许农村土地承包经营权流转，是农村实行土地家庭承包的必然结果，是农业结构调整和产业化的必然要求。它不仅可以保障和促进土地承包关系户的稳定，而且也能有效地防止通过行政手段，人为地调整承包地情况的发生。为了避免在土地承包经营权流转中，一些单位和个人损害承包方的利益，《农村土地承包法》对流转原则做了规定，如土地承包经营权流转的主体是农户，应当平等协商、自愿、有偿，任何组织和个人不得强迫或者阻碍承包方进行土地承包经营权流转；在同等条件下，本集体经济组织成员享有优先权，等等。因此，不能因人为地调整承包地造成承包关系的不稳定以及由于某些单位和个人在流转过程中非法损害承包方的利益，而对土地承包经营权流转有什么疑虑。当然，土地承包经营权流转要依法有序地进行，要因地制宜，不搞强迫命令，特别是不得损害承包方在流转过程中应取得的合法收益。

11.2　土地承包经营权流转的主体

根据《农村土地承包法》第三十四条的规定，土地承包经营权流转的主体是承包方，承包方有权依法自主决定土地承包经营权是否流转和流转的形式。这一规定主要是针对一些地方发生的在土地承包经营权流转过程中侵害农民权益的现象作出规定的。近年来，土地承包经营流转工作总结上是健康的，多数反映了生产要素合理流动和优化配置，主流是好的，但在流转过程中也存在不少违背农民意愿、损害农民利益的问题。例如，有的在土地承包经营权流转过程中随意改变土地承包关系，有的把土地承包经营权流转作为增加乡村经济收入的措施，有的用行政手段将农户的承包地转租给企业经营，有的借土地经营权流转之名随意改变土地的农业用途等，严重地侵犯了农民的土地承包经营权。出现这些问题的一个重要原因是，有些基层干部不尊重农民作为市场经营主体的地位，不尊重农民有土地承包经营权，把自己当成了土地承包经营权流转的主体的决策者。

按照《农村土地承包法》第十六条和第三十四条的规定，土地承包经营权流转的权利是承包方享有的一项法定的权利，任何组织和个人都不得侵犯。土地承包经营权流转的主体是承包方，不是发包方或者其他组织和个人，承包方有流转的自主权，土地承包经营权是否流转，以何种方式流转，流转给谁，流转的期限多长，流转费用是多少，都由承包方自己做主，与受让方协商确定。其他组织和个人（包括发包方）不得自以为是替承包方做主，不得强迫承包方进行土地承包经营权流转或者采取特定方式流转等。

土地承包经营权的特征

土地承包经营权是衍生于土地所有权的一种相对独立的权利，它具有以下特征：①集体土地所有权是土地承包经营权产生的基础和前提。土地承包经营权是集体赋予的，并依赖于农民集体土地所有权的一种权利；②土地承包经营权是土地所有权的一种衍生，一经成立就具有相对于土地所有权而独立存在的物权性质；③土地承包经营权是一种他物权，它是基于集体土地所有权而产生的权利，除了必须符合法律的规定外，还要受当事人之间协议的约束。

11.3　土地承包经营权流转的法律特征

11.3.1　流转客体的单一性

任何财产的流转行为均指财产诸多法律权利与权利主体的分离，包括财产所有权、使用权、占有权等权利的交易性转移或非交易性转移（赠予、继承），体现为流转客体的多重性。由于我国实行土地公有制，土地流转是在所有权不变的前提下发生的使用权转移，对此农村与城市土地是相同的，所不同的是农村集体经济组织只有法律规定的情况下通过法定程序与国家发生征地关系，才能将农地所有权转移为国家所有，但是，不能因此认为，农地流转仅能产生集体土地所有权买卖市场或征购市场，进而推断农地流转的权利客体具有多重性。流转客体的单一性是农地流转不可动摇的规则。

11.3.2　流转范围的封闭性

《土地管理法》第十四条规定："农民集体所有的土地由本集体经济组织的成员承包经营，从事种植业、林业、畜牧业、渔业生产。"第十五条规定"农民集体所有土地由本集体经济组织以外的单位或个人承包经营的，必须经村民会议三分之二以上成员或三分之二以上村民代表的同意，并报乡（镇）人民政府批准。"可见，原则上，农地承包经营权是按社区人口或劳动力状况配置的，因而流转时受让人须具有社区成员的身份，非社区成员的个人或组织受让集体土地承包权作为例外受到严格的限制。受让主体的身份要求造成农地流转的封闭性，使有受让意愿的非社区成员不能平等地进入农地市场，农地承包权无法完全按市场方式自由转让。

11.3.3 债权的流转方式

最高人民法院《关于审理农村承包合同纠纷案件若干问题的意见》第三条规定："承包人将承包合同转让或转包给第三人，必须经发包人同意，并不得擅自改变原承包合同的生产经营等内容，否则转让或转包合同无效。"《农业法》第十三条也将发包人同意作为处分农地承包权的有限条件。显然，现行农地承包权流转规则采取了债权的转让方式——合同债权债务转让须经对方同意。其理由是，从法理依据上看，虽然《民法通则》将农地承包权置于"与财产所有权有关的财产权"即用益物权的法律地位，但其取得和保护是以承包合同为依据的，因而农地承包权从实际意义上看是债权法意义的经营权而不是物权法意义上的经营权。农地承包权债权流转方式也与流转的封闭性密切相关，只有坚持发包人对转让的制约，才能保护农地在社区成员内的流动。

11.4 土地承包经营权流转存在的问题及成因

我国农村土地承包经营权流转可通过"四荒地"的拍卖、农村土地股份合作制、有偿承包、有偿转包、互换、租赁等形式来实现[5-6]。从土地经营权流转的实践看，目前存在的主要问题是：不少农户恋土观念重，不愿流转；土地承包权商品属性不清，不便流转；农业比较效益低，土地承载负担重，影响流转；此外市场中介组织欠健全，流转机制不完善，土地流转的自发性、随意性、盲目性较大，经营单一，也影响有偿流转制度的兑现。分析其主要原因，一是片面理解"30年不变"政策。一些基层干部和农民认为，土地二轮承包时中央提出延长土地承包期30年不变，二轮承包实施才几年，而且土地经营权证已发放到户，现在再搞土地流转违背政策，侵犯农民合法权益；二是小农思想作祟。长期以来，我国农民一直十分珍惜土地，"恋土"情绪较重。不少农民虽然已在农业以外找到稳定的收入来源，甚至已离开土地进入小城镇或城市，却还是担心二、三产业风险大，收入不稳定，把承包地视为退路和"保命田"，认为手中有田心不慌，宁可广种薄收或抛荒，也不愿转让给别人耕作；三是集体经济组织服务不到位。据调查，一些地方虽然也有农户想转出或增加土地，但由于村级集体经济组织服务不到位，缺乏做艰苦细致的思想工作，致使土地零碎分散，不能集中成片，想转也转不出去，群众经营难、管理难、成本高；有的对土地流转放任自流，农户之间"君子协议"私自流转、多层流转；四是土地流转门坎高。有的地方对农户发展种养殖业和农副产品加工业用地管理过严，环节过多，收费偏高，增加了土地流转成本，影响了土地流转进度。

11.5 土地承包经营权流转的目标模式

农村经济的巨大变化和市场经济体制的建立表明，原有的农地承包权流转机制已严重滞后于客观现实，必须重新定位其法律价值取向和目标模式。笔者认为，应建立开放的物权式的农地承包权流转模式，立法价值取向应从公平向效率倾斜，再造农村不动产物权转让制度。

建立物权化农地流转法律机制应追求如下目标模式：第一，按效率最大化原则配置农地承包权；第二，权利人自行处分农地承包权，由受让人与转让人通过协商签订农地承包权流转合同，而不必与发包人协商，流转合同仅受改变农地用途的限制；第三，农地承包权流转按不动产价格标准确定转让价格，保护农民对土地投资所取得的增值利益[7]；第四，社区农民对集体土地占有权不仅体现为实物的占有权即可直接支配农地的权利，也体现为价值的占有权，通过权利的行使或分离间接享有农地权益，允许承包人独立地将承包权抵押、出租、出卖、投资入股；第五，承包人依物权的排他性享有物上请求权，对第三人的侵权行为可独立地提起诉讼。

建立物权式农地承包权流转机制的可行性：（1）农地承包权的物权式流转已具备了相当的实践基础。首先，农地承包权已自发地进入市场，目前农地交易活跃，为适应客观形势，依法肯定和保护合法流转是必然趋势；国家已出台诸多法规和政策以指导有限范围的农地承包权转让。其次，各地土地管理部门根据本地的实际情况创造了许多的农地承包权物权式流转规则。（2）符合政策和立法的发展趋势。1998年党中央提出农村工作的重点是在稳定承包制基础上，发展市场化农业。现行的《土地管理法》确定了合理利用土地和切实保护耕地的原则，合理利用就是以最优效率发挥土地的经济价值，农地的市场化流转不可避免，该法第六十三条规定："农民集体所有的土地承包权不得出让、转让或出租用于非农业建设，但是，符合土地利用总体规划并依法取得建设用地的企业，因破产、兼并等情形致使土地承包权依法发生转移的除外"。可见,《土地管理法》虽对农地流转没有新的突破,但却明确了许可农地承包权流转的原则,这一规定给建立农地物权式流转机制留下了广阔的空间。

11.6 土地承包经营权流转的原则

通过立法对土地承包经营权流转进行规范和引导,一个重要的方面就是总结经验,提出流转的一些重要原则。《农村土地承包法》第三十三条根据各地实践经验和有关文件的精神,对土地承包经营权流转规定了下述五项原则:

(1) 平等协商、自愿、有偿原则

所谓平等协商,是指土地承包经营权流转的双方当事人是平等的民事主体之间关系,双方的地位平等,这是流转的基础和前提,也是市场经济的内在要求。这也就意味着,对于流转的形式、内容、条件和期限等,均由双方协商一致,一方不得将自己的意志强加给另一方。所谓自愿,是指双方当事人进行流转都是出于自愿,不受对方强迫或者胁迫,而且也不受其他组织和个人的强迫和干涉,特别是发包方和国家机关及其工作人员,都不得强迫承包方进行土地承包经营权流转或者接受流转。所谓有偿,是指土地承包经营权流转可以获得报酬,不是无偿的,至于报酬的具体数额、支付时间和方式等,也由双方协商确定。

(2) 不得改变土地所有权和农业用途

农村土地家庭承包,承包方取得的是土地承包经营权,依法流转的也只能是承包方享有的土地承包经营权,不是承包地的土地所有权,承包地仍然属于农民集体所有。

因此，土地承包经营权的流转不得改变承包地的所有权权属关系户，不得损害土地所有者的权益。同样，承包地的用途只能限于农业，土地承包经营权流转后也不能擅自改变土地的农业用途，将承包地用于非农建设。

（3）流转的期限应当限定在承包期内

土地承包经营权流转合同规定的流转期限，不能超过承包合同尚未履行的剩余时间，即流转期限最长到承包期满为止。举例来说，承包期为 30 年的承包合同，在履行合同 18 年后，承包进行土地承包经营权流转，那么，流转合同规定的流转期限不得超过 12 年，即承包合同尚未履行的时间。

（4）受让方须有农业经营能力

家庭承包取得的土地承包经营权的流转，主要应当在农户之间进行，工商企业开发农业，应主要从事产前、产后和"四荒"资源开发，采取公司加农户和订单农业的方式，带动农户发展产业化经营。我国人多地少，土地是农民的基本生活来源，企业和城镇居民到农村租赁和经营农户的承包地，隐患很多，甚至可能造成土地兼并，使农民成为新的雇农或者无业流民，危及社会稳定。因此，中央政策十分明确：不提倡工商企业长时间、大面积租赁和经营农户的承包地。同时要求，地方政府也不要动员和组织城市居民到农村租赁农户承包地。至于外商在我国租赁农户承包地，必须是农业生产、加工企业或者农业科研推广单位，其他企业或单位不准租赁经营农户的承包地。

（5）同等条件下本集体经济组织享有优先权

本集体经济组织成员作为土地所有者的一员，对土地享有特殊的权益。土地承包经营权流转，在按照市场原则进行的同时，也要应要注意照顾本集体经济组织成员的利益。如果有两个以上的受让方同时希望获得土地承包经营权，只要各受让方在流转费、流转时间和内容等方面的条件相同，那么，其中属于本集体经济组织成员的受让方应当享有优先权，比其他受让方优先获得土地承包经营权，这主要是为了保护本集体经济组织成员对集体土地享有的优先权利。

11.7 土地承包经营权流转应把握的环节

（1）认真调查研究，做深做透思想工作。加快土地流转特别是条件成熟的经济发达地区的土地流转是实现农业产业化进而实现农业农村现代化的重要举措。因此，各级党委、政府及涉农部门，必须高度重视土地流转工作，深入基层，调查研究，认真制定和探索适合本地实际的土地流转机制和流转形式；广泛向农民宣传中央土地承包政策的深刻涵义，搞好土地流转的重大意义，做深做透思想工作，消除群众"不能搞"、"不敢搞"、"不想搞"的模糊认识。尊重群众首创精神，及时总结实践经验，并将其上升到理性高度指导面上流转工作。

（2）实行分类指导，促使土地有序流转。土地流转的目的，是为了提高土地利用效益，加快农业结构调整，促进资源优势转化为经济优势。因此，在土地流转中，必须始终坚持以流转促调整，以调整抓流转的理念，按照本地生产力发展水平、非农产业的发展程度、农业劳动力转移状况和农业结构调整的要求，围绕培育主导产业和优势项目，因地制宜，精心制定土地流转规划，分类指导，促进土地有序流转。

（3）尊重群众意愿，合理确定流转方式。对承包土地流转，必须严格执行国家现行政策和有关法律法规，坚持农户自愿的原则，由承包户提出申请，在流转双方自愿、平等、互惠互利、协商一致的基础上，根据本地产业发展规划、种植习惯和土地状况等，因村、因地、因户制宜，合理确定土地流转的形式和时限，切忌违背农户意愿，用行政手段搞"一刀切"下硬指标的做法强行流转。

（4）强化服务指导，严格规范流转程序。要建立科学规范有序的土地流转机制，村级集体经济组织和各级农经部门要切实承担起土地流转工作的指导、协调、服务和管理职责，认真做好对土地流转合同的签订、公证、结算的指导工作；及时发布土地流转信息，积极牵线搭桥，主动帮助办理流转手续。严格土地流转管理，规范自愿申请，核实审批，签订合同、变更登记的程序，规范土地转让承包金的缴付、使用和管理，强化土地流转后的动态监测，及时化解矛盾和纠纷，确保土地流转的顺利进行。

（5）加强组织领导，积极营造流转环境。要使土地流转工作顺利进行，各级党委、政府必须切实加强组织领导，建立强有力的土地流转工作领导小组，下设土地流转工作服务中心，具体负责面上土地流转工作的管理和服务。在具体工作中，基层乡镇党委、政府主要领导要亲自抓、分管领导具体抓、村干部及驻村干部包村抓，农口、司法等有关部门要合力抓，为农村土地流转营造一个良好的环境。同时，抓紧统筹规划，加强农田基本设施建设，改善生产条件；着力组织专门班子，发挥中介组织作用，促使土地有序流转；采取各种形式，加大招商力度，推进流转土地的开发和利用。

11.8 本章小结

土地承包经营权流转受国家法律保护。土地承包经营权流转的主体是承包方，承包方有权依法自主决定土地承包经营权是否流转和流转的形式。土地承包经营权流转遵循平等协商、自愿、有偿原则，不得改变土地所有权和农业用途，流转的期限应当限定在承包期内，受让方须有农业经营能力，同等条件下本集体经济组织成员享有优先权。土地承包经营权流转具有流转客体单一性、流转范围封闭性、债权流转方式等法律特征。

目前我国土地承包经营权流转存在的主要问题有：不少农户恋土观念重，不愿流转；土地承包权商品属性不清，不便流转；农业比较效益低，土地承载负担重，影响流转；此外市场中介组织欠健全，流转机制不完善，土地流转的自发性、随意性、盲目性较大，经营单一，也影响有偿流转制度的兑现。针对这些问题，在土地承包经营权流转中，应认真调查研究，做深做透思想工作；实行分类指导，促使土地有序流转；尊重群众意愿，合理确定流转方式；强化服务指导，严格规范流转程序；加强组织领导，积极营造流转环境。

参考文献

[1] 单胜道．农地价格评估探讨．农村经济，2002（7）．16-18

[2] 张照新．中国农村土地流转市场发展及其方式．中国农村经济，2002（2）．19-24

[3] 朱仁友. 农村集体土地承包经营制度下影响农地价格的特定因素. 农村经济, 2002 (7). 19-20

[4] 王品潮. 刍议农村土地使用权流转中的若干共性问题. 农业经济, 2000 (9). 35-36

[5] 钱忠好. 关于中国农村土地市场问题的研究. 地政月报, 1999 (1). 34-39

[6] 刘加华, 雷俊忠. 对当前农村土地流转现象的哲学思考. 农村经济, 2002 (2). 24-25

[7] 武深树, 邓真惠, 张孟飞. 农村承包土地使用权转让价格的计量模式研究. 经济问题, 2002 (2). 45-46

第12章 农村集体土地其他 ■
方式的承包

按照不同的标准，可以对农村土地承包的方式进行不同的分类，通常有两种分类方法。一种是按照承包方的不同，分为以家庭为单位的承包以及联户承包、专业队（组）承包、个人承包等。另一种是按照承包方法的不同，分为按人（劳）平均承包、招标承包、拍卖承包、公开协商承包等。农村土地承包法结合这两种分类方法和承包地功能的不同，将承包方式区分为家庭承包和其他方式的承包。本章将着重探讨农村集体土地其他方式的承包。

12.1 其他方式承包的特点

除家庭承包以外，通过招标、拍卖、公开协商等方式承包的，称为其他方式的承包，其主要特点：一是既可以以联户、专业队（组）、个人为单位进行承包，也可以以家庭为单位进行承包，对承包单位没有特殊限制；二是承包方主要是本集体经济组织内部的农户和成员个人，但集体经济组织以外的单位和个人，经过大部分成员同意后，也可以承包；三是承包的方法不是人人有份的平均承包，而是实行招标、拍卖或者公开协商等方法进行承包，由最有经营能力的人承包，发包方按照"效率为主，兼顾公平"的原则，选择具体的承包人；四是承包的土地主要是

"四荒"以及果园、茶园、桑园、养殖水面等不太适宜家庭承包的土地。

可见，家庭承包与其他方式的承包，在承包的主体、方法、原则和承包地的功能等方面，都存在重要的区别，立法应当区别对待。因此，农村土地承包法第二章专门规范家庭承包，第三章则规范其他方式的承包，其中，第四十四条明确指出：不宜采取家庭承包方式的荒山、荒沟、荒丘、荒滩等农村土地，通过招标、拍卖、公开协商等方式承包的，适用本章规定。

"四荒"等其他农村土地采取招标、拍卖、公开协商等方式承包，在全国大部分地区已经普遍采用，一些地方根据本地情况制定了招标、拍卖和公开协商的具体办法，以满足实际工作的迫切需要，但全国还没有统一的规定，当前迫切需要国务院或者国务院有关部门制定统一的农村"四荒"等土地招标、拍卖、公开协商的具体办法。

12.2 其他方式承包的合同

12.2.1 最好签订书面合同

以其他方式承包的农村土地，主要是指"四荒"（即荒山、荒沟、荒丘、荒滩）以及果园、茶园、桑园、养殖水面以及其他小规模零星土地的承包，既有长期（例如，承包期为50年甚至更长）的承包，也包括一些短期的、临时性承包。

对于其他方式的承包，《农村土地承包法》第四十五条要求，双方当事人应当签订承包合同，以确定当事人的权利和义务，明确承包期限、承包费等事项。但是没有要求必须签订书面承包合同。根据国务院办公厅国办发〔1999〕102号《关于进一步做好治理开发农村"四荒"资源工作的通知》的要求和各地的实践经验，按照有关规定进行"四荒"承包的，应当签订书面承包合同，并依法取得土地承包经营权证、林权证等证书，确认承包人的土地承包经营权。其他承包（例如果园、茶园、桑园、养殖水面的承包），当事人也宜签订书面承包合同，以免今后产生纠纷时缺乏证据。但在实际工作中，有些农村短期或者临时承包小鱼塘、小块荒地等土地时，没有签订书面承包合同，当事人的权利义务主要依靠口头约定，承包过程中也没有出现大的纠纷，对此应当予以承认和保护。所以，没有签订书面合同的，口头合同也有效。不过，为了更好地维护承包双方当事人的合法权益，避免和减少纠纷，以其他方式承包土地的，最好都签订书面承包合同。

12.2.2 承包合同内容可以协商确定

根据《农村土地承包法》第四十五条的规定，以其他方式承包农村土地的，承包合同的具体内容，由双方当事人协商确定。

（1）当事人权利义务的确定

与家庭承包不同，以其他方式承包农村土地，是平等民事主体之间的民事法律行为，当事人地位平等，因此，当事人的权利和义务、承包期限等，由双方当事人协商确定。当然，当事人确定这些合同内容时需要注意，双方商定的权利和义务，不得违反法律、行政法规的规定。例如，《水土保持法》第二十五条规定：水土流失地区的集体所有的土地承包给个人使用的，应当将治理水土流失的责任列入承包合同。《农业法》第五十六条规定：禁止毁林开荒、烧山开荒、围湖造田以及开垦国家禁止开垦的陡坡地。

(2) 承包期限的确定

依照上述规定,其他方式承包的承包期限,也由双方当事人协商确定。但是,双方商定的承包期限,不得超过国家规定的期限。"四荒"一般都是自然条件恶劣、难以开垦利用的土地,治理难度大,治理费用高,投资收益期限长,只有规定较长的承包期限,才能调动承包人的积极性。以前在"四荒"开发实践中,对"四荒"承包的期限,不同地区、不同时期曾有不同规定,有的规定为50年,有的规定为60年或者70年,还有个别地方规定为100年。1999年国务院办公厅发布的《关于进一步做好治理开发农村"四荒"资源工作的通知》明确指出:"四荒"使用权承包、租赁或拍卖的期限,最长不超过50年。因而,在此之前已经按照中央有关精神和地方人民政府的有关规定确定的承包期(包括一些地方将承包期确定为60年、70年甚至100年的,目前仍然有效)。但今后实行"四荒"承包的,承包期限不得超过50年。

(3) 承包费的确定

在其他方式承包的承包合同中,承包费是一个关键条款。确定合理的承包费,是承包工作的一项重要内容,也是保护集体经济组织成员利益的重要一环。承包费的确定应当公平、公开。根据《农村土地承包法》第四十五条的规定,以招标、拍卖方式承包的,承包费应当通过公开竞标的办法确定;以公开协商等方式承包的,承包费可由双方议定,但必须公开,接受集体经济组织成员的监督。

12.3　其他方式承包的优先权

以其他方式承包农村土地，集体经济组织的成员都有承包的权利，同时鼓励本集体经济组织以外的单位和个人参与承包，进行治理开发。与耕地、林地和草地一样，"四荒"资源属于集体经济组织的农民集体所有，而且，在一些地区，特别是贫困地区和山区，"四荒"资源也是农民赖于生存和发展的重要资源。为了维护集体经济组织成员的权益，以其他方式承包"四荒"等农村土地的，在同等条件下，本集体经济组织成员应当享有优先权，优先于本集体经济组织以外的单位和个人取得土地承包经营权。因此，《农村土地承包法》第四十七条规定：以其他方式承包农村土地，在同等条件下，本集体经济组织成员享有优先承包权。

12.4　"四荒"承包

对于"四荒"的范围，各地确定的"四荒"范围比较广泛，内容也不一致。1999年国务院办公厅发布的《关于进一步做好治理开发农村"四荒"资源工作的通知》明确规定，"四荒"是指荒山、荒沟、荒丘、荒滩，包括荒地、荒沙、荒草和荒水等。"四荒"必须是集体经济组织所有的、未利用的土地。耕地、林地、草地以及国有未利用土地不得作为农村"四荒"，自留山、责任山属于林地，不在"四荒"之列。"四荒"的承包不包括属于国家所有的地下资源（如矿产）和埋藏物。改革开放以前，对农村集体"四荒"的开发利用主要目的是增加耕地面积以增加粮食供应，解决人们的温饱问题，在开发利用过程中主要采取集体统一开发治理的模式。改革开放初期，承包作为一种新的产权制度模式开始被引入到"四荒"开发利用中。尽管这种新的产权制度模式在初始阶段效果并不如耕地那么明显，但随着耕地资源的潜力逐步得以挖掘和人们的温饱问题的基本解决，治理开发"四荒"所存在的巨大社会和经济效益日益受到人们重视[1]。

12.4.1 "四荒"承包的具体方法

根据《农村土地承包法》第四十六条的规定，"四荒"承包可以采取下面两种具体办法，即可以直接承包，也可以先将土地承包经营权折股分给本集体经济组织成员，然后再实行承包经营或者股份合作经营。

（1）直接通过招标、拍卖、公开协商的方式承包

"四荒"承包的常见办法是，直接实行招标、拍卖、公开协商等承包，将"四荒"承包给有经营能力的承包人，不管是集体经济组织成员还是其他单位和个人。至于招标、拍卖、公开协商的具体方法，各地都有规定，目前还缺乏全国统一的规定。

（2）将"四荒"土地承包经营权折股分配后承包

"四荒"可以由本集体经济组织内部的农户和个人承包，也可以由其他单位和个人承包经营。允许集体经济组织以外的单位和个人承包经营"四荒"等土地，并且实行招标、拍卖等方式进行承包，按照效率优先的原则，通常只能由最有经济实力的人承包。"四荒"承包的承包期限长，直接关系农民的长远利益和今后的生活保障。因此，"四荒"等土地应当尽可能由本集体经济组织成员承包，

即使由于种种原因不能承包的，也应当以某种形式给他们一定的补偿。

因此，《农村土地承包法》第四十六条还规定，"四荒"的承包，也可以先将"四荒"的土地承包经营权折股给本集体经济组织成员，然后再实行承包经营或者股份合作经营。其中，实行承包经营的，本集体经济组织成员以其土地承包经营权的折股，分享承包费等收益；实行股份合作制经营的，本集体经济组织成员从经营收益中获得股份分红。这样，不管集体经济组织成员是否承包"四荒"等土地，都能够以股份分红的形式获得一定的利益，应该说这是一个比较好的办法，既有利于保护集体经济组织成员、特别是没有承包能力的成员的利益，也是可以避免集体经济组织以外的承包人与集体经济组织成员之间产生一些不必要的纠纷，影响"四荒"的治理。

12.4.2 承包"四荒"应遵守法律规定

根据《农村土地承包法》第四十六条第二款的规定，承包"四荒"的，应当遵守有关法律、行政法规的规定，防止水土流失，保护生态环境。

按照1999年国务院办公厅发布的《关于进一步做好治理开发农村"四荒"资源工作的通知》的要求，承包"四荒"进行开发治理，应当保护和改善生态环境、防止水土流失和土地荒漠化为主要目标，以植树种草为重点，按照土地利用总体规划合理安排农、林、牧、副、渔各业生产。承包"四荒"涉用农业资源的各个方面，必须遵守有关法律、行政法规的规定。例如，按照《水土保持法》规定，不得在25度以上陡坡地开垦种植农作物。在5度以上坡地上整地造林、抚育幼林，垦复油茶、油桐等经济林木，必须采取水土保持措施，防止水地流失。按照《土地管理法》第三十九条的规定，开垦"四荒"的，禁止毁坏森林、草原开垦耕地，禁止围湖造田和侵占江河滩地。按照《森林法》第二十三条的规定，禁止毁林开垦和毁林采石、采砂、采土以及其他毁林行为。这些都是承包"四荒"必须遵守的规定。

12.4.3 承包"四荒"取得的经营权流转

《农村土地承包法》第四十九条规定，通过招标、拍卖、公开协商等方式承包农村土地，经依法登记取得土地承包经营权证或者林权证等证书的，其土地承包经营权可以依法采取转让、出租、入股、抵押或其他方式流转。因此，"四荒"承包方只要依法取得土地承包经营权证、林权证等证书，其土地承包经营权就可依法流转。

根据《农村土地承包法》第四十九条和第三十九条至第四十二条的规定，以及各地的实践，以其他方式承包"四荒"等土地取得的土地承包经营权，在流转方式上，与家庭承包取得的土地承包经营权存在三个主要区别。

（1）没有转包的流转方式

这主要是因为，其他方式承包取得的土地承包经营权的流转，承包方和流转的受让方都可以是本集体经济组织以外的单位和个人，不必区分是不是本集体经济组织成员。转包、出租都可以归纳为"出租"的流转方式。

（2）增加规定了抵押的流转方式

以其他方式承包"四荒"等取得的土地承包经营权可以依法抵押，这样规定主要是考虑到，以其他方式承包的主要是"四荒"等土地，对大部分农民来说，这些土地不象耕地、林地和草地那样具有强烈的社会保障功能，不必担心抵押后承包人不能按期偿还借贷款就会失去生活保障。而且，这些土地是按照"效率优先、兼顾公平"的原则，采取招标、拍卖和公开协商等市场化的方式承包的，承包人支付的价格基本上是按照市场原则确定的，承包人依法取得的土地承包经营权应当允许按照市场原则和物权法原理流转。

（3）入股的方式可以更多

《农村土地承包法》第四十二条规定的入股，主要适用家庭承包取得的土地承包经营权。虽然从文字上看都是"入股"，但是，根据一些地方"四荒"承包的实践，以其他方式承包取得的土地承包经营权的入股，具体方式可以更灵活，更接受市场化的流转原则。例如，入股的对象可不限于承包人之间，其他单位和个人也可以入股。1999年国务院办公厅发布的《关于进一步做好治理开发农村"四荒"资源工作的通知》指出："四荒"使用权（土地承包经营权）受法律保护，依法享有继承，转让（出租）、抵押或者参股联营的权利。

12.4.4　承包"四荒"的继承

根据《农村土地承包法》第五十条的规定，土地承包经营权通过招标、拍卖、公开协商等方式取得的，该承包人死亡，其应得的承包收益，依照《继承法》的规定继承；在承包期内，其继承人可以继续承包。据此，承包"四荒"等土地的，土地承包经营权的继承问题可以分为两种情况：一种情况是，承包人死亡的，承包人应得的承包收益，依照《继承法》的规定的继承。这一点与家庭承包相同。另一点情况是，在承包期内，承包人的继承人可以继续承包。这一点与家庭承包不同。对此，国务院批转的《农业部关于稳定和完善土地承包关系的意见》明确指出，承包人以个人名义承包的土地（包括耕地、荒地、果园、茶园、桑园等）、山岭、草原、滩涂、水面等，如承包人在承包期内死亡的，该承包人的继承人可以继续承包，承包合同由继承人继续履行，直至承包合同期满。《农村土地承包法》第五十条的规定，体现了这个精神，有利于保护承包方治理"四荒"等土地的积极性。

12.5 本章小结

其他方式的承包的主要特点，一是既可以以联户、专业队（组）、个人为单位进行承包，也可以以家庭为单位进行承包，对承包单位没有特殊限制；二是承包方主要是本集体经济组织内部的农户和成员个人，但集体经济组织以外的单位和个人，经过大部分成员同意后，也可以承包；三是承包的方法不是人人有分的平均承包，而是实行招标、拍卖或者公开协商等方法进行承包，由最有经营能力的人承包，发包方按照"效率为主，兼顾公平"的原则，选择具体的承包人；四是承包的土地主要是"四荒"以及果园、茶园、桑园、养殖水面等不太适宜家庭承包的土地。其他方式的承包，最好签订书面合同，承包合同内容可以协商确定。以其他方式承包农村土地，在同等条件下，本集体经济组织成员享有优先承包权。"四荒"承包可以采取下面两种具体办法，即可以直接承包，也可以先将土地承包经营权折股分给本集体经济组织成员，然后再实行承包经营或者股份合作经营。承包"四荒"应遵守法律规定，"四荒"承包方只要依法取得土地承包经营权证、林权证等证书，其土地承包经营权就可依法流转。在流转方式上，与家庭承包取得的土地承包经营权存在三个主要区别，一是没有转包的流转方式；二是增加规定了抵押的流转方式；三是入股的方式可以更多。承包"四荒"可依法继承。

参考文献

[1] 岳书铭，史建民，綦好东. 治理开发农村集体"四荒"不同产权制度模式的比较分析. 农业经济问题，2002（9）.11-15

■ 第13章 农村集体土地他项权利及其制度构建

农村集体土地他项权利的意义在于对集体土地所有权、使用权以外的各种长期性土地权利进行确认和管理，以充分保护土地所有权人、使用权人以外的人们在土地上的各种合法使用利益，维持与土地有关的各种民事关系的稳定有序，从而协调多方面的土地利用需求，促进土地的合理有效利用，并维护社会安定。将土地他项权利作为与土地所有权、土地使用权并列的一类土地物权，是根据现阶段我国土地权利的实际情况作出的革新。首先，这种设计没有将所有权以外的一切物权都归入土地他项权利，从而突出了土地使用权在我国的土地权利体系的独立地位。其次，这种设计无意对土地他项权利的范围作出特别的限定，从而使处在制度转型期我国土地他物权体系有较为充分的扩展余地。

13.1 土地他项权利的内涵

13.1.1 土地他项权利的定义

严格地说，土地他项权利不是民法上的一种物权类别，而是土地法上的一个特殊概念。这种概念最早见于旧中国于1930年公布的《土地法》，其中第十一条（土地他项权利之设定）规定："土地所有权以外设定他项权利之种类，依民法之规定。"可见，当时使用的土地他项权利概念，是对民法规定的除土地所有权以外的土地物权的统称。1989年，原国家土地管理局制定的《土地登记规则》第二条规定："土地登记是依法对国有土地使用权、集体土地所有权、集体土地建设用地使用权和他项权利的登记。"这是我国第一个正式采用土地他项权利概念的规范性条文。从这一条文的规定可以看出，在我国，土地他项权利是泛指土地所有权和土地使用权以外的各种土地权利。也就是说，凡是不属于土地所有权和土地使用权，而在土地法上需要加以确认和保护的土地权利，都可以列入土地他项权利。因此，可以说，土地他项权利是一个开放的概念，随着土地所有权和土地使用权以外的土地权利的逐渐增加，土地他项权利所涵盖的具体权利也会越来越多。

我国的土地他项权利有如下特点：（1）土地他项权利是在他人土地上享有的权利。也就是说，土地他项权利的客体是他人土地所有权、使用权的客体。在这种情况下，土地他项权利不仅有对抗一般人的效力，即能够排拆其他任何人的不法干涉和妨碍，而且有特别对抗土地所有权人、使用权人的效力，即能够对后者的某些权利行使加以必要的限制；（2）土地他项权利的主体是土地所有人、使用权人以外的，与土地所有人、使用权人之间存在着某种法律关系的民事主体。这些关系可以是法定的，也可以是由法律行为（当事人之间的协议）、行政行为（政府的决定、命令）或者司法行为（法院的判决）设定的。建立这些法律关系的共同目的，就是维护他项权利人对该土地享有的某种合法利益；（3）土地他项权利不受一物一权主义的限制。在同一土地上，只能有一个所有权，并且这个所有权只能派生一个土地使用权，但是这并不妨碍在同一土地上设立多种甚至多个同种的他项权利。土地他项权利可以同时满足多种的和多人的土地利用需求；（4）土地他项权利依存于土地所有权、使用权，又是该所有权、使用权的一种限制。这种限制，表现为他项权利人对土地的某种利用权利，或者他项权利人请求土地所有人、使用权人在利用该土地时为某种行为或不为某种行为的权利；（5）土地他项权利是长期存续的权利，因而通常有加以登记的必要。

13.1.2　土地他项权利的种类

由于土地他项权利所包括的种类繁多，为了便于理论研究和规则的制订、适用，按权利性质分，可分为用益性他项权利和担保性他项权利。用益性他项权利是指按照特定需要而使用他人土地的权利，如地役权、租赁权、耕作权等。担保性他项权利是指为保证债务履行而在他人土地上设立的物权负担，目前仅有抵押权一种。

用益性他项权利又可分为工作物维持权和行为权。工作物维持权指在他人土地上建立和维持某种建筑物或其他固定设施的权利。我国现有的空中权和地下权即属于工作物维持权。地役权中的行为权包括在他人土地上通行、取水、引水、排水以及维护工作物等等权利。可见，这些行为权可分为两类，一是在他人土地上合法实施利用行为的权利；二是在他人土地上合法维持工作物的权利。

担保性他项权利的特点是对土地使用权人的权利处分

构成一定限制，并赋予担保权人在债务不履行情况下请求司法扣押和变卖标的物受偿的权利。这种权利具有一定的长期性。根据现行土地登记规则，土地抵押应作为他项权利予以登记和管理。

土地他项权利主要有[1]：（1）地役权，是指为自己使用土地的需要，而使用他人土地的权利。我国现行法律没有地役权的概念，但是《民法通则》规定的相邻权中，实际存在着地役权，如通行权、排水权等；（2）地上权，是指在他人的土地上建筑、种植的权利。如建造厂房、住宅、种树、种竹等；（3）空中权，是指在他人土地上空建造设施的权利。如桥梁、渡槽、高架线等；（4）地下权，是指在他人土地之下埋设管线、电缆、建设地下设施的权利。如地铁、隧道、人防工程等；（5）土地租赁权，是指出租人将土地提供给承租人使用，土地承租人按合同规定支付租金并对土地占有、使用的权利；（6）土地借用权，是指无偿占有、使用他人土地的权利。如历史形成的土地借用权；（7）耕作权，是指在他人土地上进行种植并获取收获物的权利。如单位征而不用的土地，应当退给农民继续耕种。农民耕种期间，不得在该土地上兴建永久性建筑物或者种植多年生作物，在国家建设需要时无偿退还。退还时土地上有青苗的，建设单位要付给青苗补偿费；（8）土地抵押权，是指土地使用人依照法律规定，不转移抵押土地的占有，向债权人提供一定的土地作为清偿债务的担保所产生的担保物权，当债务人不履行债务时，债权人有权依法将土地折价或者以变卖方式从所得的价款中优先受偿。接受抵押的人是抵押权人，提供土地抵押的人，是抵押人。

13.1.3 土地他项权利的法律调整

土地他项权利的法律调整主要有三个环节：确权、登记、保护。

（1）土地他项权利的确权

土地他项权利属于民事权利的范畴，有关这些权利的法律规定可以来自民事普通法，如《民法通则》、《物权法》、《担保法》等等，也可以来自民事特别法（或称商事法、经济法），如《土地法》、《电力法》、《电信法》等等。土地他项权利的取得，根据不同的法律规定，可以是以下方式中的一种或几种：①法律、法规直接规定，例如法律为保护电力设施而规定的对土地使用人的种种限制；②政府的行政决定，例如市政当局关于建设地下铁路的决定；③土地所有权人的授权，例如政府批准电信公司利用某企业使用的国有土地敷设地下电缆；④土地使用权人的授权，例如甲村与乙工厂订立协议，约定乙厂资助甲村在本村修建道路，乙方有永久性无偿使用该道路的权利；⑤其他合法方式，例如，法院在处理土地相邻纠纷时依据公平原则作出的确权判决。

（2）土地他项权利的登记

土地他项权利，除法律规定必须登记的外（例如抵押权），其成立和存续一般不以登记为条件。所以，这些他项权利中，已经登记的受保护，并不意味着没有登记的就不受保护。也就是说，依法得予确认的这些土地他项权利，在未登记的情况下，仍应受到法律的保护。这是土地他项权利登记制度与土地所有权和使用权登记制度的一个不同之处。在登记方式上，可考虑设立专门的土地他项权利登记文件和权利证书。他项权利登记的内容，应载入权利标的所有权（指集体）、使用权登记文件的备注栏，他项权利证书的副本应发给该所有权人或使用权人。

土地他项权利的登记，可以在权利设立后的任何时候提出申请。申请时提交的文件，应根据不同权利和不同设立方式分别规定。

对于设有抵押权的土地，在土地使用权转让或再设置抵押时，登记部门应当将该土地设有抵押的情况告诉交易当事人。抵押权消灭时，土地使用权人应当及时办理抵押注销手续。

（3）土地他项权利的保护

1）土地他项权利的效力

非抵押权的他项权利有以下效力：①使权利人能够合法地占有、使用其工作物或者实施其权利范围内的利用行为。例如，在他人土地上维持电力、电信设施的人，有权进入该土地进行设施检修。②能够排除土地所有权人、使用权人或者第三人对利用行为的妨碍或者对工作物的侵害，此外，在保护他项权利所必要的范围内，还能够排除土地所有权人、使用权人或者第三人对土地本身实施的不正当行为，例如，抵押权人有权排除那些有损土地价值，或者有可能导致土地使用权丧失，从而可能损害债权人清偿利益的行为。

2）土地他项权利的保护方法

土地他项权利保护的民法方法，是指土地他项权利的民法保护，适用物权法和侵权行为法的有关规则。土地他项权利保护的民法方法主要包括：①对他项权利以及与之相应的义务之存在、内容及效力发生争议时，权利人可请求确认权利；②在他项权利保护下的工作物被侵占时，权利人可请求返还；③在权利人行使他项权利受到妨碍时，可以请求排除妨碍；④在他项权利范围内的工作物、抵押物被损坏时，权利人可以请求恢复原状；⑤在发生上述第②、③、④种情况时，权利人可以请求损害赔偿，作为替代的或补充的补救方法。这些民法保护方法，可以通过以下方式实现：①当事人之间自行协商；②当事人自愿将争议提交仲裁；③权利人请求土地行政机关调处；④权利人提起诉讼。

另外，对不法侵害土地他项权利的行为给予行政法、刑法和诉讼法上的制裁或强制措施，也间接地起着权利保护的作用。这些保护方法，可以由权利人向有管辖权的行政机关、司法机关提出告诉。

13.2 农村集体土地他项权利制度构建

我国土地公有制下的他项权利制度形成时间不长，目前的种类还不多。随着我国土地法制的完善和土地利用实践的发展，土地他项权利的种类和具体项目将会有所变化。我国的他项权利应包括抵押权、租赁权、地役权、耕作权、借用权、空中权和地下权[2]。根据我国的实际，农村集体土地他项权利主要有抵押权、租赁权、地役权、借用权、空中权和地下权。而耕作权是我国特殊的土地他项权利，其客体须是国有土地。因此，耕作权不能作为集体土地他项权利。

13.2.1 土地抵押权

（1）土地抵押权概述

1）土地抵押权的概念

土地抵押权就是指在土地抵押关系中，抵押权人对作为抵押物的土地使用权和土地附着物所享有的以处分权和优先受偿权为中心的一系列权利。一般认为，土地抵押权作为抵押权的属概念，应归入担保权或担保物权的范畴。但是，不可否认，土地抵押权又是设立于土地之上的权利和负担，属于土地权利的范畴。因此，土地抵押权关系的调整，不仅要适用担保法的规定，而且要适用于土地法的规定。

2）土地抵押权的性质

关于土地抵押权的性质，从物权法的意义上说，它是一种担保物权；从土地法的意义上说，它是一种土地他项权利。由于这种双重性质，土地抵押权具有以下特点：首先，土地抵押权是设立于土地权益之上的一种合法权利，它与土地权利体系中的其他权利特别是土地使用权有着密切的联系，它的效力对土地使用权关系有着重大影响。其次，土地抵押权具有担保物权的功用和效力，它的目的是通过土地权益归属的变动来实现对债权的保障，而不是直接满足对土地的利用需求。这是土地抵押权区别于其他土地他项权利的重要特点。

（2）我国土地抵押权制度的主要规则

1）土地抵押权的客体

在我国，土地抵押权的客体有以下特点：

①土地抵押权客体的性质

在我国，土地抵押权的标的不是土地本身，而是以土地为标的物的一种权利——土地使用权。也就是说，我国的土地抵押的性质，不是实物抵押，而且权利抵押。目前，土地权利的抵押是十分常见的现象。

土地使用权以外的其他土地权利能否抵押？首先必须明确，土地所有权不得抵押，这在《担保法》第37条第1项中有明文规定。至于土地他项权利的抵押，目前尚无规定。笔者认为，只要是能够有偿转让的土地他项权利，就应该允许抵押。我国现有的土地他项权利中，能够有偿转让的只是少数，因而可以抵押的也只是少数。具体说，空中权和地下权可以转让，所以也可以抵押。

②土地抵押权客体的范围

从土地法上看，土地抵押的预期法律后果就是土地使用权的转移，因此，从原则上讲，凡是法律上允许转让的土地使用权，都可以设置抵押。我国现行的法律规定，国有土地使用权和承包的"四荒"使用权可以抵押，乡（镇）村企业的土地使用权可能随建筑物抵押，但耕地、宅基地等其他集体土地的使用权不能抵押。这种状况与我国土地权利制度改革的要求是不相适应的。笔者主张，今后应承认国有土地使用权和集体土地使用权都可以抵押，但法律可对某些种类的土地（如农地、农村宅基地）使用权的抵押方式或条件，作出特别的规定。

③土地抵押权对土地附着物的效力

由于土地利用的多重性，同一土地上存在不同用途甚至分属不同主体的附着物的情况是十分常见的。因此，不能机械地套用"从随主"或者"房随地"的原则，简单地推出"土地抵押权的效力及土地上的一切附着物"的结论。首先，土地抵押权的效力不能够及于土地上的不属于抵押人的附着物。其次，土地抵押权的效力可以根据法律规定或者约定而及于土地上的属于抵押人的附着物。

2）土地抵押权的设定

土地抵押权只能依法律行为设定。土地抵押权的设定属于要式行为，必须订立书面的抵押合同并办理抵押物登记。未以书面订立的抵押合同，视为未成立。书面订立后未办理登记的抵押合同，视为效力未定。效力未定的书面抵押合同，其效力经登记而确定。登记在先的抵押合同，对于以同一土地使用权为标的的登记在后的抵押合同，具有清偿顺序上排斥力。

3）土地抵押权的效力

土地抵押权的效力，研究的是土地抵押权人对于抵押物即土地使用权即必要的附着物所享有的支配权、处分权、优先受偿权和物上代位权。根据我国现行立法规定，具体包括以下要点：①在抵押期间，该土地使用权的转让，未经通知抵押权人，不得生效；②在抵押期间，抵押人的行为足以导致土地使用权的价值减少或者土地使用权丧失的，抵押权人有权予以制止；③债务人到期不履行债务时，抵押权人有权请求人民法院依法实施扣押，并自扣押之日起对由该土地产生的自然孳息、法定孳息享有收取权；④债务人到期末清偿债务的，抵押权人有权以折价抵偿的方式取得该土地使用权，或者通过拍卖、变卖的方式将该土地使用权转让于第三人，并由转让所得的价款中优先受偿；⑤在破产清算程序中，抵押权人享有不依破产程序优先就抵押物获得清偿的权利；⑥土地使用权的价值因第三人的行为而受损失的，抵押权人有权代位行使抵押人向该第三人请求赔偿的权利。

4）土地抵押权的实现

①土地抵押权实现的条件

《城镇国有土地使用权出让或转让暂行条例》第 36 条

规定："抵押人到期未能履行债务或者在抵押合同期间宣告解散、破产的，抵押权人有权依照国家法律、法规和抵押合同的规定处分抵押财产。"其中，解散、破产实际上不过是"到期未能履行债务"的特殊情形。其实，农村集体土地抵押权实现也如此。按照普遍公认的法律规则，债务人因解散、破产或者因其他原因导致财产清算时，所有未到期债务均视为到期。此时，如果债务人不能履行债务，则构成到期不履行。所以，从法理上说，抵押权实现的条件只有一种，那就是到期不履行债务（无论是拒绝履行还是履行不能）。

②土地抵押权实现的方法

一般说来，抵押权实现有两种方法：一是以抵押物抵偿债务，即抵押物"折价归己"；二是由处分抵押物的价款优先受偿，此时抵押物转归第三人。但是，就土地抵押权实现而论，只有一种方法，那就是处分抵押物受偿。土地使用权市场变价的方式有三种：（A）依照规定程序进行拍卖；（B）依照规定程序进行招标；（C）委托或指定中介机构（如产权交易所）公开征求购买者，在公正估价的基础上协议出让。

土地使用权按照上述方式变价所得的价款，在清偿被担保的债务后有剩余的，如果存在后顺位的抵押权，剩余部分用于满足后顺位抵押权人的清偿请求；如果没有后顺位抵押权，剩余部分归抵押人。出让所得不足以清偿全部被担保债务的，该未清偿部分作为一般债权（在在破产清算程序中，则作为破产债权），由债权人依法行使权利。

5）土地抵押权的消灭

在我国，土地抵押权消灭的原因有以下几种：①债务清偿。土地抵押权实现以前，被担保的债务因债务人、债务人的清算人或者第三人（例如，债务人的保证人）的清偿行为而消灭；②免除。免除是指债权人抛弃债权的单方意思表示。土地抵押权实现以前，抵押权人免除的，抵押权因被担保的主债消灭而消灭；③替代担保。土地抵押权实现以前，抵押权人接受以其他形式的担保取代抵押担保的，该抵押权消灭。这里所说的其他形式的担保，指保证、质押和以其他财产为标的物的抵押；④抵押权无效。土地抵押权因抵押合同或者主合同具备法律规定的无效事由而宣告无效；⑤抵押物消灭。在土地抵押权的场合，抵押物消灭主要有三种情况：被抵押的集体土地使用权所涉的土地被国家征用或土地使用权随建筑物抵押的，该建筑物为灭失；⑥土地抵押权实现。土地抵押权实现以后，设立于土地使用权之上的抵押权随即消灭。也就是说，经抵押权实现而处分的土地使用权，在转让后不再附有任何抵押权负担。

已经登记的抵押权，具备上述原因之一的，应当办理抵押权注销登记。

13.2.2 土地租赁权

（1）土地租赁权概述

土地租赁权就是土地承租人在按期支付租金的条件下对土地进行占用使用的权利。按照传统民法的观念，租赁权属于债权的性质。在这种理论下，法律对租赁权保护强度较差，因而使租赁权处于缺乏对抗力、期限较短和转让、转租不自由的状况，不利于稳定租赁关系和保护承租人的利益。在土地租赁的场合，这种情况抑制了承租人利用土地的积极性，不利于土地的有效利用。19世纪晚期，在德国学者耶林（Jhering）和基尔克（Gierke）倡导下，出现租赁权物权化的法律改革潮流。

在我国，按照现行的土地管理实践，"经出让的土地使用权可以出租，承租人对所承租的土地有所赁权，这是我国的一种较为特殊的土地他项权利。租赁权经土地登记可以保护土地承租人在租期内对土地的合法使用[1]。"今后，随着我国地产市场的发展，将会有越来越多的国有出让土地使用权和集体土地使用权进入租赁市场。可以说，凡是法律允许出租的土地使用权，在出租以后，承租人都应当享有土地他项权利意义上的土地租赁权。

（2）我国土地租赁权制度的主要规则

1）土地租赁权的取得

土地租赁权的取得方式只有一种，就是合同取得。具体说，就是在法律许可的范围内，承租人与土地所有权人或者土地使用权人订立土地租赁合同。土地租赁合同必须采用书面形式，并履行登记。

2）土地租赁权的期限

土地租赁权的期限，由当事人在合同中约定。在法律、行政规章对土地租赁期限有规定的，合同中的规定不得与之相抵触。出租人为土地使用权人的，土地租赁期限不得超过该土地使用权的最后期限。

为了稳定土地租赁关系，促进土地有效利用，法律应当规定农地租赁权和建筑物租赁权的保护性最低期限。当合同规定的租赁期限低于这一法定最低期限时，承租人可以在合同期限届满时，主张租赁期限的自动延长直至达到该法定期限时止。

3）土地租赁权的效力

①土地租赁权人的权利

土地租赁权人享有以下权利：

第一，占有权和使用权。土地租赁权人有占有、使用所租用土地以及由此获得合法收益的权利。

第二，续租权。续租权包括以下几种情况：（A）法定续租权，即法律规定的期满租的权利；（B）约定续租权，即当事人以合同或事后协议设定的期满续租的权利，约定续租权可以附停止条件或解除条件；（C）优先承租权，在无法定续租权和约定续租权的情况下，租赁合同期满时或者期满后的一定时间内，出租人继续出租的，租赁权人享有同等条件下的优先承租权；（D）对解约通知的抗辩权，出租人依据合同或者其他合法事由而向承租人发出终止租赁关系的意思通知的，如果该终止行为将对承租人或其家属造成困难，并且从出租人利益角度亦不能证明为正确，则承租人有权提出抗辩和主张续租。

第三，优先购买权。在租赁权存续期间，出租人转让租赁权标的物的，租赁权人享有同等条件下的优先购买权。

第四，对地产受让人的对抗权。已经交付给承租人的租赁权标的物，由出租人转让与第三人时，受让人取得原租赁关系中的出租人地位。受让人不得以该标的物权属变更为由主张终止原租赁关系。

第五，转租权。租赁权人可以将其租用的土地，临时地或者长期性地转租与第三人，但必须征得出租人的同意并且不得借此牟取暴利。

②租赁权人的义务

租赁权在享受权利的同时，也对出租人负有一定的义务，主要包括：（A）按期缴纳租金的义务；（B）爱护租赁权标的物的义务；（C）转让租赁权时征得出租人的同意的义务；（D）尊重同一土地上其他权利人（包括土地他项权利人）的合法权益的义务；（E）法律或者合同规定的其他义务。

4）土地租赁权的消灭

①土地租赁权消灭的原因

（A）租赁权期限届满，租赁权人没有主张续租或者无权主张续租的；（B）租赁权标的物灭失或者被国家建设征用的；（C）租赁权人丧失利用土地的能力的，例如，承租人死亡且无人继承，作为承租人的企业破产等等；（D）租赁权人解除租赁关系，即放弃租赁权的；（E）出租人基于正当理由终止租赁关系的；（F）政府的行政决定或者人民法院的判决确定租赁关系终止的。

②土地租赁权消灭的效果

土地租赁权消灭时，租赁权标的物的占有和使用复归原主。租赁权人在标的物上的投资，在租赁权消灭时，原则上应由该租赁权人取回。附着于租赁权标的物上不能取回或者如果取回将损害原出租人利益的投资，可按添附原则确定为原出租人所有，但原出租人应本着公平原则，向原租赁权人支付适当的补偿。

13.2.3 地役权

（1）地役权概述

1）地役权的性质

地役权是指为自己土地的便利而利用他人土地的权利[3-4]，即为自己的土地利用需要，而对他人土地加以支配的权利。这里所说的"他人土地"，在我国，包括他人所有的土地和他人使用的土地。这里所说的"支配的权利"，包括在他人土地上实施一定行为或者限制土地所有人、使用人在其土地上实施一定行为的权利。地役权制度的本质在于实现不同主体在同一土地上的利用需要的并存与调和。

2）地役权与相邻权的区别和联系

①地役权与相邻权的区别

严格地说，我国现行立法尚无地役权的规定。《民法通则》第 83 条规定的是相邻关系制度而不是地役权制度；相邻关系是指不动产的相邻各方在处理相互权利冲突时，本着道德和理性的精神，对他人的权利行使加以容忍或者对自己的权利行使加以克制的行为准则的总称。所谓相邻权，不过是基于相邻关系准则一方对他方享有的一种请求权，即要求他方容忍自己的某种有益行为或者制止他方的某种有害行为的权利，而不是一种物上支配权；相邻权在本质上属于对他人所有权（以及其派生物权）的限制。所以，相邻权不是一种独立的物权，没有必要包括在土地他项权利的范围内。

②地役权与相邻权的联系

我国的相邻权与地役权之间有着较密切的关系。首先，在多数情况下，地役权的成立是以相邻关系为基础的。其次，一般地说，地役权的成立和行使应当遵循相邻关系的准则。

此外，我国立法在尚未正式采用地役权制度的情况下，确实将一些本应属于地役权的权利列入了相邻权的范畴。因此，在《民法通则》第 83 条和最高人民法院《关于贯彻执行＜中华人民共和国民法通则＞若干问题的意见》第97～103条所列的相邻权中，实际上包括一部分地役权。总的说来，现有的相邻权中，凡是以在他人土地上的一定行为为内容并长期存续的权利，属于地役权；而单纯以限制他人在其土地上的行为为内容或者关于临时在他人土地上实施一定行为的权利，则为相邻权。

3）我国地役权的范围

《民法通则》以及最高人民法院的司法解释所列举的相邻权中，包括了两种地役权，这就是通行权和排水权。而在实际生活中，应当纳入地役权保护范围的土地使用利益远不止这两种。我国的地役权应包括以下几种：

第一，通行权。指人、畜和车辆不受妨碍地通过他人土地的权利。

第二，用水权。指由他人土地或者经由他人土地获得水之利用的权利。其中包括：①排水权，即向他人土地或者经由他人土地排放自己土地之水的权利。②引水权，即由他人土地或者经他人土地将水引入自己土地的权利。③取水权，即自由进入他人土地（水源地、水流地）取水并运回自己土地的权利。④饮畜权，即利用他人土地上的水源或水流供自己牲畜饮用的权利。以上前两种权利，包含了为排水、引水而在他人土地上建造沟、渠或埋设地下管道的权利。后两种权利，在农村已为当地习惯所公认的，可不必履行他项权利登记。

第三，建筑物地役权。指为自己土地上的建筑物的建造、使用而利用他人土地的地面、地上建筑物或者地上空间的权利。其中包括：①建筑物支撑权，即利用邻居的地面、墙或梁支撑自己建筑物的权利。②搭梁权，即把房梁搭建在邻居墙上的权利。③伸出权，即以自己建筑物的某一部分（如阳台）伸入邻居土地上方的空间。④采光权，即在公用墙上或者邻居墙上开窗的权利。⑤禁止妨碍通风权和禁止妨碍采光权，这是为保障需役地人获得正常生产、生活、学习或工作所必要的空气、光线而限制供役他人的建筑、种植、堆放等行为的权利。

第四，工作物地役权。指为自己土地的需要，而以建筑物以外的其他固定设施或物件附着于他人土地的地面、地上建筑物或者地上空间的权利。例如，为需役地的引水、排水而在他人土地上设置排灌设施的权利，为需役地建筑物的用电而经过供役地架设电线的权利。

（2）我国地役权制度的主要规则

我国的地役权制度，应本着"既保护需役地人的使用利益，又维护供役地人的合法权益"的精神，建立和谐、公平的土地利用秩序。为此，需要建立以下规则。

1）地役权的取得

①地役权的原始取得

地役权原始取得的方式有：（A）依法律规定，包括民法和各种特别法的规定；（B）依习惯，即根据约定俗成的规则或惯例，某种地役权为当地居民所普遍承认；（C）依合同，即供役地所有权人或使用权人与需役地所有权人或使用权人之间就成立地役权而缔结的有偿合同或无偿合同；（D）依长期持续利用的事实，即根据事实上存在的土地利用关系，通过默示同意，或依据公平原则，而确认地役权的成立；（E）依法院判决，即法院在处理相邻土地之间在截水、排水、通行、通风、采光等方面的纠纷时，依据法律或者公平原则作出的确认当事人一方或双方享有某种地役权的判决。

②地役权的传来取得

地役权可以因需役地所有权、使用权的转移而转移。至于转移的原因，可以是需役地的征用，也可以是需役地使用权的出让、转让、出租、投资或者继承。

2）地役权的期限

地役权的存续期间一般是永久性的。有时也可以用地役权来保护某些临时性或短期性的使用利益。例如，因临时性施工需要而获准在他人土地上堆放材料的权利，可以被认为具有地役权的效力。

3）地役权的效力

①地役权人的权利义务

地役权人的权利，可分为积极权利和消极权利。其中，积极权利即对供役地的利用权。这种利用权，按不同的权利内容，可分为占有状态的利用和非占有状态的利用。例如，在他人土地上建设并维持水渠，是占有状态的利用；在他人土地上通行，是非占有状态的利用。消极权利是指限制或禁止供役地所有权人、使用权人在该土地上实施一定行为的权利。禁止妨碍通风、禁止妨碍采光，都是消极的权利。例如，引水权人有权限制或禁止供役地所有权人、使用权人筑坝截流的行为。

地役权人行使权利时，应当尊重供役地所有人、使用人的合法权益，尽可能地避免损害的发生。因行使地役权而不得不造成损害的，应本着公平原则，给予适当的补偿。因行使权利的方式不当或者对避免损害的发生欠缺必要的注意的，应当对所造成的损失承担赔偿责任。例如，在供役地上进行引水管道维修的，应尽可能减少对该土地上的植物、建筑物的损害；如果未尽到保护他人财产的必要注意，应当对由此造成的损失，承担赔偿责任。

②供役地所有权人、使用权人的权利义务

供役地所有权人、使用权人的权利，主要表现为消极权利，即排除地役权人滥用权利，使供役地所有权人、使用权人的正当利益蒙受不公平损失的行为。

供役地所有权人、使用权人的义务，主要是容忍义务，即容许和忍受地役权人在供役地上实施其权利范围内的利用行为的义务。此外，还有工作物维护义务，即对于供役地上的属于地役权人的工作物负有妥善保护和不得随意损害的义务。

4）地役权的消灭

①地役权消灭的原因

地役权因下列原因而消灭：（A）需役地丧失对供役地的利用需要。例如，需役地由农地改为建设用地，其原先为灌溉目的而在供役地上设立的引水权即归于消灭。（B）需役地对地役权利用的不能。这里所说的利用不能，包括事实上的不能和法律上的不能。例如，供役地因河道干涸而失去供水能力，或因山体滑坡道路阻隔而无法通行，为事实上的利用不能；供役地被征为军事禁区而不许邻人通行，为法律上的不能。但是，在利用可能重新出现时，仍不妨重新设立地役权。（C）权利期限届满。依合同而取得的地役权，在合同规定的权利存续期间届满时归于消灭。（D）地役权人放弃权利。地役权人以明示的意思表示放弃其地役权的，其地役权消灭。但是，已经登记的地役权，除有放弃的表示外，还须履行注销手续，方可发生权利消灭的效力。（E）混同。需役地和供役地的所有权或者使用权归于同一民事主体时（如地役权人取得供役地的所有权或者使用权，或者供役地的所有权人、使用权人取得需役地的所有权或使用权），地役权因混同而消灭。

在具备上述原因之一时，法院得依利害关系人的申请，宣告地役权的消灭。

②地役权消灭的效果

地役权消灭时，供役地所有权、使用权承担的义务和所受的限制随之消灭。依据地役权设置于供役地上的工作物，如为地役权人所专用，可容许其取回。如果工作物为地役权人与供役地所有权人、使用权人以及第三人所共用，而任其取回将有损其他利害关系人的利益，可不许取回，此时可适用附合原则，确认该工作物为供役地所有权人、使用权人所有，但是，取得该工作物的人，应当向地役权人支付适当的补偿。

13.2.4 土地借用权

（1）土地借用权概述

所谓土地使用权，一般地说，就是无偿占有使用他人土地的权利。我国现行土地法实践所承认的土地借用权，是我国长期以来的国有土地无偿划拨制度的产物。在这样的制度下，由于没有地产市场，用地单位之间的余缺调剂，主要通过两种方式进行，一是通过行政指令，改变划拨土地使用权人，即划拨土地使用权的收回和重新授予；二是通过用地单位之间的借用协议，由出借方将其暂或长期不用的土地无偿提供借用方使用。在当时，这种土地借用关系确实在一定程度上起到缓解土地供需矛盾和提高土地利用率的积极作用。更重要的是，通过这种方式长期形成的土地使用关系，在当前和今后一个较长时期内仍将继续延续。因此，通过土地他项权利的形式，对这种土地使用关系加以确认和保护，有利于稳定既成的土地使用格局，减少不必要的经济纠纷和损失，并实现土地资源的有效利用。土地借用权这种形式除了可以继续适用于国有划拨土地外，还可以适用于农用土地等限制使用权出租、转让的土地。

（2）有关土地借用权的主要规则

1）土地借用权的取得

土地借用权只能通过合同方式取得。土地借用合同，应当条款齐备，并且报土地管理部门登记。在有关土地借用权的法律、法规颁布和生效以后，未经登记的土地借用关系，不应再受法律保护。

2）土地使用权的期限

土地借用可以是临时性的，也可以是长期性的。当事人可以在合同约定借用期限。如未在合同中约定期限，则一般应以当事人中的一方提出终止借用关系的请求时确定的合理期限，或者双方议定的期限，作为土地借用权的终止期限。

3）土地借用权的效力

土地使用权人享有的权利占有、使用所借用土地并由此获得收益的权利。此外，土地借用权人还享有以下几种优先权：①续借权，即，可以在借用期满时，经出借人同意而继续借用该土地；②承租权，即，可以在借用期间或者期满时，通过与出借人达成协议，将借用关系转变为租赁关系（如为国有划拨土地，应补办土地出让手续）；③购买权，即，经出借人同意和国家土地管理部门批准，将借用的划拨土地转变为出让土地。

土地借用权应承担如下义务：①爱护借用权；②期满

返还标的物；③不得擅自改变土地用途；④借用权不得擅自转让、出租或抵押。

在借用权存续期间，未经借用权人同意，出借人不得将土地转让、出租或抵押给第三人，出借人未经借用权人同意而转让、出租、抵押土地使用权，给借用权或第三人造成损害的，应当承担赔偿责任。

4）土地借用权的消灭

土地借用权的消灭原因：①借用权期限届满，或者借用合同规定的解除条件成熟；②借用土地的使用权被国家收回，即出借方丧失土地使用权；③借用权放弃使用，或者丧失使用该土地的能力；④借用权人因违反法律被政府或法院终止借用权；⑤其他原因，例如，在农地借用权的场合，借用权可因国家征用土地或者借用人擅自改变土地用途等事由而消灭。

土地借用权消灭后，土地的占有、使用权利依不同情况，或者复归出借方，或者由国家收回土地使用权后另行授予其他单位。借用权人在土地上投资，原则上由其取回。不能取回或者一旦取回将损害出借人利益或国家利益的，可按添附原则处理，但受益人应当向该借用权人支付适当的补偿。

13.2.5　空中权和地下权

（1）空中权和地下权概述

空中权主要指以他人土地为依托，在其上空建造并维持某种建筑物、工作物（例如，桥梁、渡槽、高架道路、高架或悬空架设的广告标牌等等）的权利。地下权主要指在他人土地的地面以下埋设管道、电缆或者建造并维持地下设施（如隧道、地下铁道、地下商场、地下人防工程）

的权利。

空中权和地下权，在国外立法上已有先例。例如，日本民法典在1966年修订时，增设第269条之二（地下、空中之地上权），规定：对地下或空间，可以为拥有工作物为目的，以其上下之一定范围，设定地上权；在这种情况下，可以通过设定行为，确定为地上权的行使而对该土地使用的限制。在我国，土地管理实践已经承认空中权和地下权。我国的有些立法，规定了特定的空中权或地下权[2]。例如，《电力法》第16条和第53条规定的电力设施维持权，即在他人土地上架设、使用和维护输电线路和变电设施，并排除土地所有人、使用人实施任何可能危及电力设施安全的建筑、种植、堆放等行为的权利，即具有空中权的性质。

空中权和地下权与地役权的区别在于，地役权是基于需役地的使用利益而对他人享有的权利，而空中权和地下权是基于在他人土地上的直接使用利益而享有的权利（这种使用利益一般表现为建筑物、工作物的建造与维持）。所以，地役权的取得，通常以需役地的存在为前提，并以需役地的利用需要为依据，而空中权和地下权的取得，则无需这种前提和依据。

（2）我国空中权和地下权制度的主要规则

1）空中权和地下权的取得

①空中权和地下权的原始取得

空中权和地下权原始取得的方式有：（1）依法律、法规的规定，例如，《电力法》第16条和第53条的规定；（2）依行政命令和行政决定，例如政府批准某项市政建设工程的决定；（3）依合同，即土地所有权人或使用权人与该土地的空间、地下使用权之间就成立空中权和地下权而达成的协议，实践中，只要前者同意后者在该土地的空间或地下建造和维持建筑物、工作物，即可认定存在这样的协议；依合同取得空中权和地下权，可以是有偿的，也可以是无偿的；（4）依长期持续利用的事实，即根据事实上长期存在的空间、地下利用关系，通过默示同意，或依据公平原则，而确认空中权和地下权的成立。

由于空中权和地下权具有一定的排他性，同一土地的同一空间位置或者地下位置，不得重复设立空中权或地下权。取得空中权和地下权的，应当进行登记。

②空中权和地下权的传来取得

空中权和地下权可以因空中或地下的建筑物、工作物所有权的转移而转移。一般说来，建筑物、工作物的空中权或地下权不能脱离该物而单独转移。其转移的方式可以是转让、投资或者继承。转移空中权和地下权的，应当办理变更登记手续。

通过租赁、借用等方式取得空中或地下建筑物、工作物使用使用权的，也享有空中权或地下权。例如，临街铺面房屋的承租人，可以在该房屋的临街空间以适当方式悬挂字号、广告。

2）空中权和地下权的期限

空中或地下建筑物、工作物，如为永久性的，其空中权和地下权的存续期限以该建筑物、工作物的存续期限为准；如为临时性的，以约定期限或者实现该建筑物、工作物的目的所需要的合理期限为准。非建筑物、工作物的空中权或地下权的期限，法律法规、行政命令或者合同有规定的依规定，无规定的视为永久性存续；但是，永久性存续有违公共秩序或者公平原则的，应通过政府决定、法院判决或者当事人协议，确定其一定期限。

3）空中权和地下权的效力

空中权人和地下权人享有使用土地的权利。这不仅包括该权利所及的空间或地下的利用权，而且包括有关地面的利用权。例如，高架铁路的支撑物对地面的占用权，地下商场入口的地面占有权。为此，空中权人和地下权人有权排除对空间或地下利用权的不法妨碍及其他方式的侵害。同时，空中权人和地下权人在维护其空间或地下利用权的范围内，还有权请求地面土地所有权人、使用权人不实施或者另以适当方式实施某些土地利用行为。地面土地所有权人、使用权人负有尊重空中权和地下权的义务。

空中权和地下权可以转让、出租。但在有建筑物、工作物的场合，空中权和地下权应与该物一道转让、出租。空中权人、地下权人应当尊重地面所有权人、使用权人的合法权益。前者行使权利，不得给后者造成超出合理限度的或者本来应当和能够避免的损害。在空中权或地下权为有偿取得的场合，空中权人和地下权人应当按照合同约定支付出让金或租金。

4）空中权和地下权的消灭

①空中权和地下权消灭的原因

空中权和地下权因下列原因而消灭：（A）权利人丧失对空间或地下和利用需要。（B）权利期限届满。（C）权利的撤销。（D）权利的放弃。（E）混同。当空中权、地下权和土地所有权或使用权归于同一民事主体时，空中权、地下权因混同而消灭。

②空中权和地下权消灭的效果

空中权和地下权消灭时，其权利范围内的空间、地下及有关地面的占有、使用权利复归于地面土地所有权人或使用权人。至于空中权和地下权消灭时，其所涉的建筑物、工作物的归属问题，原则上应转归土地所有权所有，但权利人有权请求支付合理补偿。但是，当事人之间另有约定的，从其约定。

空中权或地下权的消灭，不影响空中或地下的建筑物、工作物上已经设立的抵押权。所以，尽管该建筑物、工作物因空中权或地下权的消灭而转归土地所有权人所有，抵押权人仍不妨对该建筑物、工作物行使抵押权。

13.3 本章小结

在我国，土地他项权利是泛指土地所有权和土地使用权以外的各种土地权利。也就是说，凡是不属于土地所有权和土地使用权，而在土地法上需要加以确认和保护的土地权利，都可以列入土地他项权利。因此，可以说，土地他项权利是一个开放的概念，随着我国土地法制的完善和土地利用实践的发展，土地他项权利的种类和具体项目将会有所变化。土地所有权和土地使用权以外的土地权利将会逐渐增加，土地他项权利所涵盖的具体权利也会越来越多。根据我国的实际，农村集体土地他项权利主要有抵押权、租赁权、地役权、借用权、空中权和地下权。目前，我国农村集体土地他项权利制度极不完善，今后要加大研究，进一步构建集体土地他项权利制度。

参考文献

[1] 国土资源部宣传中心．国土资源知识读本．北京：中国大地出版社，1998．52-53

[2] 向洪宜．中国土地登记手册．北京：改革出版社，1994．13-15

[3] 温世扬．物权法要论．武汉：武汉大学出版社，1997．145

[4] 李景丽．物权法新论．北京：西苑出版社，1999．215

第14章　农村集体土地产权制度创新

　　制度创新是指对现有制度的改变，即规则的调整或组织的变动[1]。制度创新，是基于个人或团体希望获得一些在旧有的制度安排下不可能得到的利润，并能够承担这类变迁的成本。当事人通过对成本、收益作出估算之后采取一种可以使效用最大化的行为模式，当预期的净收益超过预期的成本，一项制度安排就会被创新[2-5]。本章从分析当前我国农村集体土地产权制度中存在的问题出发，深入研究我国农村集体土地产权制度的创新思路和创新模式。

14.1　农村集体土地产权制度存在问题

　　1979年以来，我国农地使用制度有着明显的阶段性变迁特征[6]。大致可分为三个阶段：第一阶段从1979～1983年，这一阶段的土地制度变迁特征，可以归结为从人民公社时期的土地集体所有、集体经营，在经历不联产责任制—→联产责任制—→包产到组—→包产到户—→包干到户的制度变迁后，最后确立了土地的集体所有、农户家庭经营的基本形态。第二阶段从1984～1993年，制度变迁的主要内容是将土地承包期限明确延长至15年不变。第三阶段始于1993年，这一阶段制度变迁至今仍在持续中，制度变迁的政策除了强调土地承包期实行 30 年不变外，主要是强化和稳定农户家庭对土地经营拥有权利的完整性。因此，我国农村集体土地产权制度发生了深刻的变革，其基本特征是：农村集体土地所有权继续归农民集体所有，农民则以承包方式获得土地有限的使用权或经营权。农村集体土地产权制度的变革带来了农村集体土地生产率的巨大提高，但仍存在一些问题，主要有以下几个方面：

14.1.1 所有权主体虚位[7]

集体所有权按其本来含义，应当是全体集体成员的共同所有。但是，现实的情况是，由于在大多数地区农民集体经济组织已经解体或名存实亡，农民缺乏行使集体所有权的组织形式和程序[8]。《土地管理法》第十条规定："农民集体所有的土地依法属于村农民集体所有的，由村集体经济组织或者村民委员会经营、管理；已经分别属于村内两个以上农村集体经济组织的农民集体所有的，由村内各该农村集体经济组织或者村民小组经营、管理；已经属于乡（镇）农村集体所有的，由乡（镇）集体经济组织经营、管理。"但目前普遍存在的问题：一是乡镇管理的集体土地较少，仅有的一点乡镇集体企事业占用的土地，究竟谁是所有权代表也较为模糊，因为乡（镇）政府是国家机关，许多又没有集体经济组织；二是村民小组虽是基础，但一没有法律地位，二没有经济核算形式，三没有固定的办公地点；三是目前在我国农村，为数相当多的被征地的村民小组不同意将该小组的征地补偿费被全村平调，甚至被村挪用、扣留等。

14.1.2 权属意识淡薄

一是依法确权观念不强，主要表现在全国为数相当多的村或村民小组没有领取集体土地所有权证书。结果一旦发生土地权属纠纷，纠纷双方的集体组织都缺少法律凭证；二是当发生国家征地、司法仲裁等行政行为时，政府行政主管部门和司法机关也很少索要土地证书这一重要的法律凭证；三是集体不能充分行使土地所有权。最突出表现便是对各级政府"非为公共目的"而滥征滥用耕地时，村集体经济组织不能有效地进行抵制。

14.1.3 规模狭小，经营趋于分散化

目前，我国农业劳动力人均耕种 4.35 亩耕地，为世界平均水平的 1/4，法国的 1/48、美国的 1/230、加拿大的 1/376、澳大利亚的 1/4060，全国有 2.38 亿个农户，差不多就是 2 亿多个农业生产单位，户均经营土地规模太小[9]。承包制基本上实行按人平均分配农地，而且好坏远近搭配，在人口基数庞大的我国，必然会造成承包地过于细碎、零散化，有碍于耕作管理，缺乏规模经营和集约化的优势，生产成本高，劳动生产率低下[3]。

14.1.4 承包土地流转缓慢

从理论上讲，土地经营规模细碎可以通过土地流转来加以解决。但现实中土地流转非常缓慢，难以实现适度规模经营。其原因在于人均收入水平愈高，本地内农业就业机会愈高，农业劳动力愈不愿放弃土地就地从事兼业。而人均收入水平愈低，本地内农业外就业机会愈少，农业劳动力放弃土地跨地区就业的可能性愈大。另外土地承包缺乏科学性、规范化的流转机制。在现行的土地承包制度下，土地转让受到种种因素的制约，既缺乏明确的法律依据，也缺乏有效的市场机制，难以在更大范围内通过有效的流转实现土地资源的优化配置[10]。

14.1.5 土地承包权不稳定

我国自 20 世纪 80 年代初期推行农村联产承包制以来，不断稳定土地承包关系，强化农民的土地使用权，使土地利用的收益权基本上归属农民，但由于土地所有权不掌握在农民手中，他们的土地使用权和收益支配权实际上还要受到来自所有权的种种困扰，其中最突出的问题，就是土地承包关系不稳定，乡村干部任意解除承包合同或到期不续订承包合同，使承包者失去土地使用权。尽管《土地管理法》第十四条明确规定"土地承包经营期限为 30 年"，但在农村中一些基层乡、村干部对此很不理解，实际执行中也未能得到很好贯彻。土地的频繁调整与过短的土地承包期限，使农民对土地使用权缺乏安全感，结果导致许多农民对耕地进行掠夺式耕作。

14.1.6 土地他项权利被忽视

如前所述，在我国，土地他项权利是泛指土地所有权和土地使用权以外的各种土地权利。其意义在于对集体土地所有权、使用权以外的各种长期性土地权利进行确认和管理，以充分保护土地所有权人、使用权人以外的人们在土地上的各种合法使用利益，维持与土地有关的各种民事关系的稳定有序。我国土地公有制下的他项权利制度形成时间不长，目前的种类还不多，农村集体土地他项权利主要有抵押权、租赁权、地役权、借用权、空中权和地下权。而这些他项权利都有待于进一步规范和完善。

14.1.7 "四荒"拍卖问题突出

"四荒"地拍卖中主要有如下四个问题：（1）购买主体问题。我国的"四荒"地主要分布在偏远的贫困地区，在这些地区，少数农民连温饱问题都还没有解决，"四荒"

地是他们脱贫的主要资源，现在一些地区在拍卖"四荒"地时，把购买主体扩大到社区以外的农民、机关团体、工人和国家工作人员。从好的方面看，有利于利用社会的人力、物力和技术，但影响了当地农民的就业。从表面看，公开拍卖，很公平。但是贫困的农民因缺乏资金是无法参与竞买的；（2）购买规模问题。"四荒"地拍卖的基本规则是价高者得。一些富裕的农民、个体私营企业主购买荒地，少则几十亩、几百亩，多则上万亩。"四荒"地一般开发成耕地，使用年限可长达100年。这就产生两个问题：一是单个农户购入大面积的"四荒"地，是否能够有效管理；二是在生产力落后的地区，土地是农户收入的主要来源，占有耕地面积的悬殊是否会影响农村的稳定；（3）"四荒"地拍卖的收入分配。在一些地区，"四荒"地拍卖的收入主要用于农村基础设施建设，但也有少数地方把拍卖的收入主要用于弥补乡镇财政的不足。后一种情况容易诱致地方政府在"四荒"地拍卖中出现短期行为；（4）在许多地区，"四荒"地起着保持水土的作用，过度开发容易破坏生态环境。因此，不能盲目地鼓励"四荒"地拍卖。

14.1.8　农地收益分配关系紊乱，农户利益缺乏保障

在我国推行农村土地承包制以前，集体土地的利用效率一直很低。实行家庭联产承包责任制以后，农户家庭分散经营、单独核算取代集体统一经营、统一核算，集体土地的利用效率得到了明显的提高。同时，农户在农业生产上有了较大的经营自主权和农业外的就业选择权，从而使农业生产机会成本愈来愈高，农业比较利益下降，农业资源配置市场化倾向增强。农户收入的增长愈益依赖于农业

外经营，农户开始用粗放经营对付国家对主要农产品的定购任务，集体对农户的提留征收成本提高，最终导致国家、集体、农户三者利益不再以农产品供给增长为共同前提。土地收益分配所遵循的"交够国家的，留足集体的，剩下全是自己的"分配原则，虽然对农户追求土地边际收入有一定激励，但其弊端也十分明显。第一，这种分配原则未考虑成本及价格波动对农户利益的影响，以保障国家、集体利益实现为前提，并未真正兼顾农民利益；第二，集体统筹提留缺乏规范及量的有效约束；第三，在这种分配原则中，农业资源配置方式存在着显著的非单一性特点，即市场化和非市场化两种资源配置方式同时并存，国家、集体土地收益分配的不同取向使农民不能选择对自己有利的资源配置方式。

14.1.9 产权制度和组织机构与现代市场经济难以有效对接

现代市场经济是建立在社会化大生产基础上的以市场配置资源的经济形式。我国农业仍以小规模的农户家庭为经营主体，生产和经营呈耗散型和细碎化结构，农民的生产方式和生活方式合一，投融资能力十分低下。这种传统的土地制度和经营方式已经面临一系列的矛盾。一是分散的小规模的生产主体与现代化大生产所要求采取的生产手段和方式的矛盾，使得播种、翻耕、管理、收获各个环节无法采取先进的手段和方式；二是小农经济的投融资能力与现代化农业的投融资要求相矛盾；三是众多小规模的家庭农户的信息获取利用能力与现代市场经济的信息要求相矛盾，经常出现的信息不对称极易造成生产的同步调整行为，而趋同化又带来市场上的卖难问题，加剧了结构性的过剩；四是众多分散的交易所带来的交易成本高与农产品本身低下的利润空间的矛盾。

14.1.10 配套措施不健全

首先是农地市场不发达。长期以来，我国推行的是无偿、无流动、无期限的土地使用制度。虽然近几年来，城市用地市场已日趋完善，但农村土地市场远未形成；其次是没有系统的农地地价系统，农地定级估价目前还处在试点阶段；三是没有农地流转的运行机制；四是缺乏配套的农地流转政策法规。

14.2 农村集体土地产权制度创新难点

我国农村集体土地产权制度创新难点，主要体现在农村集体土地所有权如何对待和处理的问题，反映在以下三个方面。

14.2.1 所有权主体不明确

根据我国现行的有关法律规定，农村集体土地的所有权主体有三种形式；村农民集体、乡（镇）农民集体和村内农业集体经济组织。这是法律上的规定，但在实践中，究竟哪些土地是村农民集体的以及哪一个村集体的，哪些土地又是乡（镇）农民集体或村内农业集体经济组织的，甚至在一个乡（镇）内哪些土地属于乡（镇）的，哪些土地又属于村的，都难以明确。在没有明确产权界限的情况下，如果允许农村集体土地所有权自由流动，甚至买卖，必然引起土地利用的混乱，甚至产生不同土地所有权主体之间的矛盾。根据产权经济学理论，由于产权关系不明晰，会造成交易费用过大，直至无法交易，目前农村集体土地所有权难以到位及无法进行有偿使用，实际就是这个原因。

14.2.2 所有权主体的组织机构和能力难以满足要求

按现行的法律规定，农村集体土地所有权主体的三个类型——村农民集体、乡（镇）农民集体和村内农业集体经济组织，均存在着组织机构易变、组织和管理能力不高等问题，如果让他们行使土地所有权主体的职能，不利于土地资源的可持续利用，尤其是不利于农用土地的保护。目前我国农村的乡（镇）集体是乡（镇）政府，村集体的代表是村民委员会，都属于行政组织，而村内集体经济组织属于企业单位（有的带有政府色彩），但均属于最基层的组织单位，由于机构职能组织不全，人员素质参差不齐，地域发展信息闭塞等原因，难以从宏观的角度、长远的角度确定土地利用目标，因此难以适应作为市场经济条件下的土地所有权主体的要求。

14.2.3 土地所有权主体过多容易引起无序竞争

即使现行的集体土地所有权主体及其所拥有的土地能够明确，那么农村集体土地的所有权主体有各村农民集体、乡（镇）农民集体和村内农业集体经济组织等。据统计资料，中国现有74.8万个村，4.3万个乡（镇），再加村内集体经济组织，这么多集体土地的所有权主体，如果没有合理的国家控制和管理，而让他们自主行使严格意义上的土地所有权主体职能，在市场经济条件下，势必造成恶性竞争，甚至为了短期利益竞相压低地价，引起土地利用的不合理，最终造成对农业生产的不利影响。

14.3 农村集体土地产权制度创新方向

加入 WTO 后，我国农业生产将走向规模化、企业化和国际化道路，这就要求农村土地产权制度进行适应性的改革，即农村土地产权应是可转移的。而我国农村土地属集体所有，存在着土地所有权主体及其所拥有的土地不明确、所有权主体的组织机构和能力难以满足作为土地所有权主体地位的要求、土地所有权主体过多容易引起无序竞争等问题，在这种情况下如果放开农用土地市场，将引起新的混乱。因此应将农村集体土地的所有权关系上升为"国家对土地的管理和控制"关系，即国家拥有对集体土地的管理和控制权，而将土地使用权和承包经营权作为农民可控制的财产权，实行国家管理下的农村集体土地有偿使用制度。这样既体现土地由国家管理和城乡土地统一管理的原则，又有利于实现农民的土地使用权主体地位和土地市场交易方式与国际接轨。

我国农村集体土地产权制度创新方向：一是土地产权的细化，将更加有利于提高土地作为空间资源的利用效率；二是土地产权的明晰，将更加有利于土地权利的保护，特别是农民的土地财产权利将得到更为有效的保护。加入 WTO，投资多元化进一步发展，土地征用制度必须改革，土地征用范围将被严格限制，即必须具备为公共需要的正当目的，对农民的补偿将趋向于按市价货币补偿或入股的形式，即必须履行公正的补偿。农民对于集体土地的权利将会以承包权物权化固定农地使用关系，使农民的土地权利得到更长期的保障和更充分的实现。目前我国是通过集体与农户签订承包合同，使农户获得农地使用权，这种权利基于合同产生，属于债权性质，各地经常发生发包方任意撕毁合同和严重侵犯承包方合法权益的事件，就是与当前农户的土地承包权属于债权密切相关。如果采用物权关系固定农地使用关系，使农地使用权成为一种用益物权，基于物权的效力，不仅可以对抗一般人，并可以对抗所有权人，其内容、期限依法而定。土地产权的创新还必须适应物权价值化和国际化趋势。我国土地制度现在以保护土地所有权为主，随着市场经济的发展，土地的使用价值，常以使用权形态归属于用益权人，土地的交换价值，则以担保形态，归属于担保权人，所有权人以此获得融资。所以，所有权人对土地的现实支配演化为收取地价和获取融资的价值利益，这就是所谓物权的价值化趋势。为适应这种价值化和国际化趋势，在产权建设中应特别注重担保物权制度建设，战后发达国家法律和判例确认的新的担保形式凡切合我国实际需要的，均应尽可能采纳，如最高额抵押、企业财团抵押、浮动担保等。

加入 WTO 后，我国农业经营的市场化和规模化倾向将越来越强，势必导致土地的规模经营和集约经营，使农用地的流转更具规模。适合农业产业化、规模经营而发生的土地租赁，必须首先尊重农民的自主权，并承担优先安排当地农民从业的义务，不得破坏耕作条件。

另外，集体非农建设用地流转在城乡结合部和经济发达地区都已有相当规模。农地的低效益和建设用地的高效益，会导致农村集体非农建设用地的进一步流转，如果不能迅速从法律法规上进行规范，不明确其流转的合法性，不明确界定集体土地财产权，必将极大地破坏土地利用规划的实施，严重影响土地的合理利用。

所以，应该改革农村土地制度，实行制度创新，适应外商投资和我国农业规模化、产业化的要求。土地登记制度应进一步完善，覆盖面将大大扩展。先进科技的运用，将使土地信息搜集、整理、传输、查询更加便捷，从而更好地为政府决策服务、为社会服务、为保障交易安全服务。地价体系建设应更加完善，政府对土地市场的调控将更加有效。

14.4 农村集体土地产权制度创新原则

构建农村集体土地产权制度是一项艰巨的任务，创新制度需要做更多的工作。同时，应在遵循以下几个原则的前提下进行。

（1）合法原则。建立农村集体土地产权制度应以宪法、土地管理法等有关法律为基础，在现行法律的框架内进行；（2）三个"有利于"原则。应有利于提高农村生产力，有利于提高农民生活水平，有利于农村和农业经济的发展，并把这作为农村集体土地产权制度改革的目标；（3）稳定规范原则。要考虑到农村集体土地产权制度的稳定性和规范性。我国农村人口多、耕地少，一个制度应在相当长的时间内保持稳定，与目前农村生产力相适应，以保证农村稳定，同时要加强农村集体土地产权制度的规范化建设，杜绝由于不规范而引起的矛盾；（4）成本效益原则。要全面考虑改革农村集体土地产权制度的成本，如果改革的成本（包括经济、政治、社会生态成本等）远远超过改革的成果，这显然是与改革的目标相违背的；（5）宏观管理控制原则。进行农村集体土地产权制度创新时，应考虑国家对土地、国家对农村的宏观管理和控制能力；(6) 实事求是原则。明确改革目标后，在改革步骤、实施方式上要考虑到中国农村复杂多样的实践形式，不搞一刀切，不能急于求成。

14.5　农村集体土地产权制度创新关键

14.5.1　注重土地效率

在改革以前，我国农村土地制度一直重视"利用"，但土地的利用效率很低。其原因不是对土地"所有"的过分重视，而是忽视了利用者独立的经济利益，无视利用者独立的财产权利。在社会主义市场经济条件下，应当允许利用者对他人的财产包括他人承包的土地进行独立的为自己谋取利益的利用，因此农村集体土地所有权以外的产权制度的建立和完善十分重要。

14.5.2　处理好土地"所有"和"使用"的关系

在我国今后的农村土地制度改革中，不能过于强调所有权的绝对性，但对所有权的尊重是其他产权制度建立和完善的前提，对农村土地归属关系的强调仍然具有重要的现实意义。对农村土地的各种利用，其目的在于获取可归属于自己或者可为自己所有的劳动产品。如果不重视对农村土地所有权的归属关系，很难想象会重视劳动产品所有权的归属关系。其次，土地的有效利用要求土地能够流转，而土地流转必须以明确所有权为前提，以尊重土地所有权为基础，否则就会造成混乱的流转秩序。可见，过分强调"所有"不利于土地的有效利用。同样，过分强调

"利用"最终也要影响土地的有效利用。强调土地的"利用"并不是对土地的"所有"的否定，而是对土地所有权绝对性的否定。

14.5.3 界定和明确边界

我国农村集体土地所有制的改革应包括两个方面，一是在农村集体土地所有制前提下明确界定所有权的边界，落实所有制主体，规范所有者职能；二是农村土地所有制前提下明确使用权的职能，明确使用权边界，使农村集体土地使用权具有更大的灵活性，发挥激励作用。

14.5.4 建立完善的激励约束机制

农村集体土地所有制改革的重要任务是建立完善的激励约束机制。激励机制的实质就是经济利益的驱动诱导机制，使农业生产者劳有所获，有能力抵制其他经济主体的侵犯，具有自我保护的权力。约束机制的实质是规范农户的生产经营行为，珍惜有限的土地资源。约束机制包括所有权约束、法律约束和市场约束，其中所有权约束就是要健全土地所有权制度，落实土地所有者代表，规范土地所有者代表的行为。

14.6 农村集体土地产权制度创新思路

针对我国农村集体土地产权制度存在的问题，笔者认为，必须抓好以下几方面工作。

14.6.1 明确集体土地所有权主体

按照《土地管理法》抓好农村集体土地所有权主体的明确工作。总的原则：承认现状，尊重历史，因地制宜，尊重农民意愿，不搞一刀切。但不管采取哪种形式，都必

须明确集体土地所有权主体，使农村集体土地产权真正做到产权明晰、权属合法、权责明确、责权统一，使农村集体土地的所有权人和使用权人的合法权益都能得到有效保障。通过明确农村集体土地的产权主体来进一步强化农民对土地所有者的权属意识和集体意识，保障集体对承包土地的最终收益权和处置权。与此同时还要逐步做到所有权、承包权（使用权）、经营权分离，使国家、集体、个人三者利益都得到合法保护。

14.6.2 强化集体土地使用权

（1）进一步贯彻《土地管理法》。为了更好地保护农民的合法权益，调动农民的生产积极性，促进农业和农村经济的持续发展，《土地管理法》明确规定土地承包经营期限为30年，即承包某块土地的农民在30年内在同一块土地上经营，该块土地不得被随意调换为其他的土地[11]。对于家庭承包制所出现的一些问题，应采取合理的措施加以解决，使承包制进一步合理化、科学化；（2）应细化和强化土地使用权权能。土地使用权是农村产权制度建设的主要内容。目前在我国农村，土地使用权主要表现为承包经营权，由于我国法律规定土地承包期为30年不变，这就为实行土地使用权物权化提供了法律保障[12]。（3）逐步推行农村宅基地有偿使用，对有偿使用的标准、方式等应进行规范。

14.6.3 稳定集体土地承包权[13]

稳定农村集体土地承包权，一是切实执行土地延包30年不变的政策，使土地使用权长期不变，使农民更加珍惜和热爱土地；二是明确管理主体。目前农用地承包合同管理分属林业、农业等行政主管部门，这是历史形成的。但如果承包权等同于使用权的话，土地行政主管部门就应积极参与，以便使农地资产与城市土地资产的管理、流转以及政策的制定一致起来，使农地与城市土地流转程序相符，方法统一，避免出现政出多门、两个市场不衔接的问题；三是对承包经营的土地要依法进行适当调整。土地承包经营期限为30年，这是一个原则，是不能违反的。但随着经济的发展，自然条件的变化，有可能出现需要调整个别承包经营者之间承包土地的情况。如果绝对不允许对承包经营的土地进行调整，反而有可能出现不利于农民生产的情况。但调整必须严格根据有关法律法规进行。

14.6.4　确保收益权和处置权

农村集体土地收益权包括所有者收益权和使用者收益权。所有者收益权主要表现为，一是集体经济作为土地所有者将土地承包给使用者后收取承包费的权利；二是当集体农地所有者将农地出租给使用者时，向承租者收取土地地租的权利；三是当集体农地所有者将农地作为股份，把土地资本投入到土地股份合作社或加入其他农业股份合作社时，有获得土地股份红利的权利。使用者收益权主要表现为，通过承包获得的土地使用权或以有偿方式取得的农地使用权的农民也应有再处置和获得收益的权利。土地所有者应具有土地发包权、出租权、入股权、收益权、收回权；使用者具有对取得土地使用权的土地再处置的权利，如转租、转包、转让、继承、赠予等权利。

14.6.5　完善土地他项权利

在我国，目前尚无土地他项权利抵押的规定，今后应从法律上明确集体土地他项权利的抵押事项。土地租赁、借用须进一步规范，租赁合同和借用合同必须采用书面形式，并履行登记。严格地说，我国现行立法尚无地役权的规定，针对这问题，须从法律上界定地役权，区别地役权与相邻权。我国土地管理实践已经承认空中权和地下权，有些立法也规定了特定的空中权或地下权，但仍不十分科学，在概念上常与地役权相混淆。

14.6.6 拓展国家管理权、规划权和发展权等

农村集体土地产权除土地所有权和土地使用权外，还有规划权、管理权、发展权等，规划权、管理权、发展权等是不同于土地所有权和土地使用权的一组权利，它是国家控制的权利形式。随着我国政府对土地管理尤其集体土地管理工作的加强，管理权、规划权、发展权权能也必将不断加强，这在一定程度上是对土地所有权和土地使用权的限制，规划权、管理权、发展权等相对弱化了土地所有权和土地使用权权能。加大国家管理权、规划权和发展权等，一方面可通过制定法律，不断规范农村集体土地产权制度建设中出现的问题，另一方面，要加强监督和管理，使相关土地政策落到实处。

14.6.7 规范"四荒"拍卖

"四荒"地首先要满足当地农民的需要。各地区要根据当地的实际情况，采取不同方式明晰"四荒"地的产权，拍卖不是惟一的方式，至少承包也是明晰"四荒"地产权的一种方式。其次，政府机关及其工作人员购买荒地既助长了以权谋利，又不利于政企分开，转变政府职能，弊多利小。单个农户购入"四荒"地的数量，应与其治理开发的资金和能力相适应，要立足于发动多数农户参与。拍卖收入应留在村集体经济组织内，并在村民有效监督下专项用于本村基础设施建设，或抵付农户的集体提留，也

可以分配到户。"四荒"地拍卖要与水土保持、生态环境的保护相结合。要加强土地利用规划，有计划地、有步骤地开发"四荒"地，使"四荒"地开发与水土保持、草原资源保持有机地结合起来。

14.6.8 吸纳工商资本进入，构建现代农场制度

要在明确土地集体所有权、稳定农户家庭承包权、搞活土地使用经营权、完善土地他项权利的基础上进行制度创新，促进土地的适度规模经营，提高农业劳动生产率和现代化水平。要建立与现代市场经济相适应的现代农场制度，实施企业化、公司化管理。要积极鼓励工商资本的进入，在工商资本与农业资本之间构建顺畅的联姻渠道。现代农场作为一个法人实体，既有信贷优势，为解决资金瓶颈奠定基础，又可以集聚人才、技术、信息等生产要素，减少农业的自然风险和市场风险的双重风险，极大降低农业交易成本，而且可以科学合理整合各种生产要素，树立整体品牌形象，统一开拓市场。现代农场制度，是充分实现用现代工业装备农业、用现代科技改造农业、用现代科学知识武装农民、用现代管理方式管理农业的理想载体和组织模式[9]。

14.6.9 农地承包经营权股权化

农地承包经营权股权化就是在坚持家庭联产承包责任制的基础上，让农户的农地承包经营作价入股，股权分配给农民个人所有，土地交给集体统一规划、统一开发利用，实行土地的集约经营或规模经营。农地承包经营权股权化后，无论农地随市场和经营发展如何变动，农民的农地股权不变，其实质是农地承包经营权的货币化、股份化、市场化，从而实现农地的所有权、承包权、经营权三

权的分离，把农民对农地的承包经营权用"股权"形式长期稳定下来。让农地承包经营权入股的方式建立土地股份合作制的农地产权制度创新模式，目前在我国一些经济发达地区的农村，如广东、山东、浙江、福建、上海等地正在进行广泛的试验探索，各地在具体操作上并不完全一致。

14.6.10　做好集体土地产权制度的配套建设

（1）农地市场建设必须加快。农地要逐步变成可以流转的资产，就必须建立农地市场。一级农地市场主要是农村集体土地所有者对农地的出租、出让和发包。条件具备的农村，也可以将承包制变成租赁制、变无偿为有偿。目前主要是村委会对耕地的发包、"四荒"地的拍卖等形式的一级市场。农地二级市场，即农地的转租、转让、转包、入股和抵押等目前还没有相关的法律法规予以规范；（2）建立起农地估价和地价体系。目前农地由于没有很好地流转起来，农地基本上没有形成地价体系，这也为农地流转带来困难。农地市场要建立，农地分等定级工作必须加强，农地估价方法和体系必须进一步完善[14]；（3）配套法规建设和制度改革。国有土地与集体土地，集体建设用地与农地是相互链接的整体。集体土地流转的政策设计必须重视各种土地使用制度改革的互相配套，特别是征地制度、土地用途管理制度、土地供应制度和土地税费制度等的配套改革[15]。

14.7　农村集体土地使用制度现实选择

对农村集体土地使用制度的改革，近几年来理论界进行广泛的讨论。基于效率与公平兼顾的原则，现阶段的耕地使用制度改革应当是：平均分配、无偿占有、定期调整、滚动使用。其他农地使用制度应当是：有偿使用，租金分配到户。

（1）耕地使用制度改革

1）平均分配

对耕地使用的分配，理论界提出了多种改革方案，如向种田能手集中、竞价承包、租赁经营等。由于耕地具有降低劳动力转移风险和对农民具有社会保障功能，并且耕地仍然是多数农民的主要收入来源。因此，耕地使用权应平均分配。

按人均包、好坏搭配的办法，确实造成承包耕地的细碎化。这是许多学者否定家庭承包制的主要依据之一。笔者认为，要从发展的观点来看待这个问题。首先，就全国总体而言，农户承包的耕地细碎化，过去和现在都没有影响农地利用效率。因为我国农业总体上仍然属于传统农业，以人力和畜力耕作为主，机械作业的比重还不高。我国农村劳动力相对过剩问题在相当长时间内还无法根本解决，农业还只能是劳动密集型产业，资本替代劳动还无法大规模地进行。其次，耕地细碎化问题，可以在按人平均分配土地的前提下解决。具体做法有：

①用"标准土地"法分配农地，集中农户承包的地块，通过生产队全体成员集体评议，把位置、肥力、地势中等的农地作为"标准土地"，把其他优等、劣等地折算成"标准土地"，再把"标准土地"按人口多少分配到户。

②在现有的承包地块不变的条件下，实行"统一作业，有偿服务，分户经营"的体制。我国农村人口多，农

村过剩劳动力在相当长时期内还无法全部转移到非农产业，农户经营只能是小规模经营，不可能每个农户都购置成套的农业机械。因此只要加强农户之间的协调，按人口平均分配农地与农业机械化之间并不矛盾。

2）无偿占有农地

从理论上说，农户是有偿占有集体农地还是无偿占有集体农地，本质上是收入分配的方法问题，而不是地租多少或是否支付地租问题。因为集体农地所有权属于全体集体成员，集体成员使用属于自己份额的农地不存在支付地租问题，这不同于使用国有土地和其他集体组织的土地。首先，农户平均地、无偿地使用农地就是集体所有权的实现形式，因此农户以这种方式取得的土地使用权与所有权之间不是租赁关系，地租也不是所有权的实现形式。其次，无偿占有土地也不是农地粗放经营和农地使用权流转困难的原因。在土地私有制的国家里，许多土地是祖辈遗留给下一代的，对下一代来说也是无偿的，但并没有阻碍土地的有效利用和土地的流转。

3）定期调整，滚动使用

确定合理的农地使用期，是农地使用制度建设的一个重要问题，也是许多国家所重视的问题。1984年，中共中央在《关于一九八四年农村工作的通知》中规定，土地承包期一般应在15年以上。1993年，中共中央和国务院在《关于当前农业和农村经济发展的若干改革措施》中规定，原定的耕地承包期到期之后，再延长30年不变。无论是农地公有制国家，还是农地私有制国家，一般都以法规形式对租佃期进行限制。例如，法国把农地租约期由战前的3年改为1946年的9年和现在的30年，意大利由3年改为现在的 15 年，以色列规定不少于 90 年。越南在 1993 年颁布的《土地法》中规定，粮食作物和水产养殖的土地使用期限为 20 年，用于多年生作物的土地使用期限为 50 年。

农地使用期长短的实质是公平与效率的权衡问题。越是考虑公平，使用期就越短，相反，越考虑效率，农地使用期越长。这个问题又体现在确定农地使用期的标准问题。在保证农户使用权在使用期内相对稳定的同时，对人口增减和耕地减少进行一些微调也是必要的。这种微调可以在 3 ~ 5 年内进行一次，以缓和人地矛盾。微调的情况有：①死亡人员的农地收归集体；②妇女出嫁的农地收归集体；③户籍迁出人员的农地收回集体；④收归集体的农地分配给人口增加和因集体、国家基本建设而减地的农户。同时，对原使用者对土地的投入给予适当的补偿。

（2）非耕地农地资源的使用制度

我国农地使用制度的改革，主要是围绕着耕地的使用制度，而对非耕地农地资源的使用制度的改革还不够重视。有的地方对非耕地农地资源的使用权属缺乏明确的界定，有的则在"集体所有"的形式下任其自生自灭，有的则简单地把家庭承包制引入到非耕地的使用制度中。但是，非耕地农地资源具有不同于耕地的特点，如开发投资的规模大、周期长；土地范围广且多属边远地区，管理成本大。这些特点决定了经营者必须具备一定的开发能力，必须有较多的、稳定的经营使用期，而不能简单地套用按人平均分配的家庭承包制。集体所有的非耕地农地资源的使用权可采取出租、招标、承包、出让等方式，其经营主体可以是集体内部个人和单位，也可以是社区外的个人和单位。由于不是在集体组织成员之间平均分配，因此集体非耕地农地资源就存在着地租，包括绝对地租和级差地租。目前，我国农村生产力水平比较低，集体组织从非耕地农地资源中收取的地租，在扣除部分公共积累后，应当分配到户。提取的公共积累，应当纳入国家控制的集体提留5%的范围内。

近几年来，各地对非耕地农地资源的使用制度进行积极的探索。其中，"四荒"荒（荒山、荒坡、荒沟、荒滩）的拍卖格外引人注目。所谓"四荒"的拍卖，是农村集体经济组织代表本社区的全体成员，以拍卖在方式，出让"四荒"土地使用权给社区内外的公民、法人等，用于农林渔牧生产经营，并于使用期满时将其收归农村集体经济组织。

14.8 农村集体土地产权制度创新模式

通过以上分析，可以形成构建农村集体土地产权制度的基本模式，这种模式是以农村集体土地所有权为基础、土地使用权为核心、他项权利为补充、国家管理者权利为限制的农村集体土地产权制度。具体内容可见以下图示：

14.9 农村集体土地产权制度创新的法制建设

为了适应 WTO 的要求，保证农村土地产权制度改革顺利发展，国家必须出台相应法律、法规和政策规定。

（1）尽快制定我国农村集体土地使用制度改革的法律性文件。关于农村集体土地的有偿使用问题，现行的法律和法规中一直未进行明确规定，随着我国加入 WTO 后各种

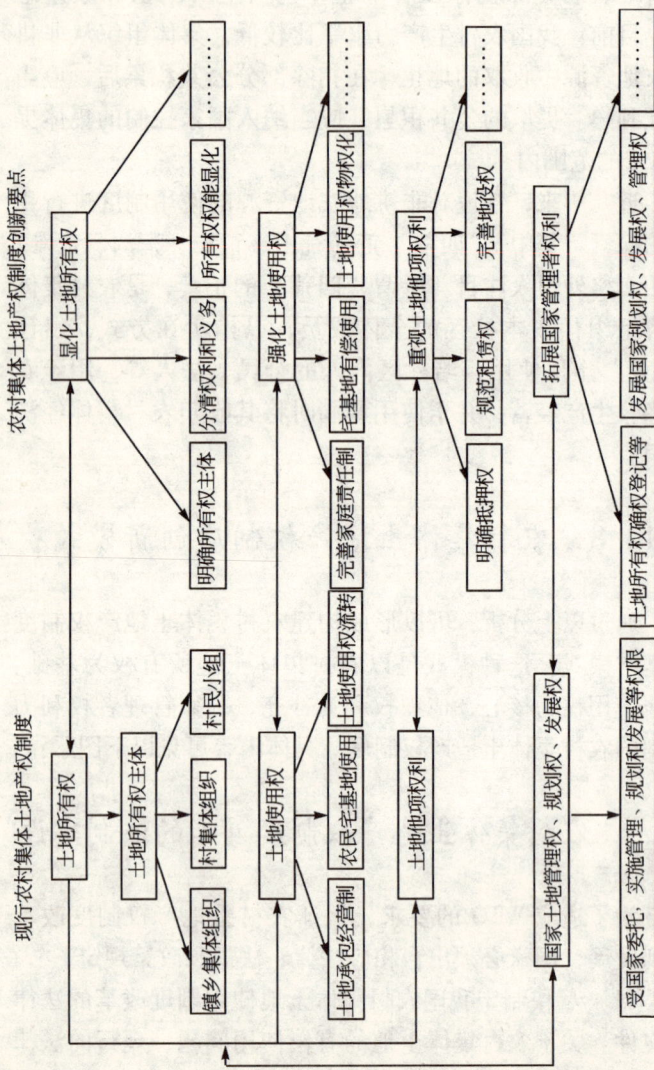

农村集体土地产权制度创新模式框图

现行农村集体土地产权制度

- 土地所有权
  - 土地所有权主体
    - 镇乡集体经济组织
    - 村集体经济组织
    - 村民小组
  - 土地使用权
    - 土地承包经营制
    - 农民宅基地使用
  - 土地地项权利

- 国家土地管理权、规划权、发展权
  - 国家土地管理、实施管理、规划和发展等权限

农村集体土地产权制度创新要点

- 显化土地所有权
  - 明确所有权主体
  - 分清权利和义务
  - 所有权权能显化
  - ……

- 强化土地使用权
  - 完善家庭责任制
  - 宅基地有偿使用
  - 土地使用权流转
  - 土地使用权物权化
  - ……

- 重视土地地项权利
  - 明确抵押权
  - 规范租赁权
  - 完善地役权
  - ……

- 拓展国家管理者权利
  - 土地所有权确权登记等
  - 发展国家规划权、发展权、管理权
  - ……

- 受国家委托，规划和发展等权限

非耕地农地资源就存在着地租，包括绝对地租和级差地租。目前，我国农村生产力水平比较低，集体组织从非耕地农地资源中收取的地租，在扣除部分公共积累后，应当分配到户。提取的公共积累，应当纳入国家控制的集体提留 5% 的范围内。

近几年来，各地对非耕地农地资源的使用制度进行积极的探索。其中，"四荒"荒（荒山、荒坡、荒沟、荒滩）的拍卖格外引人注目。所谓"四荒"的拍卖，是农村集体经济组织代表本社区的全体成员，以拍卖在方式，出让"四荒"土地使用权给社区内外的公民、法人等，用于农林渔牧生产经营，并于使用期满时将其收归农村集体经济组织。

14.8　农村集体土地产权制度创新模式

通过以上分析，可以形成构建农村集体土地产权制度的基本模式，这种模式是以农村集体土地所有权为基础、土地使用权为核心、他项权利为补充、国家管理者权利为限制的农村集体土地产权制度。具体内容可见以下图示：

14.9　农村集体土地产权制度创新的法制建设

为了适应 WTO 的要求，保证农村土地产权制度改革顺利发展，国家必须出台相应法律、法规和政策规定。

（1）尽快制定我国农村集体土地使用制度改革的法律性文件。关于农村集体土地的有偿使用问题，现行的法律和法规中一直未进行明确规定，随着我国加入 WTO 后各种

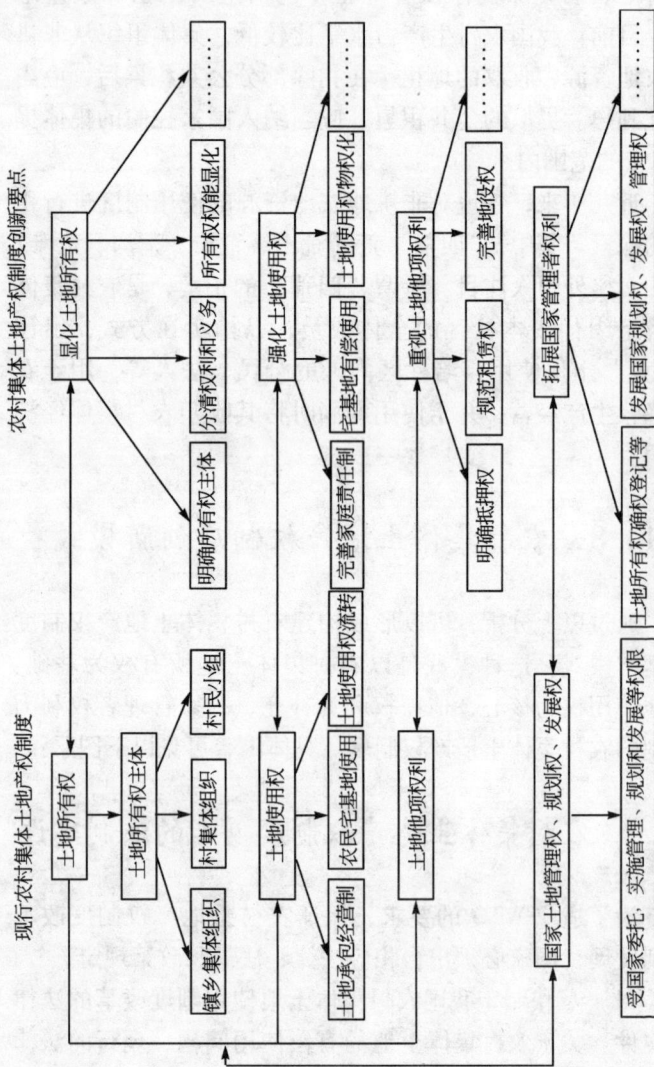

农村集体土地产权制度创新模式框图

现行农村集体土地产权制度

农村集体土地产权制度创新要点

208

制度、政策逐步调整，我国农业生产的国际化是必然趋势，实行农村土地有偿、有限期、可流动使用也势在必行。在城市土地使用制度改革中，1990年国务院出台了55号令，对城市土地有偿使用进行了具体而明确的规定，拉开了城市土地有偿使用的序幕，尽管它只是一个国务院条例，但在很大程度上起到了一部法律的作用。现在农村土地产权制度改革也必须有相应的法律性文件出台，对有关农村土地产权利益关系及有偿使用中的具体问题进行明确规定。

（2）出台我国农村土地利用管理的政策性规定。实行农村土地有偿、有限期、可流动的使用，将农村土地的国家控制和管理权、土地所有权同农村土地使用权和承包经营权相分离，是农村土地产权制度的重大改革。在改革中如何保障各种权利和义务关系，如何保证土地产权转移过程中的土地合理利用，以及农村土地有偿使用应如何操作，国家应如何管理，乡、镇、村集体应如何管理等，必须出台明确而具体的政策性管理规定。

（3）加强农村土地产权登记和产权转移的审批管理。要实行农村土地有偿使用，建立农村土地市场，对土地产权进行登记和对土地产权转移过程进行必要的审批，是实现农民土地财产权和促进农用土地资源合理有效利用的基本保证。我国现阶段的土地登记，主要集中在对国有土地使用权和集体土地建设用地使用权的登记，对土地产权转移的审批也主要集中在集体土地征用和国有土地划拨、出让等方面。在农村集体土地使用制度改革后，还必须加强对农用集体土地的产权登记及产权转移的审批工作，以保护合法的土地财产权益，并通过对农用土地产权转移的审批，实行土地用途管制，保护农用土地资源，促进农用土地资源可持续利用。

14.10　本章小结

（1）经过土地管理部门和物权法专家的共同努力，我国农村集体土地产权制度改革已取得了可喜的成绩，但仍存在所有权主体虚位、权属意识淡薄、规模细碎、流转缓慢、承包权不稳定、土地他项权利被忽视、收益分配关系紊乱、与现代市场难以有效对接及土地产权制度改革配套措施不健全等问题。针对这些问题，我们可以通过进一步明确农村集体土地所有权主体、强化农村集体土地使用权、稳定农村集体土地承包权、确保收益权和处置权、完善土地他项权利、拓展国家管理权规划权和发展权等、构建现代农场制度以及做好土地产权制度的配套建设来解决。（2）农村集体土地产权制度创新的难点主要体现在土地所有权如何对待和处理问题。农村集体土地产权制度创新方向，一是土地产权的细化，二是土地产权的明晰，三是适应物权价值化和国际化趋势，四是适应农业规模化和产业化的要求。农村集体土地产权制度创新应遵循合法原则、三个"有利于"原则、稳定规范原则、成本效益原则、宏观管理控制原则和实事求是原则。农村集体土地产权制度改革的关键，一要注重土地效率，二要处理好"所有"和"使用"的关系，三要界定和明确边界，四要建立完善的激励约束机制。（3）基于效率与公平兼顾的原则，现阶段的耕地使用制度改革应当是：平均分配、无偿占有、定期调整、滚动使用。其他农地使用制度应当是：有偿使用，租金分配到户。（4）创新后的农村集体土地产权制度的基本模式是以农村集体土地所有权为基础、土地使用权为核心、土地他项权利为补充、国家管理者权利为限制的新型的农村土地产权制度。为了适应 WTO 的要求，国家必须及时出台相应的法律、法规和政策规定。

参考文献

［1］杨书剑．中国投资制度创新研究．北京：中国经济出版社，1998.2

［2］农业部农村经济研究中心．中国农村研究报告（1990～1998）．北京：中国财政经济出版社，1999.402

［3］余艳琴．论我国农地产权制度的持续创新．农村经济，2002（1）.17-20

［4］姚咏涵．家庭承包制下土地功能的实证考察与农地经营制度创新．农业经济，2002（3）.11-13

［5］张红宇．中国农地制度变迁的制度绩效：从实证到理论的分析．中国农村观察，2002（2）.21-33

［6］张红宇，刘玫，王晖．农村土地使用制度变迁：阶段性、多样性与政策调整．农业经济问题，2002（2）.12-20

［7］林世彪，冯久先，孔祥智等．新时期四川农村土地承包经营问题研究，2002（3）.40-42

［8］王卫国．中国土地权利研究．北京：中国政法大学出版社，1997.99

［9］顾利民．农民增收的经济学思考．绍兴研究，2001（3）.29-32

［10］杨柳．农村承包经营权股权化思考．中国土地，2000（9）.13-16

［11］吴高盛．中华人民共和国土地管理法条文解释．北京：人民法院出版社，1998.23

［12］张玉伟．中华人民共和国最新土地管理法规适用手册．北京：中国建材工业出版社，1998.28-33

［13］李仁方．浅谈农村土地制度中存在的问题及对策．农村经济，2002（1）.23-25

［14］单胜道，俞劲炎，叶晓朋等．农业用地评估方法研究．资源科学（学报），2000（1）.45-50

［15］叶艳妹，彭群，吴旭生．农村城镇化、工业化驱动下的集体建设用地流转问题探讨——以浙江省湖州市、建德市为例．中国农村经济，2002（9）.36-42

附录：农村集体土地产权制度建设有关法律、政策

中华人民共和国土地管理法

（1986 年 6 月 25 日第六届全国人民代表大会常务委员会第十六次会议通过 根据 1988 年 12 月 29 日第七届全国人民代表大会常务委员会第五次会议《关于修改 < 中华人民共和国土地管理法 > 的决定》修正 1998 年 8 月 29 日第九届全国人民代表大会常务委员会第四次会议修订）

目 录

第一章 总 则

第一条 为了加强土地管理，维护土地的社会主义公有制，保护、开发土地资源，合理利用土地，切实保护耕地，促进社会经济的可持续发展，根据宪法，制定本法。

第二条 中华人民共和国实行土地的社会主义公有制，即全民所有制和劳动群众集体所有制。

全民所有，即国家所有土地的所有权由国务院代表国家行使。

任何单位和个人不得侵占、买卖或者以其他形式非法转让土地。土地使用权可以依法转让。

国家为公共利益的需要，可以依法对集体所有的土地实行征用。

国家依法实行国有土地有偿使用制度。但是，国家在法律规定的范围内划拨国有土地使用权的除外。

第三条 十分珍惜、合理利用土地和切实保护耕地是我国的基本国策。各级人民政府应当采取措施，全面规划，严格管理，保护、开发土地资源，制止非法占用土地的行为。

第四条 国家实行土地用途管制制度。

国家编制土地利用总体规划，规定土地用途，将土地分为农用地、建设用地和未利用地。严格限制农用地转为建设用地，控制建设用地总量，对耕地实行特殊保护。

前款所称农用地是指直接用于农业生产的土地，包括耕地、林地、草地、农田水利用地、养殖水面等；建设用地是指建造建筑物、构筑物的土地，包括城乡住宅和公共设施用地、工矿用地、交通水利设施用地、旅游用地、军事设施用地等；未利用地是指农用地和建设用地以外的土地。

使用土地的单位和个人必须严格按照土地利用总体规划确定的用途使用土地。

第五条 国务院土地行政主管部门统一负责全国土地的管理和监督工作。

县级以上地方人民政府土地行政主管部门的设置及其职责，由省、自治区、直辖市人民政府根据国务院有关规定确定。

第六条 任何单位和个人都有遵守土地管理法律、法规的义务，并有权对违反土地管理法律、法规和行为提出检举和控告。

第七条 在保护和开发土地资源、合理利用土地以及进行有关的科学研究等方面成绩显著的单位和个人，由人民政府给予奖励。

第二章　土地的所有权和使用权

第八条 城市市区的土地属于国家所有。

农村和城市郊区的土地，除由法律规定属于国家所有的以外，属于农民集体所有；宅基地和自留地、自留山，属于农民集体所有。

第九条 国有土地和农民集体所有的土地，可以依法确定给单位或者个人使用。使用土地的单位和个人，有保护、管理和合理利用土地的义务。

第十条 农民集体所有的土地依法属于村农民集体所有的，由村集体经济组织或者村民委员会经营、管理；已经分别属于村内两个以上农村集体经济组织的农民集体所有的，由村内各该农村集体经济组织或者村民小组经营、管理；已经属于乡（镇）农民集体所有的，由乡（镇）农村集体经济组织经营、管理。

第十一条 农民集体所有的土地，由县级人民政府登记造册，核发证书，确认所有权。

农民集体所有的土地依法用于非农业建设的，由县级人民政府登记造册，核发证书，确认建设用地使用权。

单位和个人依法使用的国有土地，由县级以上人民政府登记造册，核发证书，确认使用权；其中，中央国家机关使用的国有土地的具体登记发证机关，由国务院确定。

确认林地、草原的所有权或者使用权，确认水面、滩涂的养殖使用权，分别依照《中华人民共和国森林法》、《中华人民共和国草原法》和《中华人民共和国渔业法》的有关规定办理。

第十二条 依法改变土地权属和用途的，应当办理土地变更登记手续。

第十三条 依法登记的土地的所有权的使用权受法律保护，任何单位和个人不得侵犯。

第十四条 农民集体所有的土地由本集体经济组织的成员承包经营，从事种植业、林业、畜牧业、渔业生产。土地承包经营期限为 30 年。发包方和承包方应当订立承包合同，约定双方的权利的义务。承包经营土地的农民有保护和按照承包合同约定的用途合理利用土地的义务。农民的土地承包经营权受法律保护。

在土地承包经营期限内，对个别承包经营者之间承包的土地进行适当调整的，必须经村民会议 2/3 以上成员或者 2/3 以上村民代表的同意，并报乡（镇）人民政府和县级人民政府农业行政主管部门批准。

第十五条 国有土地可以由单位或者个人承包经营，从事种植业、林业、畜牧业、渔业生产。农民集体所有的土地，可以由本集体经济组织以外的单位或者个人承包经营，从事种植业、林业、畜牧业、渔业生产。发包方和承包方应当订立承包合同，约定双方的权利和义务。土地承包经营的期限由承包合同约定。承包经营土地的单位和个人，有保护和按照承包合同约定的用途合理利用土地的义务。

农民集体所有的土地由本集体经济组织以外的单位或者个人承包经营的，必须经村民会议 2/3 以上成员或者 2/3 以上村民代表的同意，并报乡（镇）人民政府批准。

第十六条 土地所有权和使用权争议，由当事人协商解决；协商不成的，由人民政府处理。

单位之间的争议，由县级以上人民政府处理；个人之间、个人与单位之间的争议，由乡级政府或者县级以上人民政府处理。

当事人对有关人民政府的处理决定不服的，可以自接到处理决定通知之日起 30 日内，向人民法院起诉。

在土地所有权和使用权争议解决前，任何一方不得改变土地利用现状。

第三章　土地利用总体规划

第十七条 各级人民政府应当依据国民经济和社会发展规划、国土整治和资源环境保护的要求、土地供给能力以及各项建设对土地的需求，组织编制土地利用总体规划。

土地利用总体规划的规划期限由国务院规定。

第十八条 下级土地利用总体规划应当依据上一级土地利用总体规划编制。

地方各级人民政府编制的土地利用总体规划中的建设用地总量不得超过上一级土地利用总体规划确定的控制指标，耕地保有量不得低于上一级土地利用总体规划确定的控制指标。

省、自治区、直辖市人民政府编制的土地利用总体规划，应当确保本行政区域内耕地总量不减少。

第十九条 土地利用总体规划按照下列原则编制：

（一）严格保护基本农田，控制非农业建设占用农用地；

（二）提高土地利用率；

（三）统筹安排各类、各区域用地；

（四）保护和改善生态环境，保障土地的可持续利用；

（五）占用耕地与开发复垦耕地相平衡。

第二十条 县级土地利用总体规划应当划分土地利用区，明确土地用途。

乡（镇）土地利用总体规划应当划分土地利用区，根据土地使用条件，确定每一块土地的用途，并予以公告。

第二十一条 土地利用总体规划实行分级审批。

省、自治区、直辖市的土地利用总体规划，报国务院批准。

省、自治区人民政府所在地的市、人口在 100 万以上的城市以及国务院指定的城市的土地利用总体规划，经省、自治区人民政府审查同意后，报国务院批准。

本条第二款、第三款规定以外的土地利用总体规划，逐级上报省、自治区、直辖市人民政府批准；其中，乡（镇）土地利用总体规划可以由省级人民政府授权的设区的市、自治州人民政府批准。

土地利用总体规划一经批准，必须严格执行。

第二十二条 城市建设用地规模应当符合国家规定的标准，充分利用现有建设用地，不占或者尽量少占农用地。

城市总体规划、村庄和集镇规划，应当与土地利用总体规划相衔接，城市总体规划、村庄和集镇规划中建设用地规模不得超过土地利用总体规划确定的城市和村庄、集镇建设用地规模。

在城市规划区内、村庄和集镇规划区内，城市和村庄、集镇建设用地应当符合城市规划、村庄和集镇规划。

第二十三条 江河、湖泊综合治理和开发利用规划，应当与土地利用总体规划相衔接。在江河、湖泊、水库的管理和保护范围以及蓄洪滞洪区内，土地利用应当符合江河、湖泊综合治理和开发利用规划，符合河道、湖泊行洪、蓄洪和输水的要求。

第二十四条 各级人民政府应当加强土地利用计划管理，实行建设用地总量控制。

土地利用年度计划，根据国民经济和社会发展计划、国家产业政策、土地利用总体规划以及建设用地和土地利用的实际状况编制。土地利用年度计划的编制审批程序与土地利用总体规划的编制审批程序相同，一经审批下达，必须严格执行。

第二十五条 省、自治区、直辖市人民政府应当将土地利用年度计划的执行情况列为国民经济和社会发展计划执行情况的内容，向同级人民代表大会报告。

第二十六条　经批准的土地利用总体规划的修改，须经原批准机关批准；未经批准，不得改变土地利用总体规划确定的土地用途。

经国务院批准的大型能源、交通、水利等基础设施建设用地，需要改变土地利用总体规划的，根据国务院的批准文件修改土地利用总体规划。

经省、自治区、直辖市人民政府批准的能源、交通、水利等基础设施建设用地，需要改变土地利用总体规划的，属于省级人民政府土地利用总体规划批准权限内的，根据省级人民政府的批准文件修改土地利用总体规划。

第二十七条　国家建立土地调查制度。

县级以上人民政府土地行政主管部门会同同级有关部门进行土地调查。土地所有者或者使用者应当配合调查，并提供有关资料。

第二十八条　县级以上人民政府土地行政主管部门会同同级有关部门根据土地调查成果、规划土地用途和国家制定的统一标准，评定土地等级。

第二十九条　国家建立土地统计制度。

县级以上人民政府土地行政主管部门和同级统计部门共同制定统计调查方案，依法进行土地统计，定期发布土地统计资料。土地所有者或者使用者应当提供有关资料，不得虚报、瞒报、拒报、迟报。

土地行政主管部门和统计部门共同发布的土地面积统计资料是各级人民政府编制土地利用总体规划的依据。

第三十条　国家建立全国土地管理信息系统，对土地利用状况进行动态监测。

第四章 耕 地 保 护

第三十一条 国家保护耕地,严格控制耕地转为非耕地。

国家实行占用耕地补偿制度。非农业建设经批准占用耕地的,按照"占多少,垦多少"的原则,由占用耕地的单位负责开垦与所占用耕地的数量和质量相当的耕地;没有条件开垦或者开垦的耕地不符合要求的,应当按照省、自治区、直辖市的规定缴纳耕地开垦费,专款用于开垦新的耕地。

省、自治区、直辖市人民政府应当制定开垦耕地计划,监督占用耕地的单位按照计划开垦耕地或者按照计划组织开垦耕地,并进行验收。

第三十二条 县级以上地方人民政府可以要求占用耕地的单位将所占用耕地耕作层的土地用于新开垦耕地、劣质地或者其他耕地的土壤改良。

第三十三条 省、自治区、直辖市人民政府应当严格执行土地利用总体规划和土地利用年度计划,采取措施,确保本行政区域内耕地总量不减少;耕地总量减少的,由国务院责令在规定期限内组织开垦与所减少耕地的数量与质量相当的耕地,并由国务院土地行政主管部门会同农业行政主管部门验收。个别省、直辖市确因土地后备资源匮乏,新增建设用地后,新开垦耕地的数量不足以补偿所占用耕地的数量的,必须报经国务院批准减免本行政区域内开垦耕地的数量,进行易地开垦。

第三十四条 国家实行基本农田保护制度。下列耕地应当根据土地利用总体规划划入基本农田保护区,严格管理：

（一）经国务院有关主管部门或者县级以上地方人民政府批准确定的粮、棉、油生产基地内的耕地；

（二）有良好的水利与水土保持设施的耕地，正在实施改造计划以及可以改造的中、低产田；

（三）蔬菜生产基地；

（四）农业科研、教学试验田；

（五）各省、自治区、直辖市划定的基本农田，国务院规定应当划入基本农田保护区的其他耕地，应当占本行政区域内耕地的80%以上。

基本农田保护区以乡（镇）为单位进行划区定界，由县级人民政府土地行政主管部门会同同级农业行政主管部门组织实施。

第三十五条 各级人民政府应当采取措施，维护排灌工程设施，改良土壤，提高地力，防止土地荒漠化、盐渍化、水土流失和污染土地。

第三十六条 非农业建设必须节约使用土地，可以利用荒地的，不得占用耕地；可以利用劣地的，不得占用好地。

禁止占用耕地建窑、建坟或者擅自在耕地上建房、挖砂、采石、采矿、取土等。

禁止占有基本农田发展林果业和挖塘养鱼。

第三十七条 禁止任何单位和个人闲置、荒芜耕地。已经办理审批手续的非农业建设占用耕地，一年内不用而又可以耕种并收获的，应当由原耕种该幅耕地的集体或者个人恢复耕种，也可以由用地单位组织耕种；一年以上未动工建设的，应当按照省、自治区、直辖市的规定缴纳闲置费；连续 2 年未使用的，经原批准机关批准，由县级以上人民政府无偿收回用地单位的土地使用权；该幅土地原为农民集体所有的，应当交由原农村集体经济组织恢复耕种。

在城市规划区范围内，以出让方式取得土地使用权进行房地产开发闲置土地，依照《中华人民共和国城市房地产管理法》的有关规定办理。

承包经营耕地的单位或者个人连续 2 年弃耕抛荒的，原发包单位应当终止承包合同，收回发包的耕地。

第三十八条 国家鼓励单位和个人按照土地利用总体规划，在保护和改善生态环境、防止水土流失和土地荒漠化的前提下，开发未利用的土地；适宜开发为农用地的，应当优先开发成农用地。

国家依法保护开发者的合法权益。

第三十九条 开垦未利用的土地，必须经过科学论证和评估，在土地利用总体规划划定的可开垦的区域内，经依法批准后进行。禁止毁坏森林、草原开垦耕地，禁止围湖造田和侵占江河滩地。

根据土地利用总体规划，对破坏生态环境开垦、围垦的土地，有计划有步骤地退耕还林、还牧、还湖。

第四十条 开发未确定使用权的国有荒山、荒地、荒滩从事种植业、林业、畜牧业、渔业生产的，经县级以上人民政府依法批准，可以确定给开发单位或者个人长期使用。

第四十一条 国家鼓励土地整理。县、乡（镇）人民政府应当组织农村集体经济组织，按照土地利用总体规划，对田、水、路、林、村综合整治，提高耕地质量，增加有效耕地面积，改善农业生产条件和生态环境。

地方各级人民政府应当采取措施，改造中、低产田，整治闲散地和废弃地。

第四十二条 因挖损、塌陷、压占等造成土地破坏，用地单位和个人应当按照国家有关规定负责复垦；没有条件复垦或者复垦不符合要求的，应当缴纳土地复垦费，专项用于土地复垦。复垦的土地应当优先用于农业。

第五章 建 设 用 地

第四十三条 任何单位和个人进行建设，需要使用土地的，必须依法申请使用国有土地；但是，兴办乡镇企业和村民建设住宅经依法批准使用本集体经济组织农民集体所有的土地的，或者乡（镇）村公共设施和公益事业建设经依法批准使用农民集体所有的土地的除外。

前款所称依法申请使用的国有土地包括国家所有的土地和国家征用的原属于农民集体所有的土地。

第四十四条 建设占用土地，涉及农用地转为建设用地的，应当办理农用地转用审批手续。

省、自治区、直辖市人民政府批准的道路、管线工程和大型基础设施建设项目、国务院批准的建设项目占用土地，涉及农用地转为建设用地的，由国务院批准。

在土地利用总体规划确定的城市和村庄、集镇建设用地规模范围内，为实施该规划将农用地转为建设用地的，按土地利用年度计划分批次由原批准土地利用总体规划的机关批准。在已批准的农用地转用范围内，具体建设项目用地可以由市、县人民政府批准。

本条第二款、第三款规定以外的建设项目占用土地，涉及农用地转为建设用地的，由省、自治区、直辖市人民政府批准。

第四十五条 征用下列土地的，由国务院批准：

（一）基本农田；

（二）基本农田以外耕地超过 35 公顷的；

（三）其他土地超过 70 公顷的。

征用前款规定以外的土地的，由省、自治区、直辖市人民政府批准，并报国务院备案。

征用农用地的，应当依照本法第四十四条的规定先行办理农用地转用审批。其中，经国务院批准农用地转用的，同时办理征地审批手续，不再另行办理征地审批；经省、自治区、直辖市人民政府在征地批准权限内批准农用地转用的，同时办理征地审批手续，不再另行办理征地审批，超过征地批准权限的，应当依照本条第一款的规定另行办理征地审批。

第四十六条 国家征用土地的，依照法定程序批准后，由县级以上地方人民政府予以公告并组织实施。

被征用土地的所有权人、使用权人应当在公告规定期限内，持土地权属证书到当地人民政府土地行政主管部门办理征地补偿登记。

第四十七条 征用土地的，按照被征用土地的原用途给予补偿。

征用耕地的补偿费用包括土地补偿费、安置补偿费以及地上附着物和青苗的补偿费。征用耕地的土地补偿费，为该耕地被征用前三年平均年产值的 6 ~ 10 倍。征用耕地的安置补助费，按照需要安置的农业人口数计算。需要安置的农业人口数，按照被征用的耕地数量除以征地前被征用单位平均每人占有耕地的数量计算。每一个需要安置的农业人口的安置补助费标准，为该耕地被征用前三年平均年产值的 4~6 倍。但是，每公顷被征用耕地的安置补助费，最高不得超过被征用前三年平均年产值的 15 倍。

征用其他土地的土地补偿费和安置补助费的标准，由省、自治区、直辖市参照征用耕地的土地补偿费和安置补助费的标准规定。

被征用土地上的附着物和青苗的补偿标准，由省、自治区、直辖市规定。

征用城市郊区的菜地，用地单位应当按照国家有关规定缴纳新菜地开发建设基金。

依照本条第二款的规定支付土地补偿费和安置补助费，尚不能使需要安置的农民保持原有生活水平的，经省、自治区、直辖市人民政府批准，可以增加安置补助费。但是，土地补偿费和安置补助费的总和不得超过土地被征用前三年平均年产值的 30 倍。

国务院根据社会、经济发展水平，在特殊情况下，可以提高征用耕地的土地补偿费和安置补助费的标准。

第四十八条　征地补偿安置方案确定后，有关地方人民政府应当公告，并听取被征地的农村集体经济组织和农民的意见。

第四十九条　被征地的农村集体经济组织应当将征用土地的补偿费用的收支状况向本集体经济组织的成员公布，接受监督。

禁止侵占、挪用被征用土地单位的征地补偿费用和其他有关费用。

第五十条　地方各级人民政府应当支持被征地的农村集体经济组织和农民从事业发经营，兴办企业。

第五十一条　大中型水利、水电工程建设征用土地的补偿费标准和移民安置办法，由国务院另行规定。

第五十二条　建设项目可行性研究论证时，土地行政主管部门可以根据土地利用总体规划、土地利用年度计划和建设用地标准，对建设用地有关事项进行审查，并提出意见。

第五十三条　经批准的建设项目需要使用国有建设用地的，建设单位应当持法律、行政法规规定的有关文件，向有批准权的县级以上人民政府土地行政主管部门提出建设用地申请，经土地行政主管部门审查，报本级人民政府批准。

第五十四条　建设单位使用国有土地，应当以出让等有偿使用方式取得；但是，下列建设用地，经县级以上人民政府依法批准，可以以划拨方式取得：

（一）国家机关用地和军事用地；

（二）城市基础设施用地和公益事业用地；

（三）国家重点扶持的能源、交通、水利等基础设施用地；

（四）法律、行政法规规定的其他用地；

第五十五条　以出让等有偿使用方式取得国有土地使用权的建设单位，按照国务院规定的标准和办法，缴纳土地使用权出让金等土地有偿使用费和其他费用后，方可使用土地。

自本法施行之日起，新增建设用地的土地有偿使用费，30%上缴中央财政，70%留给有关地方人民政府，都专项用于耕地开发。

第五十六条　建设单位使用国有土地的，应当按照土地使用权出让等有偿使用合同的约定或者土地使用权划拨批准文件的规定使用土地；确需改变该幅土地建设用途的，应当经有关人民政府土地行政主管部门同意，报原批准用地的人民政府批准。其中，在城市规划区内改变土地用途的，在报批前，应当先经有关城市规划行政主管部门同意。

第五十七条 建设项目施工和地质勘查需要临时使用国有土地或者农民集体所有的土地的，由县级以上人民政府土地行政主管部门批准。其中，在城市规划区内的临时用地，在报批前，应当先经有关城市规划行政主管部门同意。土地使用者应当根据土地权属，与有关土地行政主管部门或者农村集体经济组织、村民委员会签订临时使用土地合同，并按照合同的约定支付临时使用土地补偿费。

临时使用土地的使用者应当按照临时使用土地合同约定的用途使用土地，并不得修建永久性建筑物。

临时使用土地期限一般不超过2年。

第五十八条 有下列情形之一的，由有关人民政府土地行政主管部门报经原批准用地的人民政府或者有批准权的人民政府批准，可以收回国有土地使用权。

（一）为公共利益需要使用土地的；

（二）为实施城市规划进行旧城区改建，需要调整使用土地的；

（三）土地出让等有偿使用合同约定的使用期限届满，土地使用者未申请续期或者申请续期未批准的；

（四）因单位撤销、迁移等原因，停止使用原划拨的国有土地的；

（五）公路、铁路、机场、矿场等经核准报废的。

依照前款第（一）项、第（二）项的规定收回国有土地使用权的，对土地使用权人应当给予适当补偿。

第五十九条 乡镇企业、乡（镇）村公共设施、公益事业、农村村民住宅等乡（镇）村建设，应当按照村庄和集镇规划，合理布局，综合开发，配套建设；建设用地，应当符合乡（镇）土地利用总体规划和土地利用年度计划，并依照本法第四十四条、第六十条、第六十一条、第六十二条的规定办理审批手续。

第六十条 农村集体经济组织使用乡（镇）土地利用总体规划确定的建设用地兴办企业或者与其他单位、个人以土地使用权入股、联营等形式共同举办企业的，应当持有关批准文件，向县级以上地方人民政府土地行政主管部门提出申请，按照省、自治区、直辖市规定的批准权限，由县级以上地方人民政府批准；其中，涉及占用农用地的，依照本法第四十四条的规定办理审批手续。

按照前款规定兴办企业的建设用地，必须严格控制。省、自治区、直辖市可以按照乡镇企业的不同行业和经营规模，分别规定用地标准。

第六十一条 乡（镇）村公共设施、公益事业建设，需要使用土地的，经乡（镇）人民政府审核，向县级以上地方人民政府土地行政主管部门提出申请，按照省、自治区、直辖市规定的批准权限，由县级以上地方人民政府批准；其中，涉及占用农用地的，依照本法第四十四条的规定办理审批手续。

第六十二条 农村村民一户只能拥有一处宅基地，其宅基地的面积不得超过省、自治区、直辖市规定的标准。

农村村民建住宅，应当符合乡（镇）土地利用总体规划，并尽量使用原有的宅基地和村内空闲地。

农村村民住宅用地，经乡（镇）人民政府审核，由县级人民政府批准；其中，涉及占用农用地的，依照本法第四十四条的规定办理审批手续。

农村村民出卖、出租住房后，再申请宅基地的，不予批准。

第六十三条 农民集体所有的土地的使用权不得出让、转让或者出租用于非农业建设；但是，符合土地利用总体规划并依法取得建设用地的企业，因破产、兼并等情形致使土地使用权依法发生转移的除外。

第六十四条 在土地利用总体规划制定前已建的不符合土地利用总体规划确定的用途的建筑物、构筑物，不得重建、扩建。

第六十五条 有下列情形之一的，农村集体经济组织报经原批准用地的人民政府批准，可以收回土地使用权：

（一）为乡（镇）村公共设施和公益事业建设，需要使用土地的；

（二）不按照批准的用途使用土地的；

（三）因撤销、迁移等原因而停止使用土地的。

依照前款第（一）项规定收回农民集体所有的土地的，对土地使用权人应当给予适当补偿。

第六章 监督检查

第六十六条 县级以上人民政府土地行政主管部门对违反土地管理法律、法规的行为进行监督检查。

土地管理监督检查人员应当熟悉土地管理法律、法规，忠于职守、秉公执法。

第六十七条　县级以上人民政府土地行政主管部门履行监督检查职责时，有权采取下列措施：

（一）要求被检查的单位或者个人提供有关土地权利的文件和资料，进行查阅或者予以复制；

（二）要求被检查的单位或者个人就有关土地权利的问题作出说明；

（三）进入被检查单位或者个人非法占用的土地现场进行勘测；

（四）责令非法占用土地的单位或者个人停止违反土地管理法律、法规的行为。

第六十八条　土地管理监督检查人员职责，需要进入现场进行勘测、要求有关单位或者个人提供文件、资料和作出说明的，应当出示土地管理监督检查证件。

第六十九条　有关单位和个人对县级以上人民政府土地行政主管部门就土地违反行为的监督检查应当支持与配合，并提供工作方便，不得拒绝与阻碍土地管理监督检查人员依法执行职务。

第七十条　县级以上人民政府土地行政主管部门在监督检查工作中发现国家工作人员的违法行为，依法应当给予行政处分的，应当依法予以处理；自己无权处理的，应当向同级或者上级人民政府的行政监察机关提出行政处分建议书，有关行政监察机关应当依法予以处理。

第七十一条　县级以上人民政府土地行政主管部门在监督检查工作中发现土地违法行为构成犯罪的，应当将案件移送有关机关，依法追究刑事责任；不构成犯罪的，应当依法给予行政处罚。

第七十二条　依照本法规定应当给予行政处罚，而有关土地行政主管部门不给予行政处罚的，上级人民政府土地行政主管部门有权责令有关土地行政主管部门作出行政处罚决定或者直接给予行政处罚，并给予有关土地行政主管部门负责人行政处分。

第七章 法律责任

第七十三条 买卖或者以其他形式非法转让土地的，由县级以上人民政府土地行政主管部门没收违法所得；对违反土地利用总体规划擅自将农用地改为建设用地的，限期拆除在非法转让的土地上新建的建筑物和其他设施，恢复土地原状，对符合土地利用总体规划的，没收在非法转让的土地上新建的建筑物和其他设施；可以并处罚款；对直接负责的主管人员和其他直接责任人员，依法给予行政处分；构成犯罪的，依法追究刑事责任。

第七十四条 违反本法规定，占用耕地建窑、建坟或者擅自在耕地上建房、挖砂、采石、采矿、取土等，破坏种植条件的，或者因开发土地造成土地荒漠化、盐渍化的，由县级以上人民政府土地行政主管门责令限期改正或者治理，可以并处罚款；构成犯罪的，依法追究刑事责任。

第七十五条 违反本法规定，拒不履行土地复垦义务的，由县级以上人民政府土地行政部门责令限期改正；逾期不改正的，责令缴纳复垦费，专项用于土地复垦，可以处以罚款。

第七十六条 未经批准或者采取欺骗手段骗取批准，非法占用土地的，由县级以上人民政府土地行政主管部门责令退还非法占用的土地，对违反土地利用总体规划擅自将农用地改为建设用地的，限期拆除在非法占用的土地上新建的建筑物和其他设施，恢复土地原状，对符合土地利用总体规划的，没收在非法占用的土地上新建的建筑物和其他设施，可以并处罚款；对非法占用土地单位的直接负责的主管人员和其他直接责任人员，依法给予行政处分；构成犯罪的，依法追究刑事责任。

超过批准的数量占用土地，多占的土地以非法占用土地论处。

第七十七条 农村村民未经批准或者采取欺骗手段骗取批准，非法占用土地建住宅的，由县级以上人民政府土地行政主管部门责令退还非法占用的土地，限期拆除在非法占用的土地上新建的房屋。

超过省、自治区、直辖市规定的标准，多占的土地以非法占用土地论处。

第七十八条 无论批准征用、使用土地的单位或者个人非法批准占用土地的，超越批准权限非法批准占用土地的，不按照土地利用总体规划确定的用途批准用地的，或者违反法律规定的程序批准占用、征用土地的，其批准文件无效，对非法批准征用、使用土地的直接负责的主管人员和其他直接责任人员，依法给予行政处分；构成犯罪的，依法追究刑事责任。非法批准、使用的土地应当收回，有关当事人拒不归还的，以非法占用土地论处。

非法批准征用、使用土地，对当事人造成损失的，依法应当承担赔偿责任。

第七十九条 侵占、挪用被征用土地单位的征地补偿费用和其他有关费用，构成犯罪的，依法追究刑事责任；尚不构成犯罪的，依法给予行政处分。

第八十条 依法收回国有土地使用权当事人拒不交出土地的，临时使用土地期满拒不归还的，或者不按照批准的用途使用国有土地的，由县级以上人民政府土地行政主管部门责令交还土地，处以罚款。

第八十一条 擅自将农民集体所有的土地的使用权出让、转让或者出租用于非农业建设的，由县级以上人民政府土地行政主管部门责令限期改正，没收违法所得，并处罚款。

第八十二条 不依照本法规定输土地变更登记的，由县级以上人民政府土地行政主管部门责令其限期办理。

第八十三条 依照本法规定，责令限期拆除在非法占用的土地上新建的建筑物和其他设施的，建设单位或者个人必须立即停止施工，自行拆除；对继续施工的，作出处罚决定的机关有权制止。建设单位或个人对责令限期拆除的处罚决定不服的，可以在接到责令限期拆除决定之日起15日内，向人民法院起诉；期满不起诉又不自行拆除的，由作出处罚决定的机关依法申请人民法院强制执行，费用由违法者承担。

第八十四条 土地行政主管部门的工作人员玩忽职守、滥用职权、徇私舞弊，构成犯罪的，依法追究刑事责任；尚不构成犯罪的，依法给予行政处分。

第八章 附 则

第八十五条 中外合资经营企业、中外合作经营企业、外资企业使用土地的，适用本法；法律另有规定的，从其规定。

第八十六条 本法自 1999 年 1 月 1 日起施行。

中华人民共和国农村土地承包法 ■

(2002年8月29日第九届全国人民代表大会常务委员会第二十九次会议通过 2002年8月29日中华人民共和国主席令第73号公布 自2003年3月1日起施行)

目　录

第一章　总　则

第一条　为稳定和完善以家庭承包经营为基础、统分结合的双层经营体制，赋予农民长期而有保障的土地使用权，维护农村土地承包当事人的合法权益，促进农业、农村经济发展和农村社会稳定，根据宪法，制定本法。

第二条　本法所称农村土地，是指农民集体所有和国家所有依法由农民集体使用的耕地、林地、草地，以及其他依法用于农业的土地。

第三条　国家实行农村土地承包经营制度。

农村土地承包采取农村集体经济组织内部的家庭承包方式，不宜采取家庭承包方式的荒山、荒沟、荒丘、荒滩等农村土地，可以采取招标、拍卖、公开协商等方式承包。

第四条　国家依法保护农村土地承包关系的长期稳定。

农村土地承包后，土地的所有权性质不变。承包地不得买卖。

第五条　农村集体经济组织成员有权依法承包由本集体经济组织发包的农村土地。

任何组织和个人不得剥夺和非法限制农村集体经济组织成员承包土地的权利。

第六条　农村土地承包，妇女与男子享有平等的权利。承包中应当保护妇女的合法权益，任何组织和个人不得剥夺、侵害妇女应当享有的土地承包经营权。

第七条　农村土地承包应当坚持公开、公平、公正的原则，正确处理国家、集体、个人三者的利益关系。

第八条　农村土地承包应当遵守法律、法规，保护土地资源的合理开发和可持续利用。未经依法批准不得将承包地用于非农建设。

国家鼓励农民和农村集体经济组织增加对土地的投入，培肥地力，提高农业生产能力。

第九条　国家保护集体土地所有者的合法权益，保护承包方的土地承包经营权，任何组织和个人不得侵犯。

第十条　国家保护承包方依法、自愿、有偿地进行土地承包经营权流转。

第十一条　国务院农业、林业行政主管部门分别依照国务院规定的职责负责全国农村土地承包及承包合同管理的指导。县级以上地方人民政府农业、林业等行政主管部门分别依照各自职责，负责本行政区域内农村土地承包及承包合同管理。乡（镇）人民政府负责本行政区域内农村土地承包及承包合同管理。

第二章　家庭承包

第一节　发包方和承包方的权利和义务

第十二条　农民集体所有的土地依法属于村农民集体所有的，由村集体经济组织或者村民委员会发包；已经分别属于村内两个以上农村集体经济组织的农民集体所有的，由村内各该农村集体经济组织或者村民小组发包。村集体经济组织或者村民委员会发包的，不得改变村内各集体经济组织农民集体所有的土地的所有权。

国家所有依法由农民集体使用的农村土地，由使用该土地的农村集体经济组织、村民委员会或者村民小组发包。

第十三条　发包方享有下列权利：

（一）发包本集体所有的或者国家所有依法由本集体使用的农村土地；

（二）监督承包方依照承包合同约定的用途合理利用和保护土地；

（三）制止承包方损害承包地和农业资源的行为；

（四）法律、行政法规规定的其他权利。

第十四条 发包方承担下列义务：

（一）维护承包方的土地承包经营权，不得非法变更、解除承包合同；

（二）尊重承包方的生产经营自主权，不得干涉承包方依法进行正常的生产经营活动；

（三）依照承包合同约定为承包方提供生产、技术、信息等服务；

（四）执行县、乡（镇）土地利用总体规划，组织本集体经济组织内的农业基础设施建设；

（五）法律、行政法规规定的其他义务。

第十五条 家庭承包的承包方是本集体经济组织的农户。

第十六条 承包方享有下列权利：

（一）依法享有承包地使用、收益和土地承包经营权流转的权利，有权自主组织生产经营和处置产品；

（二）承包地被依法征用、占用的，有权依法获得相应的补偿；

（三）法律、行政法规规定的其他权利。

第十七条 承包方承担下列义务：

（一）维持土地的农业用途，不得用于非农建设；

（二）依法保护和合理利用土地，不得给土地造成永久性损害；

（三）法律、行政法规规定的其他义务。

第二节 承包的原则和程序

第十八条 土地承包应当遵循以下原则：

（一）按照规定统一组织承包时，本集体经济组织成员依法平等地行使承包土地的权利，也可以自愿放弃承包土地的权利；

（二）民主协商，公平合理；

（三）承包方案应当按照本法第十二条的规定，依法经本集体经济组织成员的村民会议三分之二以上成员或者三分之二以上村民代表的同意；

（四）承包程序合法。

第十九条 土地承包应当按照以下程序进行：

（一）本集体经济组织成员的村民会议选举产生承包工作小组；

（二）承包工作小组依照法律、法规和规定拟订并公布承包方案；

（三）依法召开本集体经济组织成员的村民会议，讨论通过承包方案；

（四）公开组织实施承包方案；

（五）签订承包合同。

第三节 承包期限和承包合同

第二十条 耕地的承包期为三十年。草地的承包期为三十年至五十年。林地的承包期为三十年至七十年；特殊林木的林地承包期，经国务院林业行政主管部门批准可以延长。

第二十一条 发包方应当与承包方签订书面承包合同。

承包合同一般包括以下条款：

（一）发包方、承包方的名称，发包方负责人和承包方代表的姓名、住所；

（二）承包土地的名称、坐落、面积、质量等级；

（三）承包期限和起止日期；

（四）承包土地的用途；

（五）发包方和承包方的权利和义务；

（六）违约责任。

第二十二条　承包合同自成立之日起生效。承包方自承包合同生效时取得土地承包经营权。

第二十三条　县级以上地方人民政府应当向承包方颁发土地承包经营权证或者林权证等证书，并登记造册，确认土地承包经营权。

颁发土地承包经营权证或者林权证等证书，除按规定收取证书工本费外，不得收取其他费用。

第二十四条　承包合同生效后，发包方不得因承办人或者负责人的变动而变更或者解除，也不得因集体经济组织的分立或者合并而变更或者解除。

第二十五条　国家机关及其工作人员不得利用职权干涉农村土地承包或者变更、解除承包合同。

第四节　土地承包经营权的保护

第二十六条　承包期内，发包方不得收回承包地。

承包期内，承包方全家迁入小城镇落户的，应当按照承包方的意愿，保留其土地承包经营权或者允许其依法进行土地承包经营权流转。

承包期内，承包方全家迁入设区的市，转为非农业户口的，应当将承包的耕地和草地交回发包方。承包方不交回的，发包方可以收回承包的耕地和草地。

承包期内，承包方交回承包地或者发包方依法收回承包地时，承包方对其在承包地上投入而提高土地生产能力的，有权获得相应的补偿。

第二十七条 承包期内，发包方不得调整承包地。

承包期内，因自然灾害严重毁损承包地等特殊情形对个别农户之间承包的耕地和草地需要适当调整的，必须经本集体经济组织成员的村民会议三分之二以上成员或者三分之二以上村民代表的同意，并报乡（镇）人民政府和县级人民政府农业等行政主管部门批准。承包合同中约定不得调整的，按照其约定。

第二十八条 下列土地应当用于调整承包土地或者承包给新增人口：

（一）集体经济组织依法预留的机动地；

（二）通过依法开垦等方式增加的；

（三）承包方依法、自愿交回的。

第二十九条 承包期内，承包方可以自愿将承包地交回发包方。承包方自愿交回承包地的，应当提前半年以书面形式通知发包方。承包方在承包期内交回承包地的，在承包期内不得再要求承包土地。

第三十条 承包期内，妇女结婚，在新居住地未取得承包地的，发包方不得收回其原承包地；妇女离婚或者丧偶，仍在原居住地生活或者不在原居住地生活但在新居住地未取得承包地的，发包方不得收回其原承包地。

第三十一条 承包人应得的承包收益，依照继承法的规定继承。

林地承包的承包人死亡，其继承人可以在承包期内继续承包。

第五节　土地承包经营权的流转

第三十二条　通过家庭承包取得的土地承包经营权可以依法采取转包、出租、互换、转让或者其他方式流转。

第三十三条　土地承包经营权流转应当遵循以下原则：

（一）平等协商、自愿、有偿，任何组织和个人不得强迫或者阻碍承包方进行土地承包经营权流转；

（二）不得改变土地所有权的性质和土地的农业用途；

（三）流转的期限不得超过承包期的剩余期限；

（四）受让方须有农业经营能力；

（五）在同等条件下，本集体经济组织成员享有优先权。

第三十四条　土地承包经营权流转的主体是承包方。承包方有权依法自主决定土地承包经营权是否流转和流转的方式。

第三十五条　承包期内，发包方不得单方面解除承包合同，不得假借少数服从多数强迫承包方放弃或者变更土地承包经营权，不得以划分"口粮田"和"责任田"等为由收回承包地搞招标承包，不得将承包地收回抵顶欠款。

第三十六条　土地承包经营权流转的转包费、租金、转让费等，应当由当事人双方协商确定。流转的收益归承包方所有，任何组织和个人不得擅自截留、扣缴。

第三十七条　土地承包经营权采取转包、出租、互换、转让或者其他方式流转，当事人双方应当签订书面合同。采取转让方式流转的，应当经发包方同意；采取转包、出租、互换或者其他方式流转的，应当报发包方备案。

土地承包经营权流转合同一般包括以下条款：

（一）双方当事人的姓名、住所；

（二）流转土地的名称、坐落、面积、质量等级；

（三）流转的期限和起止日期；

（四）流转土地的用途；

（五）双方当事人的权利和义务；

（六）流转价款及支付方式；

（七）违约责任。

第三十八条　土地承包经营权采取互换、转让方式流转，当事人要求登记的，应当向县级以上地方人民政府申请登记。未经登记，不得对抗善意第三人。

第三十九条　承包方可以在一定期限内将部分或者全部土地承包经营权转包或者出租给第三方，承包方与发包方的承包关系不变。

承包方将土地交由他人代耕不超过一年的，可以不签订书面合同。

第四十条　承包方之间为方便耕种或者各自需要，可以对属于同一集体经济组织的土地的土地承包经营权进行互换。

第四十一条　承包方有稳定的非农职业或者有稳定的收入来源的，经发包方同意，可以将全部或者部分土地承包经营权转让给其他从事农业生产经营的农户，由该农户同发包方确立新的承包关系，原承包方与发包方在该土地上的承包关系即行终止。

第四十二条　承包方之间为发展农业经济，可以自愿联合将土地承包经营权入股，从事农业合作生产。

第四十三条　承包方对其在承包地上投入而提高土地生产能力的，土地承包经营权依法流转时有权获得相应的补偿。

第三章　其他方式的承包

第四十四条　不宜采取家庭承包方式的荒山、荒沟、荒丘、荒滩等农村土地，通过招标、拍卖、公开协商等方式承包的，适用本章规定。

第四十五条　以其他方式承包农村土地的，应当签订承包合同。当事人的权利和义务、承包期限等，由双方协商确定。以招标、拍卖方式承包的，承包费通过公开竞标、竞价确定；以公开协商等方式承包的，承包费由双方议定。

第四十六条　荒山、荒沟、荒丘、荒滩等可以直接通过招标、拍卖、公开协商等方式实行承包经营，也可以将土地承包经营权折股分给本集体经济组织成员后，再实行承包经营或者股份合作经营。

承包荒山、荒沟、荒丘、荒滩的，应当遵守有关法律、行政法规的规定，防止水土流失，保护生态环境。

第四十七条　以其他方式承包农村土地，在同等条件下，本集体经济组织成员享有优先承包权。

第四十八条　发包方将农村土地发包给本集体经济组织以外的单位或者个人承包，应当事先经本集体经济组织成员的村民会议三分之二以上成员或者三分之二以上村民代表的同意，并报乡（镇）人民政府批准。

由本集体经济组织以外的单位或者个人承包的，应当对承包方的资信情况和经营能力进行审查后，再签订承包合同。

第四十九条 通过招标、拍卖、公开协商等方式承包农村土地，经依法登记取得土地承包经营权证或者林权证等证书的，其土地承包经营权可以依法采取转让、出租、入股、抵押或者其他方式流转。

第五十条 土地承包经营权通过招标、拍卖、公开协商等方式取得的，该承包人死亡，其应得的承包收益，依照继承法的规定继承；在承包期内，其继承人可以继续承包。

第四章　争议的解决和法律责任

第五十一条 因土地承包经营发生纠纷的，双方当事人可以通过协商解决，也可以请求村民委员会、乡（镇）人民政府等调解解决。

当事人不愿协商、调解或者协商、调解不成的，可以向农村土地承包仲裁机构申请仲裁，也可以直接向人民法院起诉。

第五十二条 当事人对农村土地承包仲裁机构的仲裁裁决不服的，可以在收到裁决书之日起三十日内向人民法院起诉。逾期不起诉的，裁决书即发生法律效力。

第五十三条 任何组织和个人侵害承包方的土地承包经营权的，应当承担民事责任。

第五十四条 发包方有下列行为之一的，应当承担停止侵害、返还原物、恢复原状、排除妨害、消除危险、赔偿损失等民事责任：

（一）干涉承包方依法享有的生产经营自主权；

（二）违反本法规定收回、调整承包地；

（三）强迫或者阻碍承包方进行土地承包经营权流转；

（四）假借少数服从多数强迫承包方放弃或者变更土地承包经营权而进行土地承包经营权流转；

（五）以划分"口粮田"和"责任田"等为由收回承包地搞招标承包；

（六）将承包地收回抵顶欠款；

（七）剥夺、侵害妇女依法享有的土地承包经营权；

（八）其他侵害土地承包经营权的行为。

第五十五条 承包合同中违背承包方意愿或者违反法律、行政法规有关不得收回、调整承包地等强制性规定的约定无效。

第五十六条 当事人一方不履行合同义务或者履行义务不符合约定的，应当依照《中华人民共和国合同法》的规定承担违约责任。

第五十七条 任何组织和个人强迫承包方进行土地承包经营权流转的，该流转无效。

第五十八条 任何组织和个人擅自截留、扣缴土地承包经营权流转收益的，应当退还。

第五十九条 违反土地管理法规，非法征用、占用土地或者贪污、挪用土地征用补偿费用，构成犯罪的，依法追究刑事责任；造成他人损害的，应当承担损害赔偿等责任。

第六十条 承包方违法将承包地用于非农建设的，由县级上地方人民政府有关行政主管部门依法予以处罚。

承包方给承包地造成永久性损害的，发包方有权制止，并有权要求承包方赔偿由此造成的损失。

第六十一条 国家机关及其工作人员有利用职权干涉

农村土地承包，变更、解除承包合同，干涉承包方依法享有的生产经营自主权，或者强迫、阻碍承包方进行土地承包经营权流转等侵害土地承包经营权的行为，给承包方造成损失的，应当承包损害赔偿等责任；情节严重的，由上级机关或者所在单位给予直接责任人员行政处分；构成犯罪的，依法追究刑事责任。

第五章 附 则

第六十二条 本法实施前已经按照国家有关农村土地承包的规定承包，包括承包期限长于本法规定的，本法实施后继续有效，不得重新承包土地。未向承包方颁发土地承包经营权证或者林权证等证书的，应当补发证书。

第六十三条 本法实施前已经预留机动地的，机动地面积不得超过本集体经济组织耕地总面积的百分之五。不足百分之五的，不得再增加机动地。

本法实施前未留机动地的，本法实施后不得再留机动地。

第六十四条 各省、自治区、直辖市人民代表大会常务委员会可以根据本法，结合本行政区域的实际情况，制定实施办法。

第六十五条 本法自 2003 年 3 月 1 日起施行。

中共中央关于农业和农村工作
若干重大问题的决定（摘录）

(1998 年 10 月 14 日)

三、长期稳定以家庭承包经营为基础、
统分结合的双层经营体制

实行家庭承包经营，符合生产关系要适应生产力发展要求的规律，使农户获得充分的经营自主权，能够极大地调动农民的积极性，解放和发展农村生产力；符合农业生产自身的特点，可以使农户根据市场、气候、环境和农作物生产情况及时作出决策，保证生产顺利进行，也有利于农民自主安排剩余劳动力和剩余劳动时间，增加收入。这种经营方式，不仅适应以手工劳动为主的传统农业，也能适应采用先进科学技术和生产手段的现代农业，具有广泛的适应性和旺盛的生命力，必须长期坚持。家庭承包经营是集体经济组织内部的一个经营层次，是双层经营体制的基础，不能把它与集体统一经营割裂开来，对立起来，认为只有统一经营才是集体经济。要切实保障农户的土地承包权、生产自主权和经营收益权，使之成为独立的市场主体。农村集体经济组织要管理好集体资产，协调好利益关系，组织好生产服务和集体资源开发，壮大经济实力，特别要增强服务功能，解决一家一户难以解决的困难。

稳定完善双层经营体制，关键是稳定完善土地承包关系。土地是农业最基本的生产要素，又是农民最基本的生活保障。稳定土地承包关系，才能引导农民珍惜土地，增加投入，培肥地力，逐步提高产出率；才能解除农民的后顾之忧，保持农村稳定。这是党的农村政策的基石，决不能动摇。要坚定不移地贯彻土地承包期再延长30年的政策，同时要抓紧制定确保农村土地承包关系长期稳定的法律法规，赋予农民长期而有保障的土地使用权。对于违背政策缩短土地承包期、收回承包地、多留机动地、提高承包费等错误做法，必须坚决纠正。土地使用权的合理流转，要坚持自愿、有偿的原则依法进行，不得以任何理由强制农户转让。少数确实具备条件的地方，可以在提高农业集约化程度和群众自愿的基础上，发展多种形式的土地适度规模经营。

　　在家庭承包经营基础上，积极探索实现农业现代化的具体途径，是农村改革和发展的重大课题。农村出现的产业化经营，不受部门、地区和所有制的限制，把农产品的生产、加工、销售等环节连成一体，形成有机结合、相互促进的组织形式和经营机制。这样做，不动摇家庭经营的基础，不侵犯农民的财产权益，能够有效解决千家万户的农民进入市场、运用现代科技和扩大经营规模等问题，提高农业经济效益和市场化程度，是我国农业逐步走向现代化的现实途径之一。发展农业产业化经营，关键是培育具有市场开拓能力、能进行农产品深度加工、为农民提供服务和带动农户发展商品生产的"龙头企业"。要引导"龙头企业"同农民形成合理的利益关系，让农民得以实惠，实现共同发展。要充分利用现有的农产品加工、销售企业，不要盲目上新项目，避免重复建设。

要从农村经济现状和发展要求出发，继续完善所有制结构。在积极发展公有制经济的同时，采取灵活有效的政策措施，鼓励和引导农村个体、私营等非公有制经济有更大的发展。适应生产和市场需要，发展跨所有制、跨地区的多种形式的联合和合作。供销合作社、信用合作社要继续深化改革，更好地为农业、农民服务。农民采用多种多样的股份合作制形式兴办经济实体，是改革中的新事物，要积极扶持，正确引导，逐步完善。以农民的劳动联合和农民的资本联合为主的集体经济，更应鼓励发展。

国务院批转农业部关于加强农业承包合同管理意见的通知

国发〔1992〕52号

各省、自治区、直辖市人民政府，国务院各部委、各直属机构：

实行以家庭联产承包为主的责任制是党在农村的一项基本政策，要长期稳定，并随着生产力的发展不断完善。各地要把稳定和完善家庭联产承包责任制的工作纳入法制管理的轨道，认真抓好。

国务院同意农业部《关于加强农业承包合同管理的意见》，现转发给你们，请结合实际情况，认真贯彻执行。

中华人民共和国国务院
1992年9月12日

关于加强农业承包合同管理的意见

国务院：

党的十一届三中全会以来，我国农村普遍实行了以家庭联产承包为主的责任制，使亿万农民获得了生产经营的自主权，焕发出极大的生产热情，农村改革取得了举世瞩目的成就。党的十三届八中全会再次肯定了农村家庭联产承包责任制长期不变。邓小平同志在视察南方时的谈话进一步指出："即使没有新的主意也可以，就是不要变，不要使人们感到政策变了。"这完全符合广大农民的共同心愿。要使家庭联产承包为主的责任制长期稳定，并不断完善，必须将其纳入法制的轨道。依法管理农村承包合同，这是稳定和完善家庭联产承包制的重要保证。

目前，全国共签订三亿多份农村承包合同。几年来，各级人民政府及其农业主管部门始终把农业承包合同管理作为巩固农村改革成果，维护农村安定团结的基础工作来抓，在指导合同签订，进行合同鉴证，监督合同履行，调解处理合同纠纷等方面做了大量深入、细致的工作。与此同时，多数省（区、市）结合当地实际情况，根据农业承包合同的特殊性，加强了法规制度建设。全国已有二十四个省（区、市）发布了农业（村）承包合同管理条例或办法，使农业局承包合同管理纳入了法制的轨道。据统计，农业承包合同的完备率由 1986 年的 43.3% 上升到 1990 年的 77.1%，兑现率由 77% 上升到 91.2%，纠纷率由 6.4% 下降到 3.2%。依法管理农业承包合同，对于稳定和完善联产承包责任制，激发和保护农民的生产积极性，维护农村良好的经济秩序和安定团结的社会局面，发挥了重要作用。

同时也应该看到，农业承包合同管理状况与农村改革和发展的要求还有很大差距。在发布了农业承包合同管理条例或者办法的二十四个省（区、市）中，有七个省（区、市）是由同级人民代表大会或者其常务委员会公布的地方性法规，其他十七个省（区、市）都是由省级政府或者主管业务部门发布的办法，缺乏法律约束力。还有六个省（区、市）尚未制定相应的法规或者制度。在广大农村，由于认识问题、经济利益问题，不能自觉维护承包合同、不履行承包合同的现象时有发生，甚至随意侵犯农民的经营自主权和合法利益，加上人口的增长、迁移和市场、价格等因素的不断变化，合同的变更、解除以及合同纠纷的调解任务相当繁重。目前，每年仍有约三千万份合同不能兑现，合同纠纷近一千万起，由此引起的恶性案件时有发生。最近，一些地方群众上访又有上升趋势。在这种情况下，加强农业承包合同管理的法制建设，是十分必要的。

我国地域辽阔，地区间差异较大，经济发展水平很不平衡，联产承包责任制的具体形式和完善程度不尽相同，因此，制定农业承包合同的管理法规，必须因地制宜，符合各地的实际情况。从已经制定了农业承包合同管理条例或者办法的二十四个省（区、市）的情况看，由省（区、市）地方权力机关制定地方性法规比较切实可行。为了逐步把农业承包合同纳入依法管理的轨道，加强对承包合同的管理，保护和调动农民的生产积极性，促进农业生产和农村经济的健康发展，现提出如下意见：

一、各级人民政府要把依法加强农业承包合同管理工作提高到稳定和完善党在农村中的基本政策的高度加以重视。农业承包合同管理工作关系到广大农民的切身利益，影响面很大，政策性很强，各级人民政府必须加强领导，督促和支持业务主管部门做好这项工作。各级农业行政主管部门或农村工作部门要把农业承包合同管理工作列入重要议事日程，主要领导要亲自抓。

二、**要进一步加强农业承包合同的法制建设**。各级人民政府要采取有力措施，切实把农业承包合同管理逐步纳入法制的轨道。已经发布农业承包合同管理法规的省（区、市），要有法必依，认真做好实施工作，并搞好配套措施的制定；尚未发布农业承包合同法规的省（区、市），可参照有关省（区、市）的经验和做法，结合本省（区、市）实际情况，抓紧制定，尽快发布施行。

三、**依法管理农业承包合同**。农业承包合同一经依法签订，即具有法律约束力，任何单位和个人均不得擅自变更或者解除。目前已经签订的三亿多份农村承包合同，都具有法律约束力，应予保护。农业承包合同的管理，包括合同的签订和鉴证，无效合同的确认和处理，合同的变更或者解除，合同纠纷的调解和仲裁等，都必须严格按照法律程序办事，一定要杜绝单方面违约、毁约的现象；杜绝在农业承包合同的管理上强迫命令、随意侵权、以权代法等行为。

四、**强化职能，提高素质，做好工作**。农村改革以来，各级农村经营管理部门一直承担着农业承包合同的管理工作并已经形成了一套较为完整的管理体系和工作程序，较好地完成了工作任务。今后要总结经验，提高政策水平，依法加强管理，更好地履行合同管理的各项职责，并注意交流经验，搞好宣传报道，向广大农民普及法律知识。

以上意见，如无不妥，请批转各地区、各部门贯彻执行。

农 业 部
1992 年 7 月 30 日

国务院批转农业部
关于稳定和完善土地承包　■
关系意见的通知

国发〔1995〕7号

各省、自治区、直辖市人民政府，国务院各部委、各直属
机构：

国务院同意农业部《关于稳定和完善土地承包关系的
意见》，现转发给你们，请结合本地实际情况，认真贯彻
执行。

《中共中央、国务院关于当前农业和农村经济发展的
若干政策措施》（中发〔1993〕11号）下发后，各地、各
部门认真贯彻落实，在延长土地承包期、稳定和完善家庭
联产承包责任制方面做了大量工作，效果是好的。但在实
际工作中也存在一些问题，需要认真研究解决。以家庭联
产承包为主的责任制和统分结合的双层经营体制，是党在
农村的一项基本政策和我国农村经济的一项基本制度，必
须保持长期稳定，任何时候都不能动摇。要通过强化农业
承包合同管理等一系列措施，使农村的土地承包关系真正
得到稳定和完善。

中华人民共和国国务院
1995 年 3 月 28 日

关于稳定和完善土地承包关系的意见

（农业部 1994 年 10 月 30 日）

为了更好地贯彻落实《中共中央、国务院关于当前农业和农村经济发展的若干政策措施》（中发〔1993〕1 号）的精神，进一步稳定和完善家庭联产承包责任制，加快农村经济发展，维护农村社会的稳定，我部用了一年时间，对各地延长土地承包期、"增人不增地，减人不减地"、建立土地承包经营权流转机制等问题，进行了深入细致的调查研究。

从大量的实地考察和对百县 3.9 万个村的统计及农户问卷调查结果看，各地在稳定和完善土地承包关系方面做了大量的工作，进行了有益的探索。广大农民和基层干部对土地承包期再延长 30 年的政策普遍拥护。百县调查结果表明，现已有 1/3 左右的村完成了延长土地承包期工作。从各地实践看，总的情况和效果是好的。但是，在此过程中，也存在和暴露出一些问题：一是干部、群众对某些政策的理解差异较大；二是一些地方在具体实施中出现偏差，还需要有相应配套的政策措施和及时的工作指导。针对上述情况，现就稳定和完善土地承包关系的有关问题提出如下意见：

一、切实维护农业承包合同的严肃性。各地要严格依照法律、法规的规定和《国务院批转农业部关于加强农业承包合同管理意见的通知》（国发［1992］52 号文件）的要求，依法加强农业承包合同管理，做好承包合同的续订、鉴证、纠纷调解和仲裁工作，以稳定家庭联产承包责任制，并将其纳入法制管理的轨道。要坚决维护承包合同的严肃性。一方面，严禁强行解除未到期的承包合同，对违反法律、法规和政策，强行解除未到期承包合同，侵害农民合法权益的行为，要坚决纠正；造成严重后果的，要依法查处。另一方面，要教育农民严格履行承包合同约定的权利和义务，对无正当理由拒绝履行合同规定义务的，应依法严肃处理。

二、积极、稳妥地做好延长土地承包期工作。延长土地承包期的工作，应在原承包合同期满后，在总结经验、完善承包办法的基础上进行。发包方与农户签订的合同，到期一批，续订一批，把土地承包期再延长 30 年。在此过程中，要根据不同情况，区别对待，切忌"一刀切"。原土地承包办法基本合理，群众基本满意的，尽量保持原承包办法不变，直接延长承包期；因人口增减、耕地被占用等原因造成承包土地严重不均、群众意见较大的，应经民主议定，作适当调整后再延长承包期。

进行土地调整时，严禁强行改变土地权属关系，不得将已经属于组级集体经济组织（原生产队）所有的土地收归村有，在全村范围平均承包。如人少地多的组级集体经济组织绝大多数农民愿意在全范围内进行重新调整的，应由县、乡两级农业承包合同管理机关一起调查核实，并对土地补偿及债权、债务提出切实可行的处理意见，报县级人民政府批准后方可进行。

严禁发包方借调整土地之机多留机动地。原则上不留机动地，确需留的，机动地占耕地总面积的比例一般不得超过 5%。

三、提倡在承包期内实行"增人不增地、减人不减地"。"增人不增地、减人不减地"有利于稳定农村土地承包关系，巩固家庭联产承包责任制，各地应积极提倡。实行"增人不增地、减人不减地"的地方，要不断开辟新的就业门路，切实解决好新增劳动力的出路问题。

未实行"增人不增地、减人不减地"的地方，也应保持土地承包关系的长期稳定。对于确因人口增加较多，集体和家庭均无力解决就业问题而生活困难的农户，尽量通过"动账不动地"的办法解决，也可以按照"大稳定、小调整"的原则，以该集体经济组织内部大多数农民同意，适当调整土地。但"小调整"的间隔期最短不得少于 5 年。

四、建立土地承包经营权流转机制。农村集体土地承包经营权的流转，是家庭联产承包责任制的延续和发展，应纳入农业承包合同管理的范围。在坚持土地集体所有和不改变土地农业用途的前提下，经发包方同意，允许承包方在承包期内，对承包标的依法转包、转让、互换、入股，其合法权益受法律保护，但严禁擅自将耕地转为非耕地。土地承包经营权流转的形式、经济补偿，应由双方协商，签订书面合同，并报发包方和农业承包合同管理机关备案。在承包经营权转让时，必须保护实际耕地者的权益，各地要制定土地承包经营权转让费最高限额。债务人不得以土地抵顶债款。

在二、三产业比较发达、大部分劳动力转向非农产业并有稳定收入、农业社会化服务体系比较健全的地方，在充分尊重农民意愿的基础上，可以采取多种形式，适时加以引导，发展农业适度规模经营。

在坚持家庭联产承包责任制长期稳定的基础上，要不断完善和健全双层经营体制，鼓励和引导集体经济组织逐步壮大经济实力，从而增强集体经济为农户提供生产、经营和技术服务的实力。

五、不得借调整土地之机变相增加农民负担。 延长土地承包期和进行必要的土地调整时，不得随意提高承包费，变相增加农民负担。除工副业、果园、鱼塘、"四荒"等实行专业承包和招标承包的项目外，其他土地，无论是叫"口粮田"、"责任田"、还是叫"经济田"，其承包费都属于农民向集体经济组织上交的村提留、乡统筹的范围，要严格控制在上年农民人均纯收入的5%以内。

六、保护继承人的合法权益。 承包人以个人名义承包的土地（包括耕地、荒地、果园、茶园、桑园等）、山岭、草原、滩涂、水面及集体所有的畜禽、水利设施、农机具等，如承包人在承包期内死亡，该承包人的继承人可以继续承包，承包合同由继承人继续履行，直至承包合同到期。为保护集体资产和促进生产发展，对技术要求较高的专业性承包项目，如第一顺序继承人（配偶、子女、父母）中只有不满16周岁的子女、或者只有不能辨认或不能完全辨认自己行为的精神病人，集体可收回承包项目，重新公开发包。但死者"个人承包应得的个人收益"，由发包方或接续承包合同者给予合理补偿，其补偿作为遗产，依法继承。

七、要加强对延长土地承包期工作的领导。 延长土地承包期工作政策性强，涉及千家万户，关系到农村经济发展、改革和社会稳定的大局，各级人民政府要高度重视，加强对这项工作的领导。各级部门要在同级党委和人民政府的领导下，做深入细致的工作，引导农村基层干部和广大农民全面理解和正确贯彻中央政策；要深入基层调查研究，认真总结实践经验，发现问题及时处理；要督促和支持农业承包合同管理部门做好延长土地承包期的指导、土地承包经营权流转的监督、各类承包合同的管理、承包纠纷的调解和仲裁等工作，以避免承包纠纷的发生和蔓延，维护农村正常的生产秩序和社会的稳定。

中共中央办公厅、国务院办公厅
关于进一步稳定和完善农村
土地承包关系的通知

中办发〔1997〕16号

各省、自治区、直辖市党委和人民政府，各大军区党委，中央和国家机关各部委、军委各总部、各军兵种党委，各人民团体：

当前，农村的土地承包关系总体上是稳定的。各地区贯彻落实中央关于延长土地承包期的政策，做了大量的工作，保持了党的农村基本政策的连续性和稳定性，有效地保护和调动了农民的积极性。但是，在土地承包政策的具体执行过程中，也出现了一些值得注意的问题。有的地方在第一轮承包到期后没有及时开展延长土地承包的工作；有的地方随意改变土地承包关系，以各种名义强行收回农民的一部分承包地，重新高价发包，加重农民负担；有的地方在实行土地适度规模经营过程中，违背农民意愿，搞强迫命令，引起群众不满。尽管这些问题发生在少数地方，属于局部性、苗头性的，但必须高度重视，认真加以解决。根据党中央、国务院的批示，现作如下通知：

一、切实提高对稳定农村土地承包关系重要性的认识。我国农村人多地少，大部分地区经济还比较落后，在相当长的时期，土地不仅是农民的基本生产资料，而且是农民最主要的生活来源。以家庭联产承包责任制和统分结合的双层经营体制，是我国农村经济的一项基本制度。稳定土地承包关系，是党的农村政策的核心内容。做好延长土地承包期的工作，直接关系到亿万农民的生产积极性，关系到农村经济的发展和农村社会的稳定。各级党委和政府要充分认识稳定土地承包关系的重大意义，全面、准确地理解中央制定的土地承包政策，坚决贯彻执行，切实保护和发挥好农民的积极性，进一步发展农业和农村的好形势。

二、认真做好延长土地承包期的工作。在第一轮土地承包即将到期之前，中央就明确宣布，土地承包期再延长30年不变，营造林地和"四荒"地治理等开发性生产的承包期可以更长，并对土地使用权的流转制度也作了具体的规定。各地区一定要按照中央的政策规定执行。在具体工作中，必须明确以下几点：

（一）在第一轮土地承包到期后，土地承包期再延长30年，指的是家庭土地承包经营的期限，集体土地实行家庭联产承包制度，是一项长期不变的政策。

（二）土地承包期再延长30年，是在第一轮土地承包的基础上进行的。开展延长土地承包期工作，要使绝大多数农户原有的承包土地继续保持稳定。不能将原来的承包地打乱重新发包，更不能随意打破原生产队土地所有权的界限，在全村范围内平均承包。已经做了延长土地承包期工作的地方，承包期限不足30年的，要延长到30年。

（三）承包土地"大稳定、小调整"的前提是稳定。"大稳定、小调整"是指在坚持上述第二条原则的前提下，根据实际需要，在个别农户之间小范围适当调整。做好"小调整"工作还应坚持以下几条原则：一是"小调整"

只限于人地矛盾突出的个别农户，不能对所有农户进行普遍调整；二是不得利用"小调整"提高承包费，增加农民负担；三是"小调整"的方案要经村民大会或村民代表大会2/3以上成员同意，并报乡（镇）人民政府和县（市、区）人民政府主管部门审批；四是绝不能用行政命令的办法硬性规定在全村范围内几年重新调整一次承包地。

（四）延长土地承包期后，乡（镇）人民政府农业承包合同主管部门要及时向农户颁发由县或县级以上人民政府统一印制的土地承包经营权证书。

三、认真整顿"两田制"。八十年代中期以来，一些地方搞"两田制"，把土地分为"口粮田"和"责任田"，主要是为了解决负担不均和完成农产品定购任务难等问题。但在具体执行过程中，也出现了一些问题。有些地方搞的"两田制"实际上成了收回农民承包地变相增加农民负担和强制推行规模经营的一种手段。中央不提倡实行"两田制"。没有实行"两田制"的地方不要再搞，已经实行的必须按中央的土地承包政策认真进行整顿。

（一）对原来为了平衡农户负担而实行的"动账不动地"形式的"两田制"，无论是"口粮田"还是"责任田"，承包权都必须到户，并明确30年不变，不能把"责任田"的承包期定得很短，随意进行调整。

（二）对随意提高土地承包费，收回部分承包地高价发包，或脱离实际用行政命令的办法搞规模经营而强行从农户手中收回"责任田"等做法，要坚决予以纠正。农民要求退回的，应退还给农民承包经营。纠正的具体办法要稳妥，由乡（镇）人民政府经过深入细致的调查研究，充分听取各方意见后提出，一般问题报县（市、区）人民政府审批，重大问题报省、自治区、直辖市人民政府审批。方案审批后，由县（市、区）人民政府主管部门和乡（镇）人民政府共同组织实施。

（三）少数经济发达地区，农民自愿将部分"责任田"的使用权有偿转让或交给集体实行适度规模经营，这属于土地使用权正常流转的范围，应当允许。但必须明确农户对集体土地的承包权利不变，使用权的流转要建立在农民自愿、有偿的基础之上，不得搞强迫命令和平调。

四、严格控制和管理"机动地"。 在延长土地承包期的过程中，一些地方为了增加乡、村集体收入，随意扩大"机动地"的比例，损害了农民群众的利益。因此，对预留"机动地"必须严格控制。目前尚未留有"机动地"的地方，原则上都不应留"机协地"。今后解决人地关系的矛盾，可按"大稳定、小调整"的原则在农户之间进行个别调整。目前已留有"机动地"的地方，必须将"机动地"严格控制在耕地总面积5%的限额之内，并严格用于解决人地矛盾，超过的部分应按公平合理的原则分包到户。

五、严格加强对土地承包费的管理。 延长土地承包期和进行必要的"小调整"，不得随意提高承包费，变相加重农民负担。除工副业、果园、鱼塘、"四荒"等实行专业承包和招标承包的项目外，其他土地，无论是"口粮田"、"责任田"、"经济田"，还是"机动地"，其承包费都必须纳入农民上交的村提留乡统筹费的范围，按中央关于减轻农民负担的有关规定严格管理。

六、加强对农村土地承包工作的领导。 鉴于绝大多数地方第一轮土地承包将在今明两年到期，各地区要将延长土地承包期工作作为近期农业和农村工作的一个重点，认真抓好。各级党委和政府要按照中央的政策规定，在充分考虑农时季节和保证农业生产正常进行的前提下，结合当地的实际情况，认真做好新一轮土地承包工作。各地区制定的关于土地承包问题的政策性文件，都要报上级党委和政府主管部门备案。已经开展延长土地承包期工作的地方，要进行一次普遍检查，对不符合本通知规定的做法，要坚决予以纠正。尚未开展延长土地承包期工作的地方，要做好政策宣传和干部培训工作，加强具体指导。各地区要充实加强农村土地承包管理部门的力量，充分发挥他们的作用。要重视农村土地承包关系问题的调查研究，及时发现新问题，研究新情况，总结新经验，逐步形成更加完善、规范的土地承包管理制度和管理办法。

为了稳定党在农村的基本政策，长期坚持并不断完善以家庭联产承包为主的责任制的统分结合的双层经营体制，各地区在实际工作中要注意处理好以下几个重要关系；第一，要处理好稳定土地承包与发展壮大集体经济的关系。任何时候都要坚持发展壮大集体经济实力。但发展壮大集体经济实力，不能在农民的承包地上打主意，更不能把农民的承包地收回来。要积极寻求新的经济发展门路，培育新的经济增长点，通过清理并管好用好集体的资产、财务，开发新的农业资源，根据市场需要和资金可能发展农产品加工、储存、运输和销售，开展对农户的生产、技术服务等途径逐步增加集体经济积累，壮大乡、村集体经济实力。第二，要处理好农户承包经营与发展适度规模经营的关系。人多地少是我们的基本国情，农业劳动力只有大规模转移到二、三产业后，才有可能逐步发展土地的规模经营，而这种条件在现阶段的绝大多数农村还并不具备，因此，决不能不顾客观条件和农民意愿，用行政命令的办法强制推行土地规模经营，从我国的国情出发，实现适度规模经营，适应性广泛而又可行的途径是，在不改变农户承包经营的基础上，通过发展农工贸一体化的产业化经营，来实现农业生产的专业化、社会化，以取得规模效益。发展农工贸一体化的产业化经营，既巩固充实发展了家庭承包经营，又使农户分散的经营纳入了社会化大生产的轨道，是我国农业逐步实现现代化的一条重要途径。第三，要处理好大规模土地整治和农民家庭承包经营的关系。一些地方为了改善生产条件、发展农业生产，开展了大规模的土地整治，包括兴修农田水利设施、建设基本农田、改土、围垦、治沙、建设大面积丰产地、搞小流域综合治理等，使耕地面积扩大了、连片了，便于大规模机械化作业。但生产的基础仍然应当是分户承包、家庭经营，集体主要是在土地整治中发挥统一组织、在生产中发挥统一服务的作用。家庭经营与集体经济组织的统一服务相结合，可以在农业生产的开发建设中更好地发挥作用。

以上通知，各地区要认真贯彻。贯彻执行情况，由各省、自治区、直辖市党委和人民政府向党中央、国务院写出书面报告。

中共中央办公厅
国务院办公厅
1997 年 8 月 27 日

（此件发至县、团级，传达到村党支部、村委会）

国务院办公厅关于治理
开发农村"四荒"资源进一步 ■
加强水土保持工作的通知

(1996 年 6 月 1 日)

各省、自治区、直辖市人民政府，国务院各部委、各直属机构：

为调动广大群众治理开发农村集体所有的荒山、荒沟、荒丘、荒滩（以下简称"四荒"，包括荒地、荒坡、荒沙、荒草和荒水等）的积极性，加快水土流失的治理，改变生态环境，改变农业生产条件，促进农业可持续发展，经国务院批准，现就有关问题通知如下：

一、治理开发"四荒"的重要意义

80 年代以来，一些"四荒"资源较多的地方，出现了以家庭承包、联户承包、集体开发、租赁、股份合作和拍卖使用权等多种方式大规模治理开发"四荒"的好势头，收到了很好的效果。

实践证明，治理开发"四荒"资源，对于进一步解放农村的生产力，控制水土流失、提高土壤肥力和土地的产出率，对于保护、改善和优化生态环境，加快农民脱贫致富、壮大农村集体经济等，都有着重要的意义。有计划、有领导地治理开发"四荒"资源，是组织广大农民向生产的深度和广度进军的一项战略措施。

二、治理开发"四荒"的基本原则

（一）坚持合理规划的原则。乡、村集体经济组织要根据本区域内社会、经济发展和生态状况，依据《中华人民共的国水土保持法》等有关法律、法规和政策，在国家水土保持和土地利用总体规划的指导下，制定治理开发"四荒"的具体规划，并按照规划有计划、有步骤地治理开发。

（二）坚持治理和开发相结合的原则。治理开发"四荒"要以治理水土流失为前提，鼓励合理开发利用"四荒"资源，以治理保开发，以开发促治理。要重视小型农田水利建设，积极改善开发利用"四荒"的生产条件。

（三）坚持以小流域为单元进行综合治理的原则。要因地制宜，工程措施、生物措施和保土耕作措施相结合，山、水、田、林、草、路综合治理，合理安排农、林、牧、副、渔各业生产，在完整的水土保持防护体系基础上，形成合理的开发布局，以保护"四荒"资源的永续利用。

（四）坚持多种方式并举的原则。治理和开发农村集体所有的"四荒"，应根据群众的意愿和当地的实际情况，实行家庭或联户承包、租赁、股份合作、拍卖使用权等多种方式。哪种方式有利于调动群众的积极性，有利于保持水土，有利于发展壮大集体经济，就采取哪种方式，切忌"一刀切"。

三、治理开发"四荒"的政策

（一）实行谁治理、谁管护、谁受益的政策。在经过治理开发的"四荒"地上种植的林果木、牧草及其产品等归治理者所有，新增土地的所有权归集体，在协议规定期限内，治理者拥有使用权，享受国家有关优惠政策。

（二）农村集体经济组织内的农民都有参与治理开发

"四荒"的权利，本村村民享有优先权。也鼓励和支持有治理开发能力的企事业单位、社会团体及其他组织或个人采取不同方式治理开发"四荒"。

（三）治理开发"四荒"，应做到公开、公平、自愿、公正。治理开发的规模程度，既不搞平均主义，又要避免由于规模过分悬殊带来的资源分配和经济利益不合理的矛盾。

（四）治理者对"四荒"享有治理开发自主权。国家依法保护治理开发"四荒"的成果的治理者的合法权益。在符合国家有关法律、法规、政策、水土保持总体规划和治理开发协议的前提下，允许并鼓励治理者在保持水土和培育资源的基础上，宜农则农，宜林则林，宜果则果，宜牧则牧，宜渔则渔，根据实际情况开发利用"四荒"。

（五）无论采用哪种方式治理开发"四荒"，都必须遵守有关法律、法规和政策。不准在 25 度以上的陡坡上开荒种植农作物，不准破坏植被、道路和农田水利、水土保持工程设施。不得进行掠夺式开发，不得将"四荒"改作非农用途，以免造成新的水土流失，违者要按有关规定予以处罚。对违约逾期不治理开发的，农村集体经济组织应无偿收回。

（六）承包、租赁、拍卖"四荒"使用权，最长不超过 50 年。在规定的使用期限内，对于实行承包、租赁和股份合作方式治理的，可以依法继承、转让或转租；对于购买使用权的，依法享有继承、转让、抵押、参股联营的权利。在进行转让、抵押、参股联营时，要经农村集体经济组织同意，由乡（镇）级人民政府审核，报县级人民政府批准，依法办理土地使用权变更登记和抵押登记。国家在征用已治理开发的"四荒"地时，对其治理开发成果要给予合理补偿。

（七）要发挥县以及乡（镇）基层水利、水土保持、土地、农业、林业和供销社等部门的指导、服务作用。要为"四荒"治理开发编制规划，组织技术培训，推广适用科技成果，提供优质苗木、良种，供应生产资料，提供市场信息咨询等保本微利的社会化服务。

四、治理开发"四荒"要实行规范化管理

（一）承包、租赁、股份合作、拍卖"四荒"使用权等都要做好前期工作。要划清国家与集体所有"四荒"的权属界限，权属不明确、存在争议的，在问题没有得到解决前，不得进行承包、租赁、股份合作或拍卖。严禁把国有土地变为集体所有。严禁将有林地当作"四荒"拍卖。

（二）制定承包、租赁、拍卖规划和具体的实施方案。农村集体经济组织要广泛征求群众意见，吸收村民代表参加，经村民代表大会充分讨论后，报乡（镇）人民政府审核、县级以上人民政府批准后实施。实施方案要规定使用"四荒"的范围，明确治理开发的内容、要求、使用期限和有关政策，尤其要明确做好水土保持工作的具体要求。

（三）承包的租赁治理开发"四荒"，农村集体经济组织要与承包、承租人签订合同，经乡（镇）人民政府审核，报县级人民政府批准。合同要明确承包方与发包方、承租方与出租方的权利与义务。拍卖使用权的，要标定拍卖底价，实行公开竞价，拍卖后买卖双方要签订拍卖协议，办理交款手续，由县级人民政府依法核发或更换土地使用权证书。拍卖金可一次支付，也可在规定的期限内分期支付。

（四）承包、租赁或拍卖"四荒"使用权所取的资金，实行村有乡管，只能用于"四荒"范围内的水土保持和小型农田水利等基础设施建设。要建立严格的资金使用申报和管理监督制度。

五、加强对治理开发"四荒"和水土保持工作的领导

（一）各级政府要高度重视治理开发"四荒"和水土保持工作。这项工作由水利部归口管理，水利部要会同国家计委、财政部、农业部、林业部、国家土地管理局等有关部门指导各地认真贯彻落实本通知精神，并对此项工作进行监督。各级有关部门都要积极主动地为"四荒"资源的治理开发做好服务工作。

（二）治理开发"四荒"要坚持分类指导。已开展承包、租赁、股份合作和拍卖工作的省、自治区、直辖市，应选择工作开展比较好的县认真总结经验，完善政策措施，对面上工作给予正确引导。未开展的地方，要在摸清"四荒"现状、制定规划的基础上，先行试点，在试点基础上逐步推开，切不可一哄而起，盲目推进。

（三）认真贯彻执行《中华人民共和国水土保持法》和《中华人民共和国水土保持法实施条例》。要建立健全配套法规体系和水土保持监督执法体系，强化监督管理职能，不断地提高水土保持工作的水平。

各省、自治区、直辖市可根据本通知精神，结合当地的实际情况，制定治理开发"四荒"资源的具体实施办法。

国务院办公厅关于进一步做好治理开发农村"四荒"资源工作的通知

（1999 年 12 月 1 日国务院办公厅发布
国办发〔1999〕102 号）

各省、自治区、直辖市人民政府，国务院各部委、各直属机构：

治理开发农村集体所有的"荒山、荒沟、荒丘、荒滩"（以下简称"四荒"，包括荒地、荒沙、荒草和荒水等）是提高植被覆盖率，防治水土流失和土地荒漠化，改善生态环境和农业生产条件，促进农民脱贫致富和农业可持续发展的一项重大战略措施。近年来，各地认真贯彻《国务院办公厅关于治理开发农村"四荒"资源进一步加强水土保持工作的通知》（国办发〔1996〕23 号文件）精神，调动了广大农民及社会各方面的积极性，"四荒"治理开发取得了显著成效。但目前全国治理开发"四荒"的进展不平衡，有些地方还存在一些问题。主要是：有的地方追求眼前经济利益，破坏了林草植被，损害了生态植被，损害了生态环境；有的地方把林地、耕地和国有土地及权属有争议的土地当作"四荒"，进行使用权承包、租赁或拍卖；有的地方"四荒"使用权的承包、租赁或拍卖程序不规范，随意性大，群众参与不够；有的地方监督管理不力，出现了"包而不治"、"买而不治"的情况，承包、租赁或拍卖使用权的资金被挤占挪用，治理开发成果受到侵犯等问题。

为了进一步贯彻落实党的十五届三中全会《关于农业和农村工作若干重大问题的决定》中关于"制定鼓励政策，推进荒山荒沟荒丘荒滩使用权的承包、租赁和拍卖，加快开发和治理，切实保障开发者的合法权益"的精神，加强生态环境建设，促进农村经济发展，经国务院同意，现就进一步做好治理开发农村"四荒"资源的有关工作通知如下：

一、在"四荒"使用权承包、租赁或拍卖前，必须做好"四荒"界定、确权等基础性工作

（一）根据修订的《中华人民共和国土地管理法》的规定，"四荒"属于"未得用地"。各级人民政府要据此严格界定"四荒"范围和土地类型，确定权属。承包、租赁或拍卖使用权的"四荒"地必须是农村集体经济组织所有的、未利用的土地。耕地、林地、草原以及国有未利用土地不得作为农村"四荒"。

"四荒"界定必须通过政府组织土地行政主管部门会同有关部门编制土地分类和划定土地利用规划。在根据土地区位和利用条件确定"四荒"具体的治理开发方向后，再进行使用权承包、租赁或者拍卖。待"四荒"完成初步治理后根据其主导经营内容，依法分别由县级以上人民政府发放土地证、林权证、草原证或养殖使用证等相应的权属证明，对"四荒"治理开发工作实行依法管理。

（二）权属不明确、存在争议的未利用土地，由县级以上人民政府依法确认权属；在问题没有解决前，不得将其作为"四荒"进行使用权承包、租赁或拍卖。

（三）对"四荒"一般应先承包、租赁或拍卖使用权，后进行治理。但对一些条件差、群众单户治理有困难的"四荒"，可先由集体经济组织作出规划并完成初步治理后，再将其使用权承包、租赁或拍卖给个人进行后续治理开发和管护。

（四）对在"四荒"使用权的承包、租赁或拍卖中涉及到的"两山"（自留山、责任山）问题，应慎重处理。"两山"是林地的组成部分不在"四荒"之列。对承包后长期没有得到治理的责任山可由集体收回使用权，另行承包、租赁或拍卖，但要重新签订合同并办理林权变更登记手续。

二、对"四荒"使用权承包、租赁或拍卖必须严格按程序规范进行，并切实保护治理开发者的合法权益

（一）农村集体经济组织内的农民都有参与治理开发"四荒"的权利，同时积极支持和鼓励社会单位和个人参与。在同等条件下，本集体经济组织内的农民享有优先权。

（二）农村"四荒"资源属当地农民群众集体所有的，农村集体经济组织在实施承包、租赁或拍卖"四荒"使用权之前，必须坚持公开、公平、自愿、公正的原则，充分发扬民主，广泛征求群众意见，应成立由村民代表参加的工作小组，拟定方案，要规定治理开发"四荒"的范围、期限、方式（承包、租赁、拍卖等）与程序、估价标准，明确治理开发的内容和要求等，经村民会议或者村民代表大会讨论通过。依照有关土地管理的法律、法规须报经县级以上人民政府批准的，应办理有关批准手续。如果承包、租赁或拍卖对象是本集体经济组织以外的单位或者个人，必须经村民会议 2/3 以上成员或者 2/3 以上村民代表的同意。

（三）承包、租赁或拍卖"四荒"使用权，农村集体经济组织要与对方签订合同或协议。合同或协议的内容应符合国家有关法律法规，并应依法明确双方的权利、义务和违约责任。合同和协议经县人民政府批准生效后，双方都应认真履行。农村集体经济组织不得因负责人的变动而随意变更合同内容或解除合同。采取拍卖方式的，要标定拍卖底价，实行公开竞价。"四荒"使用权承包、租赁或拍卖的期限最长不得超过 50 年。

（四）要严格执行谁治理、谁管护、谁受益的政策，切实保护治理开发者的合法权益。治理开发者在规定的承包、租赁或拍卖期限内享有"四荒"使用权。"四荒"使用权受法律保护，依法享有继承、转让（租）、抵押或参股联营的权利。要广泛宣传教育，增强干部群众的法制观念，提高其维护治理开发者利益的自觉性。执法部门要及时依法处理和打击各类损害、破坏、侵犯治理开发成果的行为。

三、建立稳定的投入机制，加强对"四荒"使用权承包、租赁或拍卖资金的管理

为了加快"四荒"治理开发进程，必须调动广大农民和社会各方面的积极性，坚持国家、地方、集体和个人一起上，多渠道、多层次筹集资金。各级政府要逐步增加财政对治理开发"四荒"的支持，引导信贷资金、社会资金更多地投向治理开发"四荒"。国家预算内生态建设资金、农业综合开发资金、扶贫资金、以工代赈资金，以及水利、林业、农业等方面资金使用，应统筹安排，把治理开发农村"四荒"作为一项重要内容，有些资金可以直接支持到户。银行、信用社要在加强管理、保证资金回收的基础上增加"四荒"治理开发的贷款，期限应长一些。

收取的承包、租赁或拍卖资金实行村有乡管，可专户储存在农村信用社，由乡镇农村集体资产管理机构代管。资金使用由农村集体经济组织决定，并实行账目公开，只能用于"四荒"范围内的水利设施建设、植树造林种草和小型农田建设等，任何单位和个人不得平调、挪用，不准用于非生产性开支，更不准平分到户。要建立严格的资金使用申报和管理监督制度。收取的资金要列入农村集体资产管理，资金的使用情况要定期向群众公布，乡镇农村集体经济审计机构要进行专项审计，对违反规定的要坚决纠正，对贪污、挪用的要依法追究责任。

四、因地制宜制定"四荒"治理开发规划，加强监督检查

"四荒"治理开发必须以保护和改善生态环境、防止水土流失和土地荒漠化为主要目标，以植树种草为重点，合理安排农、林、牧、副、渔各业生产，具体按照土地利用总体规划进行。要依照《中华人民共和国土地管理法》、《中华人民共和国水土保持法》、《中华人民共和国森林法》等有关法律法规，对"四荒"资源治理开发实施用途管制。各地要在土地利用总体规划的控制和指导下，抓紧制定"四荒"治理开发实施计划，提出鼓励、适度限制和禁止发展的项目。

对位于江河源头、干支流两侧、湖库周围、石质山区、风沙干旱区、高山阡坡地带、山脉顶脊部位、生物多样性丰富地区和其他生态环境脆弱地区适宜植树种草的

"四荒"地，要大力植树种草。对长江上游、黄河中上游重点生态治理区，要采取封山育林种草为主、人工促进天然更新与人工造林相结合的方式，配套节水工程等综合水利设施建设，全面恢复和建设林草植被。

对东北、华北、西北沙化地区，实行分类防治。将目前尚无治理条件的大漠戈壁划为封禁区，实施封禁，防止人为因素使其扩大蔓延；将有条件治理或利用过度造成沙化的区域划为治理区，以培育和保护林草植被为中心，配套水利工程措施实施综合治理；将已开发利用，但有沙化危险的区域为保护利用区，实施监测管理，防止退化为新的"沙荒"。

要充实和加强监督执法力量，加大监督检查和执法力度，搞好"四荒"治理开发全过程的监督，保证治理开发目标的实现。有关部门和农村集体经济组织应定期对"四荒"的治理开发情况和进度进行检查，对治理开发中的各种违法违规行为，要依法进行处罚。对于治理进展缓慢，未达到合同或协议规定进度的，要提出限期治理的要求；对于长期违约不治理开发的，可以收回使用权。对于毁坏林草植被种植农作物和其他掠夺式开发造成水土流失的，破坏道路和农田水利、水土保持工程设施的，以及将"四荒"改作非农用途的，要限期改正，否则收回其使用权，并依法予以处罚。

五、加强部门协作，落实管理责任

治理开发农村"四荒"工作，包括水土保持、造林种草、土地承包等多项内容，涉及到国土资源、水利、农业、林业等多个部门，地方各级政府要高度重视这项工作，切实加强领导，搞好统筹协调，不断研究新情况，解决新问题，总结新经验。这项工作的归口管理部门，由各省、自治区、直辖市人民政府根据实际情况确定。国务院有关部门应根据职能分工，落实各自的管理责任，通力合作，加强对治理开发农村"四荒"资源工作的服务、指导、监督和管理，及时帮助解决农民和其他治理者在开发治理中遇到的困难，保证"四荒"的承包、租赁或拍卖与治理开发工作健康、有序进行。林业部门要做好生物措施防治水土流失方面的工作，制定宜林"四荒"地造林绿化规划，进一步加强树种的基础研究工作，组织种苗供应、给予技术指导并组织实施，依法对宜林"四荒"地确权发证。土地部门要会同有关部门进一步依法做好"四荒"的范围、土地类型界定、"四荒"开发利用规划，办理使用"四荒"的土地登记和土地开发审批等有关手续。农业部门要做好"四荒"开发中的保土耕作措施，开展农业技术、信息等方面的服务。

各地人民政府和有关部门要根据本通知精神，对"四荒"治理开发情况进行一次专项清理检查。凡是出台的政策措施和治理开发行为与本通知精神不一致的，都要予以纠正。

农业部关于认真贯彻落实《关于进一步稳定和完善农村土地承包关系的通知》的通知

农经发〔1997〕6号

各省、自治区、直辖市农（牧渔）业厅（局）、农（经）委（办）、农村工作部：

中共中央办公厅、国务院办公厅《关于进一步稳定和完善农村土地承包关系的通知》（中办发〔1997〕16号文件，以下简称《通知》）针对目前农村土地承包经营的实际情况进一步明确了中央的有关政策，作出了具体规定，这是指导当前和今后一个时期农村土地承包工作的重要文件。贯彻落实好《通知》精神，对于做好当前农村土地承包工作，进一步稳定和完善以家庭联产承包为主的责任制，保护亿万农民的生产积极性，推动农村改革、发展和稳定，具有重要意义。各级农业行政主管和农村工作部门（以下简称农业部门）要高度重视，认真学习和贯彻落实好《通知》精神。为此，特作如下通知：

一、认真学习文件，统一思想认识。各级农业部门要高度重视，认真及时组织学习《通知》。各级农业部门的负责同志要带头学好文件，并把这项工作纳入重要工作议事日程。通过学习文件，要进一步提高对做好农村土地承包及有关管理工作重要性的认识，要领会精神实质，明确政策界限，真正把思想认识统一到《通知》精神上来。

二、深入调查研究，掌握真实情况。农村土地承包是一项政策性强、涉及广大农民切身利益和农村社会稳定的重要工作，因此，各级农业干部都要深入到基层干部和农民中去，认真调查研究，充分听取他们对土地承包经营问题的反映、意见和建议，了解他们的要求，真正掌握第一手材料，通过调查研究，摸清农村土地承包的现状和延长土地承包期工作的进展情况，对当前存在的问题要全面认真地分析，找准土地承包工作的重点和难点。

三、作出工作部署，拟定工作方案。各级农业部门要在当地党委和政府的统一领导和部署下，按照《通知》精神，结合当地实际，分别提出做好延长土地承包期、认真整顿"两田制"、严格控制机动地以及加强土地承包费管理工作的具体措施，并拟定出工作方案。一定要保证这项工作有组织、有计划、有步骤地稳妥进行。

四、切实搞好培训，确保操作规范。落实《通知》精神，做好当前农村土地承包工作，要先搞好基层干部的培训，农村基层干部是落实稳定和完善农村土地承包政策的具体执行者，他们能否正确理解和把握中央稳定土地承包的政策，直接关系到工作的进展和成效。因此，县（市、区）农业部门要积极参与和组织对基层干部的培训工作。通过培训，使广大基层干部全面准确地理解《通知》精神，掌握当地党委、政府对延长土地承包期的工作部署和具体要求，正确把握政策界限和工作方法，确保工作的顺利开展。

五、加强工作指导，注意工作方法。根据《通知》精神，农业部将组织一批干部深入农村基层，配合各地做好延长土地承包期工作。地方各级农业部门也要在当地党委、政府的统一领导和部署下，组织干部深入基层，积极投入此项工作。通过宣传，使广大农民了解党和国家的土地承包政策；通过调查研究和细致的工作，贯彻落实好中央关于稳定和完善农村土地承包的各项政策。在工作中，要严格把握政策界限，注意工作方法，特别要注意以下几点：一是各地在落实中央《通知》精神的工作中所采取的具体措施和工作方法，都必须有利于农村土地承包关系和农村社会的稳定。二是要把普遍制度与个体工作区分开。土地承包期再延长 30 年不变，这是普遍的制度，必须坚决执行。在执行中，对人地矛盾等问题可以通过具体工作来解决，但绝不能因为解决人地矛盾而影响普遍制度的落实。三是延长土地承包期要充分考虑到农业生产的季节性，绝不能因延长土地承包期。工作影响农业生产，要确保今年秋冬种计划和明年春播计划的圆满完成。

六、认真填发证书，加强承包管理。为了加强土地承包的规范管理，我部拟定了土地承包经营权证书的样本内容（附后），供各地参照印制，延长土地承包期后，农村经济经营管理部门要认真组织填写由县或县以上人民政府统一印制的土地承包经营权证书，及时发放到每个农户，并做好有关档案管理工作。延长土地承包期工作结束后，要制定有关制度，加强土地承包的规范管理。要把土地承包管理同农民负担管理结合起来，严格按照《通知》规定，把农民每年上交的土地承包费的提取和管理工作做好。

各级农业部门在贯彻执行《通知》精神的各项工作中，要积极主动，尽职尽责，为贯彻落实好党在农村的基本政策，保护农民生产积极性，促进农业和农村经济的发展，作出贡献。贯彻执行中的问题，要及时向当地党委和政府报告，工作进展情况和重大问题及时向我部报告。

1997 年 9 月 10 日

关于搞好农用地管理促进
农业生产结构调整工作的通知

(1999 年 12 月 29 日国土资源部、农业部
联合发布　国土资发〔1999〕511 号)

各省、自治区、直辖市及计划单列市土地（国土）管理局
（厅）、农业（农牧渔业、农林、农牧）厅（局），解放军
土地管理局，新疆生产建设兵团土地管理局：

为贯彻落实党的十五届三中全会和中央经济工作会议
精神，加强基本农田保护，搞好农用地管理，促进农业生
产结构调整，现就有关问题通知如下：

一、提高认识，加强对农业生产结构调整指导和服务

开展农业生产结构调整是农业和农村经济发展新阶段
的客观要求，是当前和今后一段时期农业和农村经济工作
的主要任务。大力开展农业生产结构调整，把农业发展切
实转到以提高质量和效益为中心的轨道上来，对于农业和
农村经济在新的台阶上继续保持旺盛的发展活力具有重要
意义。土地是最重要的农业生产资料，是农业发展的基
础，搞好农用地管理将给农业生产结构调整创造宽松的环
境。引导各地因地制宜开展农业生产结构调整，提高资源
利用效率，对促进农村经济可持续稳步发展具有积极作
用，同时也对土地管理工作提出了新的要求。

各级土地和农业行政主管部门要认真学习领会中央精

神，提高认识，调整思路，精心组织，密切合作，增强对农业生产结构调整指导和服务意识。坚持政策引导，对有利于稳定提高农业综合生产能力的农业生产结构调整，要给予支持；坚持科学规划，统筹安排，努力实现耕地总量动态平衡；坚持"在保护中开发，在开发中保护"的原则，改善生态环境，防治水土流失，保障资源可持续利用。各地要从实际出发，采取有效措施，切实做好有关调整农业生产结构的各项工作。

二、在土地利用总体规划指导下，搞好农用地结构调整

农业生产结构调整涉及农用地结构调整，要符合土地利用总体规划确定的土地利用方向、结构和布局。在农业生产结构调整时，要优化土地利用结构，不断提高土地生产能力；要积极引导农民优先利用闲置土地，充分开发利用非耕地资源和未利用地；禁止在基本农田保护区内挖塘养鱼、发展林果业。土地利用总体规划确定为生态脆弱地区需退耕还林、还草、还湖的，要有计划有步骤进行，加强林草地保护，不得改为它用。

目前各地正在按照土地利用总体规划中确定的基本农田保护目标，进行基本农田保护区调整划定工作。保护区在调整划界时要同时考虑今后该土地利用方向，使基本农田保护区规划与农业生产结构调整协调一致。在保证基本农田规划面积的前提下，可将生产能力低、生产条件差，能调整为鱼塘、果园或其他用地的一般耕地预留在基本农田外。基本农田保护区划定后，确需占用基本农田挖鱼塘、种果树或进行其他对土壤耕作层造成破坏的农业生产结构调整，需经省级人民政府土地和农业行政主管部门批准，并补划基本农田，以满足农业生产结构调整需要，并保证基本农田面积不减少。

三、以市场需求为导向，引导农民调整农业生产结构

各地应根据市场供求变化和本地区资源状况，通过调整政策、发布信息、示范指导等手段，在尊重农民意愿的条件下引导农民对农业生产结构适时进行调整。要贯彻落实土地实行家庭联产承包经营的基本政策，维护农民的土地承包经营权；要切实尊重、依法保护农户自主经营、自负盈亏的生产经营主体地位；要注意调动农民的生产积极性，保护农民的合法权益。

在符合土地利用总体规划前提下，农民可以在耕地包括基本农田上调整种植业生产格局，发展油料、瓜菜、花木、桑茶、特产品和其他经济作物；可以将生产能力低、生产条件差的一般耕地改为草场，种植牧草或饲料作物，建造临时性畜牧场和饲养场，发展畜牧业；可以在基本农田保护区外的农用地挖塘发展水产养殖和种植多年生木本果树等经济作物，逐步形成农林牧渔全面发展，适应市场，优质高效的农业生产结构。调整农业生产结构要因地制宜，保护和合理利用土地资源，促进农业可持续发展。

四、结合农业生产结构调整，加强农用地管理

在农业生产结构调整中，必须依据土地利用总体规划和土地利用现状分类的规定，搞好土地变更调查。属于土地利用总体规划明确为保护生态要退耕还林、还草、还湖而减少的耕地，要根据实际减少的面积在土地变更调查时予以核减。自2000年1月1日起，土地利用总体规划中划定为农用地，在农业生产结构调整过程中由耕地改为其他农用地，经土地和农业行政主管部门共同认定土壤耕作层未被破坏或轻度破坏易于恢复的耕地，不作为减少耕地考核，但要及时进行土地变更调查，注明实际地类；按照发挥区域性比较优势的要求，因地制宜，将闲置的建设用地、未利用地或被破坏的耕地开发整理成园地，并经土地和农业行政主管部门共同认定能调整成耕地的，可以视同补充耕地，在土地变更调查时按现状地类调查，在非农建设占用时除须按照法律程序报批外，仍要实行"占一补一"。

建造温室大棚和临时性畜牧场、饲养场及塘底未经固化的简易水产养殖场，发展高效农业，确需占用耕地的，须到县级土地行政主管部门进行备案，并签定复耕保证书，届时按要求恢复成耕地。但建造永久性农业生产设施和配套设施，如畜禽饲养场、塘底已经固化的水产养殖场、农副产品仓库、加工厂、集贸市场等，占用耕地的，要依法办理农用地转用审批手续，并做到耕地"占一补一"。

五、通过土地开发整理，促进农业生产结构调整

各级土地行政主管部门应在土地利用总体规划的指导下，加强对土地开发整理工作的组织领导。土地开发整理除增加有效耕地面积，提高耕地质量外，还要改善农业生产条件和生态环境。应根据统一规划，宜农则农，宜牧则牧，宜渔则渔的原则，搞好田水路林村综合治理，合理配置土地资源，改善土地利用结构，促进农业生产结构调整。

按照"谁投资，谁收益"的原则，制定有关政策，建立激励机制，鼓励投资者开发整理土地，发展农业生产。开发整理成耕地的，可从收取的新增建设用地土地有偿使用费中拨款予以补助；复垦农村集体废弃地的，可以由集体经济组织承包给投资者生产经营；复垦国有废弃地的，市、县人民政府土地行政主管部门可以确定给投资者生产经营；要贯彻中央有关规定，保护农垦辖区内国有农场的土地资源不受侵占。各地要认真总结经验，树立典型，调动社会各个方面开发整理土地的积极性，为农业生产结构调整作出贡献。

■ 主要参考文献

一、著作类：

1　丁为民. 西方合作社的制度分析. 北京：经济管理出版社，1998

2　土地管理法释义编写组. 土地管理法释义. 北京：中共中央党校出版社，1998

3　万光侠. 效率与公平. 北京：人民出版社，2001

4　马育民（译）. 法国民法典. 北京：北京大学出版社，1982

5　王利明. 物权法论. 北京：中国政法大学出版社，1998

6　王利明. 侵权行为法. 北京：法律出版社，1998

7　王利明. 中国物权法草案建议稿及说明. 北京：中国法制出版社，2001

8　王利明. 国家所有权研究. 北京：中国人民大学出版社，1991

9　王卫国. 中国土地权利研究. 北京：中国政法大学出版社，1997

10　王学福，黄明川. 土地法的理论和实践. 北京：人民日报出版社，1991

11　王泽鉴. 民法学说与判例研究（第5册）. 北京：中国政法大学出版社，1999

12　王泽鉴. 民法物权（通则·所有权）. 北京：中国政法大学出版社，2000

13　王泽鉴. 民法物权（2）. 北京：中国政法大学出版社，2001

14 王存学，骆友生. 中国农村经济法律基本问题. 北京：法律出版社，1998

15 王琢，许滨. 中国农村土地产权制度论. 北京：经济管理出版社，1996

16 王先进. 中国土地使用制度改革——理论与实践. 北京：中国审计出版社，1991

17 王先进. 土地法全书. 长春：吉林教育出版社，1990

18 王瑞璞，张湛彬. 中国国有企业制度创新. 北京：中国经济出版社，2002

19 王景新. 中国农村土地制度的世纪变革. 北京：中国经济出版社，2001

20 卞耀武，李元. 中华人民共和国土地管理法释义. 北京：法律出版社，1998

21 尹田. 法国物权法. 北京：法律出版社，1998

22 毛科军. 中国农村产权制度研究. 太原：山西经济出版社，1993

23 毛育刚. 中国农业演变之探索. 北京：社会科学文献出版社，2001

24 牛若峰. 农业与发展. 杭州：浙江人民出版社，2000

25 邓曾甲. 日本民法概论. 北京：法律出版社，1995

26 冯海发. 中国农业效率评估. 北京：农业出版社，1992

27 史敏. 中华人民共和国土地管理法释义. 北京：中国法制出版社，1998

28 皮纯协. 新土地管理法理论与适用. 北京：中国法制出版社，1999

29 刘光远，王志彬. 新编土地法教程. 北京：北京大学出版社，1999

30 曲可伸. 罗马法原理. 天津：南开大学出版社，1998

31 曲福田. 中国土地制度研究——土地制度的产权经济分析. 北京：中国矿业大学出版社，1997

32　米良（译）. 越南民法典. 昆明：云南大学出版社，1998

33　江平. 中国土地立法研究. 北京：中国政法大学出版社，1999

34　江平. 中国矿业法律制度研究. 北京：中国政法大学出版社，1991

35　江平，米健. 罗马法基础. 北京：法律出版社，1987

36　江平，李显冬. 中国土地立法研究. 北京：中国政法大学出版社，1999

37　向洪宜. 中国土地登记手册. 北京：改革出版社，1994

38　许明月，李东方. 公民的物权. 北京：中国社会科学出版社，1999

39　刘君德，汪宇明. 制度与创新——中国城市制度的发展与改革新论. 南京：东南大学出版社，2000

40　孙宪忠. 国有土地使用权财产法论. 北京：中国社会科学出版社，1993

41　孙宪忠. 德国当代物权法. 北京：法律出版社，1997

42　孙宪忠. 论物权法. 北京：法律出版社，2001

43　严星，林增杰. 地籍管理. 北京：中国人民大学出版社，1990

44　杜景林，卢湛泽. 德国民法典. 北京：中国政法大学出版社，1998

45　杜军. 土地管理法学理论与实践. 成都：成都科技大学出版社，1989

46　李元. 新土地管理法读本. 北京：中国大地出版社，1998

47　李尚杰. 土地出让和转让的理论与实务. 北京：技术科学文献出版社，1992

48　李景丽. 物权法新论. 北京：西苑出版社，1999

49　李进之，王久华，李克宁. 美国财产法. 北京：法律出版社，1999

50　朱仁友. 农村集体土地承包经营制度下影响农地价格的特

定因素. 农村经济, 2002 (7)

51　关锐捷. 纵论华夏农村经济. 北京：中国经济出版社，2000

52　全国人大法工委研究室. 中华人民共和国土地管理法条文释解. 北京：人民法院出版社，1998

53　毕宝德，柴强，李铃. 土地经济学（第三版）. 北京：中国人民大学出版社，2000

54　汪水波，马力宏. 浙江农村城镇化道路探索. 杭州：浙江人民出版社，2001

55　农业部农村经济研究中心. 中国农村研究报告（1990～1998）. 北京：中国财政经济出版社，1999

56　纪坡民. 产权与法. 北京：生活·读书·新知三联书店，2001

57　张小华. 土地行政法. 北京：中国人事出版社，1993

58　张帆. 环境与自然资源经济学. 上海：上海人民出版社，1998

59　张龙文. 民法物权实务研究. 台湾：中国台湾瀚林出版社，1997

60　张俊浩. 民法学原理北京：中国政法大学出版社，1997

61　张玉伟. 中华人民共和国最新土地管理法规适用手册. 北京：中国建材工业出版社，1998

62　吴象. 中国农村改革实录. 杭州：浙江人民出版社，2001

63　吴高盛. 中华人民共和国土地管理法条文解释. 北京：人民法院出版社，1998

64　沈宗灵. 法理学. 北京：高等教育出版社，1994

65　沈国明. 土地使用权研究. 上海：上海远东出版社，1994

66　杨书剑. 中国投资制度创新研究. 北京：中国经济出版社，1998

67　陈华彬. 现代建筑物区分所有权制度研究. 北京：法律出版社，1995

68　陈华彬. 物权法原理. 北京：国家行政学院出版社，1998

69　陈荷夫. 土地与农民——中国土地革命的法律与政治. 沈阳：辽宁人民出版社，1998

70　陈东琪. 新土地所有制. 重庆：重庆出版社，1989

71　陈吉之，韩俊等. 人口大国的农业增长. 上海：上海远东出版社，1997

72　林增生，严星. 土地管理原理与方法. 北京：中国人民大学出版社，1986

73　林善浪. 中国农村土地制度与效率研究. 北京：经济科学出版社，1999

74　林增杰，沈守愚. 土地法学. 北京：中国人民大学出版社，1989

75　国土资源部宣传中心. 国土资源知识读本. 北京：中国大地出版社，1998

76　茆书斌，陈景升，王卫东. 土地法教程. 北京：中国大地出版社，1999

77　岳琛，王之伦，曹建. 中国土地制度史. 北京：中国国际广播出版社，1990

78　周诚. 土地经济学. 北京：农业出版社，1989

79　周楠，吴文翰，谢邦宇. 罗马法. 北京：群众出版社，1983

80　周其仁. 产权与制度变迁——中国改革的经验研究. 北京：社会科学文献出版社，2002

81　南路明，肖志岳. 中华人民共和国地产法律制度——土地制度改革及土地使用权出让转让. 北京：法律出版社，1991

82　赵秉志. 澳门民法典. 北京：中国人民大学出版社，1999

83　钱明星. 物权法原理. 北京：北京大学出版社，1994

84　黄道秀，李永军，鄢一美（译）. 俄罗斯民法典. 北京：中国大百科全书出版社，1999

85　梅夏英. 财产权构造的基础分析. 北京：人民法院出版社，

2002

86 曹为，王书江（译）. 日本民法典. 北京：法律出版社，1986

87 曹建明. 公正与效益的法理研究. 北京：人民法院出版社，2002

88 殷生根（译）. 瑞士民法典. 北京：法律出版社，1987

89 崔建远. 中国房地产法研究. 北京：中国法制出版社，1995

90 梁慧星. 民法总论. 北京：法律出版社，1997

91 梁慧星. 中国物权法研究. 北京：法律出版社，1997

92 梁慧星，陈华彬. 物权法. 北京：法律出版社，1997

93 梁慧星. 中国物权法研究（下）. 北京：法律出版社，1998

94 梁书. 房地产法及配套规定新释新解（下）. 北京：人民法院出版社，1998

95 柴强. 各国（地区）土地制度与政策. 北京：北京经济学院出版社，1993

96 费洪平，焦安南，王鹰. 21 世纪的中国农业和农村经济改革与发展. 西安：陕西人民出版社，1999

97 费安玲，丁玫（译）. 意大利民法典. 北京：中国政法大学出版社，1997

98 葛恒美，李延荣. 土地法教程. 北京：中国大地出版社，1996

99 董俊祥，李权兴，徐祖望. 土地管理的理论与实践. 北京：中国经济出版社，1994

100 温世阳. 物权法要论. 武汉：武汉大学出版社，1997

101 赖泽源. 比较农地制度. 北京：经济管理出版社，1996

102 谢邦宇. 罗马法. 北京：北京大学出版社，1992

103 谢世荣. 产权理论与国有企业制度创新. 北京：中共中央党校出版社，1998

104 蔡守秋. 国土法的理论与实践. 北京：中国环境科学出版

社，1991

105　［美］库特. 法与经济学. 上海：上海三联书店，1991

106　［美］M. D. 贝勒斯. 法律的原则. 北京：中国大百科全书出版社，1996

107　［美］D. B. Burker. Real Estate Transactions. Little. Brown and company，1993

108　［美］MarionW. Benfield，William D. Hawk. Land，Sales. The Foundation Press. Inc. 1980

109　［美］理查德·A·波斯纳. 法律的经济分析. 北京：中国大百科全书出版社，1997

110　［美］弗雷德里克·L·普瑞尔. 东西方经济体制比较——研究指南（中译本）. 北京：中国经济出版社，1989

111　［美］保罗·R·格雷戈里，罗伯特·L·斯图尔特. 比较经济体制学（中译本）. 上海：上海三联书店，1988

112　［英］F. H. 劳森，B. 拉登. 财产法. 北京：中国大百科全书出版社，1998

113　［英］伊利·莫尔豪斯. 土地经济学原理. 北京：商务印书馆，1982

114　瓦莱里·安·彭林顿. 香港的法律（中译本）. 上海：上海翻译出版公司，1985

115　彼德罗·彭梵得. 罗马法教科书. 北京：中国政法大学出版社，1992

116　伊利，莫尔豪斯. 土地经济学原理（中译本）. 北京：商务印书馆，1982

117　歌德伯戈，钦洛依. 城市土地经济学（中译本）. 北京：中国人民大学出版社，1990

118　［苏］B. 叶罗费耶夫，H. N. 克拉斯诺夫，H. A. 瑟罗多耶夫. 苏联土地法. 北京：中国人民大学出版社，1987

119　［意］彼德罗·彭梵得. 罗马法教科书. 北京：中国政法大学出版社，1992

120 马克思，恩格斯. 马克思恩格斯选集（第1卷）. 北京：人民出版社，1972

121 ［德］罗伯特·霍恩. 德国民商法导论. 北京：中国大百科全书出版社，1996

二、期刊类

1 丁勇. 论我国社会主义城市地产市场. 江海学刊，1989（1）

2 丁关良. 农村集体土地所有权主体与权利行使主体的探讨. 中央政法干部管理学院学报，2000（3）

3 丁关良，田华. 论农用地物权制度的选择——关于"土地承包经营权"名称的存废. 中国农村经济，2002（2）

4 丁建中，陈贵江. 论我国农地产权制度改革的目标模式. 经济科学，1994（3）

5 马新彦. 美国不动产法上地役权之相邻权研究. 法制与社会发展，1999（6）

6 马俊驹，梅夏英. 不动产制度与物权法的理论和立法构造. 中国法学，1999（4）

7 尤建新，单胜道. 农村集体土地使用权及其流转. 长安大学学报（社会科学版），2002（3）：25-27

8 王小映. 论我国农地制度的法制建设. 中国农村经济，2002（2）

9 王利明. 关于我国物权法制订中的若干疑难问题的探讨. 政法论坛，1995（5）

10 王利明. 物权法立法的若干问题探讨. 政法论坛，2001（4）

11 王利明. 关于我国物权法制订中的若干疑难问题的探讨（下）. 政法论坛，1995（6）

12 王卫国. 所有权转换探析. 现代法学，1989（1）

13 王家福，黄明川. 论土地使用权有偿转让法律制度. 法学研究，1988（3）

14 王海平. 国有土地使用权有偿转让的两个层次. 法学季刊, 1987 (4)

15 王作堂, 王文珍. 论我国城市土地使用权制度的改革. 北京大学学报, 1990 (3)

16 王昌义. 论我国土地所有制多元化结构. 湖北社会科学, 1988 (10)

17 王海南. 对土地使用权抵押投定与实现的思考. 法学与实践, 1993 (1)

18 王先进. 加大土地使用制度改革力度, 培育完善社会主义地产市场. 中国土地, 1992 (6)

19 王启明. 农村土地转包对策的探讨. 农业经济参考资料, 1985 (增)

20 王品潮. 刍议农村土地使用权流转中的若干共性问题. 农业经济, 2000 (9)

21 王秀卫. 浅析农村集体土地权利结构. 农业经济, 2000 (90)

22 王永红. 还利于民——南京市征地制度的调查. 中国土地, 2001 (9)

23 王永红. 尊重农民土地财产权. 中国土地, 2001 (7)

24 中国社会科学院法学研究所物权法研究课题组. 制定中国物权法的基本思想. 法学研究, 1995 (3)

25 牛振亚. 物权行为初探. 法学研究, 1989 (6)

26 文迪波. 还农村土地所有制形式的本来面目——国家土地所有制. 农业经济问题, 1987 (8)

27 尹田. 法国物权法中动产和不动产的法律地位. 现代法学, 1996 (3)

28 孔泾源. 中国农村土地制度: 变迁过程的实证分析. 经济研究, 1993 (2)

29 孔泽云, 胡甫正. 大邑县农村集体土地流转经营改革的十大效应. 农村经济, 2002 (1)

30 史际春. 再论农村土地集体所有权之主体：兼与刘守豹同志商榷. 现代法学, 1991 (6)

31 石成林. 关于我国农村土地租赁经营的理论思考. 贵州大学学报（社科版）, 1992 (1)

32 叶向阳. 农村集体土地产权制度研究. 中国法学, 1993 (6)

33 叶向阳, 吕志强, 任国权等. 农村集体土地产权制度研究. 中国法学, 1993 (6)

34 叶艳妹, 彭群, 吴旭生. 农村城镇化、工业化驱动下的集体建设用地流转问题探讨——以浙江省湖州市、建德市为例. 中国农村经济, 2002 (9)

35 史际春. 再论农村土地集体所有权之主体：兼与刘守豹同志商榷. 现代法学, 1991 (6)

36 史贤英. 划拨土地使用权进入市场的形势、难点及思考. 北京房地产, 1993 (6)

37 田国伟. 企业股份制改造中的土地使用权问题探讨. 中国房地产, 1993 (7)

38 白永秀. 坚持集体所有制是农村土地制度改革的前提. 汉中师院学报（哲社版）, 1992 (4)

39 白志全. 农民永久占有和使用土地的制度设计. 农业经济问题, 1993 (4)

40 冯年华. 农村土地市场建设初探. 南京大学学报, 1996 (1)

41 刘俊. 论国有土地有偿使用的实践途径. 现代法学, 1990 (4)

42 刘俊臣. 论承包经营权. 法学研究, 1987 (2)

43 刘加华, 雷俊忠. 对当前农村土地流转现象的哲学思考. 农村经济, 2002 (2)

44 刘守豹. 论农村土地集体所有权的重塑. 现代法学, 1990 (2)

45 刘启明. 关于辽宁省农村土地使用权流转情况的调查报告. 农业经济, 2002 (1)

46 米健. 用益权的实质及现实思考. 政法论坛, 1999 (4)

47 江流. 地役权论. 现代法学, 1992 (3)

48 阮士峰. 关于农业实行国有土地租赁制的设想. 管理世界, 1988 (1)

49 向国成. 对"承租返包"方式的经济学分析——一个分工理论的启示. 中国农村观察, 2002 (5)

50 向荣, 贾生华. 浙江省农村土地流转的实证分析. 农村经济, 2002 (7)

51 朱冬亮. 土地调整: 农村社会保障与农村社会控制, 中国农村观察, 2002 (3)

52 孙宪忠. 物权行为理论探源其意义. 法学研究, 1996 (3)

53 孙宪忠. 论不动物权登记. 中国法学, 1996 (5)

54 孙宪忠. 德国民法对中国制订物权法的借鉴作用. 中外法学, 1997 (2)

55 孙宪忠. 物权法基本范畴和主要制度的反思. 中国法学, 1999 (6)

56 孙自铎. 试论农地制度改革. 经济体制改革, 1996 (3)

57 严瑞珍. 中国农村所有制的变革及其前景. 理论月刊, 1988 (3)

58 严炳洲. 开发区及地产市场培育问题的政策研究. 经济问题探索, 1993 (4)

59 杜群. 我国环境与资源法范围若干问题的探讨. 法学评论, 2001 (3)

60 杜颖. 日本近现代土地所有权理论. 中外法学, 1997 (3)

61 宋圭武. 中国农村改革之我见. 农业经济问题, 2002 (7)

62 李仁方. 浅谈农村土地制度中存在的问题及对策. 农村经济, 2002 (1)

63 李仕安. 论我国国有土地有偿使用的立法依据. 上海,

1990（3）

　　64　李新强．试论国有土地使用权的有偿转让．法学评论，1989（2）

　　65　李培传．论改革我国城镇国有土地使用制度的立法问题．中国法学，1990（6）

　　66　李庆曾．谈我国农村土地所有制结构改革．农业经济问题，1986（4）

　　67　李兆栋．农村集体土地应实行国有化．农村展望，1989（2）

　　68　李小品．典权与土地使用权．律师世界，1999（3）

　　69　李志君．建立登记请求权制度的思考．法制与社会发展，1999（3）

　　70　李承民，李世灵．农村改革的深层障碍与土地产权构建．中国农村经济，1989（4）

　　71　杨文良．耕地国有，农民永佃势在必行．中国农村经济，1988（11）

　　72　杨继瑞．农村土地集体所有权的理论探讨．国土经济，1991（1）

　　73　杨继瑞，任啸．农地"隐性市场化"：问题、成因与对策．中国农村经济，2002（9）

　　74　杨红．论农村土地经营中新平均主义的产生及对策．学术论坛，1988（5）

　　75　杨立新，尹艳．我国他物权制度的重新构建．中国社会科学，1995（3）

　　76　杨柳．农村承包经营权股权化思考．中国土地，2000（9）

　　77　吴智华．地产市场运作的法制环境．广州经济，1993（3）

　　78　吴晗．土地使用权流转制度研究．农业经济问题，1996（3）

　　79　吴晔．破解新的课题——芜湖集体建设用地流转试点透析．中国土地，2001（4）

80　吴次芳，谭永忠. 制度缺陷与耕地保护. 中国农村经济，2002（7）

81　应风其，张忠根. 农民进城：动力、阻力及制度创新. 农业经济，2002（10）

82　余能斌，王申义. 论物权法的现代化发展趋势. 中国法学，1998（1）

83　余先念. 未来农村土地使用制度的模式选择. 经济问题，1993（8）

84　余艳琴. 论我国农地产权制度的持续创新. 农村经济，2002（1）

85　张照新. 中国农村土地流转市场发展及其方式. 中国农村经济，2002（2）

86　张玉敏，田平安. 国有土地使用权新探. 社会科学（上海），1990（5）

87　张平华. 论土地承包经营合同. 中国农村经济，2002（2）

88　张今，王小光，郭万波. 土地他项权利制度初探. 法学杂志，1992（1）

89　张伟宜. 完善集体土地所有权制度的法律思考. 特区法制，1993（3）

90　张柏齐. 坚持集体所有制，完善土地承包制——农村土地所有制的稳妥选择. 山西农经，1989（4）

91　张全江. 农村土地实行永佃权法律制度初论. 河北法学，1989（3）

92　张璞. 关于划拨土地使用权转轨的几点想法. 中国土地，1992（8）

93　张永和. 法治化进程中的村民自治问题初探. 现代法学，2000（2）

94　张红宇. 中国农地制度变迁的制度绩效：从实证到理论的分析. 中国农村观察，2002（2）

95　张红宇，刘玫，王晖. 农村土地使用制度变迁：阶段性、

多样性与政策调整. 农业经济问题，2002（2）

96　张红宇，刘玫，王晖. 农村土地使用制度变迁：阶段性、多样性与政策调整（二）. 农业经济问题，2002（3）

97　汪秀莲. 发达资本主义国家公有土地的流转. 中国土地科学，1998（1）

98　陈志勇. 农村土地租赁可行性及法律保护刍议. 政法丛刊，1989（2）

99　陈宪. 农村土地制度的改革目标与阶段性选择. 江西农业经济，1989（4）

100　陈甦. 土地承包经营权物权化与农地使用制度的确定. 中国法学，1996（3）

101　陈健. 农村土地承包草案若干问题的思考. 法学，2001（9）.

102　陈祥健. "土地承包经营权"：物权法视角中的三大问题. 农业经济问题，2002（4）

103　陈雱桢. 稳妥推进农村土地经营权流转. 农村经济，2002（1）

104　何静. 开发土地使用权抵押贷款业务大有可为. 湖南金融职工大学学报，1992（4）

105　何君先. 如何看待土地转包——信阳地区农村土地转包情况分析. 农业经济参考资料，1985（增）

106　苏永钦. 相邻关系在民法中的几个主要问题. 法学丛刊，1996（3）

107　苏国栋. 改革需要流转，管理亟待规范. 土地月刊，2001（5）

108　林坚，王宁. 公平与效率：合作社组织的思想宗旨及其制度安排. 农业经济问题，2002（9）

109　林元兴，陈兴赐. 公有土地管理与代理理论关系之研究. 土地经济年刊，1998（11）

110　林琼慧，徐晓敏. 温州农村土地使用权流转机制研究. 农

村经济，2002（10）

111 林世彪，冯久先，孔祥智等. 新时期四川农村土地承包经营问题研究. 农村经济 2002（3）

112 武深树，邓真惠，张孟飞. 农村承包土地使用权转让价格的计量模式研究. 经济问题，2002（2）

113 易顺琼. 积极推进农村土地流转的认识与思考——以郫县为例. 农村经济，2002（1）

114 单胜道. 农地价格评估探讨. 农村经济，2002（7）

115 单胜道，尤建新. 土地外部经济初步研究. 资源科学（学报），2002（2）

116 单胜道，俞劲炎，叶晓朋等. 农业用地评估方法研究. 资源科学（学报），2000（1）

117 周林彬. 物权新论. 湘潭大学社会科学学报，2000（6）

118 周春平. 苏南模式与温州模式的产权比较. 中国农村经济，2002（8）

119 郑金水. 我国农村土地所有制结构问题的思考和对策. 学习月刊，1986（11）.

120 金俭. 关于农村集体土地使用制度改革的法律思考. 政治与法律，1995（4）

121 房绍坤. 用益物权三论. 中国法学，1996（2）

122 胡鹏. 对目前农村土地转让承包若干法律问题的思考. 行政法制，1933（1）

123 胡瑞卿. 农地制度变迁模式的比较与选择. 农业经济问题，2002（3）

124 姚咏涵. 家庭承包制下土地功能的实证考察与农地经营制度创新. 农业经济，2001（3）

125 岳书铭，史建民，綦好东. 治理开发农村集体"四荒"不同产权制度模式的比较分析. 农业经济问题，2002（9）

126 钟盛熙. 试论我国农村土地所有制的特点及改革方向. 安徽省委党校学报，1988（1）

127　钱铭. 21 世纪中国土地可持续利用展望. 中国土地科学, 2001 (1)

128　钱介敏, 倪江生. 完善农村土地法律制度的对策. 中国法学, 1990 (6)

129　钱明星. 我国物权法的调整范围、内容特点及物权体系. 中外法学, 1997 (2)

130　钱明星. 论用益物权的客体. 中外法学, 1998 (1)

131　钱忠好. 关于中国农村土地市场问题的研究. 地政月报, 1999 (1)

132　钱文荣. 湖北传统粮区农户土地流转意愿与行为的实证研究. 2002 (7)

133　徐开墅. 试论土地所有权的国家主权性质. 社会科学 (上海), 1988 (11)

134　徐保根, 吴次芳. 土地规模经营保险基金制度初探. 农业经济问题, 2002 (6)

135　夏永祥. 农业效率与土地经营规模. 农业经济问题, 2002 (7)

136　姜建民. 论农村土地使用权转让和土地租赁经营法律制度的建立. 法律科学 (西北政法学院学报), 1989 (6)

137　顾利民. 农民增收的经济学思考. 绍兴研究, 2001 (3)

138　崔智友. 中国村民自治与农村土地问题. 中国农村观察, 2002 (3)

139　崔建远. 我国物权法应选取的结构原则. 法制与社会发展, 1995 (3)

140　崔建远. 土地上的权利群论纲. 中国法学, 1999 (2)

141　崔建远. 土地上的权利群论纲——我国物权立法应重视土地上权利群的配置与协调. 中国法学, 1998 (2)

142　崔建远. "四荒"拍卖与土地使用权——兼论我国农用权的目标模式. 法学研究, 1995 (6)

143　崔建远. "四荒"拍卖与土地使用权. 法学研究, 1995

(6)

144 蒋占峰. 农村经济市场化与农地产权制度创新. 农村经济, 2002 (8)

145 蒋国彬, 廖一权. 珙县农村土地流转现状、问题及建议. 农村经济, 2002 (7)

146 梁慧星. 我国民法是否承认物权行为. 法学研究, 1989 (6)

147 梁慧星. 制定中国物权法的若干问题. 法学研究, 2000 (4)

148 章礼强. "相邻权" 新探. 法制与经济, 1998 (3)

149 黄勤南. 论我国农村集体土地所有权和使用权的确认和行使. 政法论坛, 1991 (1)

150 黄兴霞. 正确引导农村土地使用权流转. 农村经济, 2002 (5)

151 戚名琛. 国有土地产权中央与地方分享争议. 中国土地科学, 1996 (3)

152 鄂玉江. 农村土地制度深化改革模式选择. 农业经济问题, 1993 (4)

153 傅秀文. 农村土地转包情况调查. 国内外经济管理, 1983 (47)

154 彭珂珊. 我国农村土地制度变革的新思路. 经济资料, 1992 (2)

155 韩松. 论土地法律制度体系. 政法论坛, 1999 (5)

156 韩松. 农民集体土地所有权保护之协调. 法律科学, 1991 (1)

157 程宗璋. 关于农村土地承包经营权继承的若干问题. 中国农村经济, 2002 (7)

158 蒲晓东, 颜帮全. 外生强制特征下农村制度的变迁趋势. 中国经济问题, 2002 (4)

159 解安. 发达省份欠发达地区土地流转及适度规模经营问题

探讨. 农业经济问题, 2002 (4)

160 蔡文. 试论土地使用权抵押. 中南政法学院学报, 1993 (2)

161 蔡天新. 变革我国农村经营体制的历史必然性. 农业经济问题, 2002 (7)

162 谭洪江. 我国农业制度变革的根源与思路. 农业经济问题, 2002 (7)

163 谢庄, 王彤. 产权变更登记不应是商品房买卖合同成立的要件. 法学评论, 1996 (6)

164 谢鸿飞. 论民事习惯在近现代民法中的地位. 法学, 1998 (3)

165 廖洪乐. 农村改革试验区的土地使用权市场建设试验. 农业经济, 1996 (2)

166 廖洪乐. 农村改革试验区的土地制度建设试验. 管理科学, 1998 (2)

167 潘春尚, 陈晓文. 农地流转秩序化的思考. 现代法学, 1997 (1)

168 黎赔肆. 西部开发: 农地产权制度创新原则. 经济地理, 2002 (5)

169 ［荷兰］Arthur S. Hartkamp, 汤欣（译）. 荷兰民法典的修订 1947～1992. 外国法译评, 1998 (1)

170 Wang Weiguo. The Legal Character of Chinese-Foreign Cooperative Ventures（中外合作经营企业的法律性质）, University of British Columbia Law Review, Vol . 26, No . 2 (1992)